琼 琚 集

瓊琚集

韦　力

海豚出版社

图书在版编目（CIP）数据

琼琚集 / 韦力著 . -- 北京 : 海豚出版社 , 2016.10
ISBN 978-7-5110-3492-2

Ⅰ . ①琼… Ⅱ . ①韦… Ⅲ . ①社会科学—文集 Ⅳ . ① C53

中国版本图书馆 CIP 数据核字 (2016) 第 245747 号

总发行人 : 俞晓群
策　　划 : 杨小洲
责任编辑 : 张　镛　徐绯璇
装帧设计 : 杨小洲　闫　鸽
责任印制 : 王瑞松

出　　版 : 海豚出版社
网　　址 : http://www.dolphin-books.com.cn
地　　址 : 北京市西城区百万庄大街 24 号
邮　　编 : 100037
电　　话 : 010-68997480(销售) 010-68998879(总编室)
印　　刷 : 上海雅昌艺术印刷有限公司
经　　销 : 新华书店及各大网络书店
开　　本 : 32 开 (889 毫米 ×1194 毫米)
印　　张 : 14.875
字　　数 : 220 千
印　　数 : 1-10100
版　　次 : 2016 年 12 月第 1 版　2016 年 12 月第 1 次印刷
标准书号 : ISBN 978-7-5110-3492-2
定　　价 : 158.00 元

目录

序言

投我以木瓜，报之以琼琚。匪报也，永以为好也！

投我以木桃，报之以琼瑶。匪报也，永以为好也！

投我以木李，报之以琼玖。匪报也，永以为好也！

以上当然是《诗经》中数一数二的名篇，其出自《国风·卫风》，而篇名则是以这三种水果中的第一种——木瓜来命名，看来这首诗的作者性格特别执着，不管别人送给他哪种水果，他都以美玉相回报，他想以此来打动对方，跟对方成为永久的朋友。

如果得到一个木瓜类水果，就回馈一块美玉，这样代价足够高昂。在远古时代，应该还没有硬玉与软玉之分，别说用满绿的翡翠，就是和田的羊脂玉，也同样价格不菲，你看我满脑子功利，把友谊用金钱来衡量，好吧，就算如此，但我可以把这个罪恶赖在以上那首诗上。如此说来，这首诗不如《诗经·大雅·抑》来得公平：“投我以桃，报之以李”。你送我个水果，我也回报你一颗水果，只是品种略有差异，而大小却基本相同，这应当符合西方的自由精神。

也正因如此，这句诗被后世编为成语“投桃报李”，由此可证，人们还是对这样的公平交换，觉得最没有压力。如果某人送来个水果而你回馈他一块同样大小的美玉，这给对方造成的心理压力可想而知，用今天的话来说：这可是欠了个大大的人情，恐怕很多天睡不好觉，会细想对方这是什么意思。

当然，投以和报以组成的词，是赠与回赠的关系，跟索要、拍马都不是一回事。古代有一个笑话，说某人为了拍县官的马屁，私下里打听到对方属鼠，等县官生日那天，他的礼物就是一只跟真老鼠大小一样的金鼠，这个礼物让县官眉开眼笑，对送礼物的人说：你给的礼物太珍贵了，下个月恰好是我老婆生日，而她的属相是牛。

显然，这样的关系无法用“投桃报李”，也不能用“投桃报玉”来形容，说到这里，我突然意识到自己说走嘴，因为这本小书里面所谈内容，全部都是近一年多，师友们给我赠书和赠物的记录。师友们的所赠，当然比木瓜、木桃和木李都要珍贵很多，好吧好吧，就算这是个形容词，那我以同等数量的美玉回报，这似乎压力不在对方，更多在我自己：我可不是土豪，哪里送得起这么多美玉，那怎么办呢，我终于想到了一个小窍门：把师友赠物一律视为如琼琚美玉，哈哈，这样剧情就反转，我每人回报一个水果，就算有了古风。

玩笑归玩笑，其实，师友所赠我件件都会感念于心，这至少说明我还不是一个丧良心的人，这几十年来，我收到了太多太多赠物，为何到如今要单单选出这么短短一段来汇编成书，原由当然有，那就是这些记录全部是摘自我微信公共号——芷兰斋。

芷兰斋本是我藏书处的堂号，严格来说，应该在这堂号之后加上“之一”这个限定词，因我曾经有过多个堂号，比如西苑书楼、陶斋、石墨簃等等。在二十多年前，芷兰斋其实只是西苑书楼中一间善本书室的名称，阴错阳差，芷兰斋这个名称后来居上，盖过了总堂号西苑书楼，既然如此，我也就从众从俗，此后芷兰斋就成了我的堂号专属。

为凸显这个堂号专属，我所写书跋系列文章也就拿它来冠名，称之为《芷兰斋书跋》，而今这个书跋系列已经出版四集，第五集也在写作之中，看来以芷兰斋命名的书跋还没有善罢甘休的意思，但即便到现在，因为书跋的原因，芷兰斋之名更加成为了我的代名词。

2014年的某天，绿茶先生约我谈事，他品味不凡，约会地点是著名的老书虫酒吧，这间酒吧面积不小，有内外两个大厅，尤其内厅让我最为喜欢，因为这间大屋子的四壁，竟然满布书架，虽说书吧在今天已经成为了一种时尚，然而这间老书虫却不是浪得虚名，他架上之书全部是拉丁语系的外文，且一律是旧书，恕我孤陋，以这样的书来做为书吧装饰，对我而言是仅见。

我的啧啧称赞引起了绿茶兄的不以为然，他觉得这些书是否能够看懂，或者有多少人能够看懂，这一点并不重要，重要者是这种书汇在一起，所营造出的一种奇特氛围，更容易让人陶醉，而这个结果才是店家想要达到的目的。

沿着这个思路，他又趁热打铁向我讲解了微信的强大功效，当他听说我对此采取不看、不听、不问的态度时，他的话题又绕了回来，那就是我有没有兴趣没关系，重要的是大多数人认为OK就行了。

接下来，绿茶兄极有耐性地给我普及着网络基础知识，我必须承认，以绿茶的口才他特别适合去做某个重要部门的书记，因为他太会做思想动员工作了，尽管，我对他所讲的那些术语似懂非懂，但我还是认为，他的所讲确实有道理，而我时不时赞叹他几句话，也表明了自己不但虚怀，同时还没有老到不能接受新鲜事物的程度。

总之，我赞赏了他的提议，那就是他给我开个公微号，他当时问我，此号的名称叫芷兰斋如何？闻其所言，我马上站起身来，慎重地跟他握了握手，在他感到惊异时刻，我同时说了句：你的提议深得朕心。

公微号是办了起来，但内容必须要自己解决，这就有如领导要亲自上厕所，有些事情也只能亲力亲为，经过一番折腾调整，公微号的栏目基本固定下来，但我过一段又渐渐发现原有栏目的弊端：我只是在上面不停地发自己的各类文章，却少了种能够引起读者兴奋点的互动与交流。当我琢磨如何解决这个弊端的时候，无意间看到摆在写字台上近期师友们的赠书，这些赠书让我眼前一亮：何不在公微号上将赠书的消息发出来，既表示自己不忘师友们的滴水之恩——我只是想到了这个形容词，就像琼琚一样，其实师友们的所赠当然不仅是滴水，以我的感觉，这样的情谊比水龙头开着流翡翠还要大——同时也是我对这个公微号上沉闷气息的一种拨乱反正。

基于这种心态，我对某书或者某物所做的评语，并不是对这些书物的内容所做的思想主题分析，也不是对该书的总体评价，我觉得专业的事情要交给专家去办，而书评家于今也算一种显学，故而书评类文章非我所长，我也用不着在此置喙。而我想唠叨者，是我跟赠书者交往的故事。

虽然说，我跟赠书者的关系纯属我们之间的私情，用不着放在网上FOR SHARE，其实我也有这样的顾虑，我总是固执地认为，自己对朋友的好，我不说出来，对方也同样能够感受得到。如古语所言，但行好事，莫问前程，对于这句中国古言，我已经坚持做了几十年，然而在实际交往中，我发现这种说法，只是一种说法，因为按此行事，所得结果极差，如何形容这个差的结果呢，我觉得可以用那首歌名来形容——把悲伤留给自己。过了这么多年，我才意识到这样的古言只是说给人听听而已。

就是呀，我不说出自己的态度，对方凭什么要像猜灯谜那样揣度我是喜是恶呢，我若看重朋友情谊，那我就应该以勇敢的姿态大声地表达出来："各位老师，各位朋友，各位叔叔大爷以及弟兄姐妹们，你们的赠物我收到了，这些赠物我特别喜欢（强调一下，由衷的），你们的所赠有些恰是我所需者，有的一时我也用不上，但这不代表我永远用不上（其实有时也会有这种情况），总之，您别管我用上还是用不上，您的所赠我是同样的无任欢喜，而这个欢喜不分等级，不分次序，就如同在各种名单上要不断慎重申明那样：排名不分前后。”

既然有了这样大无畏心态，那我没理由不坚持下去，于是我就以月为单位，把该月所得之书及所得之物，在每月底做一个月评，综合成一篇小文，再配上书的封面及书友的题款，在下个月头一天发在公微号上。

出乎我预料，这个栏目刊出之后，大受读者所喜，每篇后面的留言跟帖基本上都是赞誉和鼓励，为什么这样一个栏目会大受欢迎呢？这件事值得我细思量，翻看读者们留言，发现每人的关注点其实并不相同，有人觉得有趣，也有人以此为新书预告栏，另有一些读者则是喜欢从中读出书友之间交往的故事，更有甚者，有朋友直接给我打电话，直言不讳跟我说，芷兰斋公微号上的各个栏目，他最喜欢者仅是师友赠书录。

朋友的这番话让我感到悲喜交加。悲者是我每天发的文章竟然比不过这样的交往录，我的寻访之文称得上是历尽艰辛，自己查资料自己访，而后再谋篇布局写成文章，这其中所费心血，我心里最为清楚，而师友赠书录这个栏目与寻访之文比起来，辛苦的档次之差，堪比天与地，虽说我爬山下海还比不了那洪荒之力，但跟讲讲书友的故事比起来，那还是有着较大差异，想想朋友这种让我心碎的评价，真可谓：

这次第，怎一个泪奔了得。

即便悲喜交加是一个词，那当然有悲就有喜，至少说明师友赠书录栏目受到读者的大多肯定，同时也说明，我事先担心人们对此没有太多兴趣的顾虑是多余的。想到这一层，让我想到原本在公家单位时，每年必写的工作总结，看来我所写的这些简单的三言两语，朋友们和读者们却能从字里行间品出来微言大义，这说明我已将此融汇在文字里，这样的自我点赞虽然有点“表脸”，但实际上这也应当是我多年来人脉积累的结果。

既然无意间出了一款广受读者喜欢的产品，那么我当然要将此坚持办下去，于是也就有了后来的一期又一期。

需要说明的是，近五六年，我的主要工作重点还是放在完成那个伟大的（这个词我不想删掉）文化寻踪之旅，虽然说，这样的寻访业已完成大半，但因为各种各样的原因，我仍然需要不时出门跑上一趟，来做一些拾遗补缺工作，另外我还有一些推不掉或者说不愿意推掉的各类活动，比如有一些必要的讲座和会议，根据各种衡量，我也不能一概拒之，对于这一点，我很能原谅自己：本来就是俗人一个，总要留一点俗念，以便像个人样。

然而这类活动的具体时间却并不能以我的方便与否来安排，因此在这一年多时间内，有两个月正赶上我出门寻访或出外办事，致使该月赠书录没能在固定时间发出来，而这两个月师友所赠之物，我把它分散到了之后的月份里。

还有一件事也需要在此做个说明，那就是这个赠书录中所刊出来者，并不是我每月所得的全部，有些朋友在赠书赠物的同时特意嘱咐我不要在微信中提到他的大名，还有的师友直接说完全不要在微信中谈及，我当然尊重师友的选择，只好把这份美意牢记心底。

其实，师友们的赠物，并非仅仅是这些书和书法作品，有太多的朋友赠我之物乃是各类生活用品，这类物品显然跟友谊有关而跟书无关，因为有一些物品连文房用具都不算，因此朋友的这些心意随着书一同寄到我手里时，我只将书的部分晒出来，其余都没有出现在栏目之中，但我的感谢之情，却实实在在融在字里行间，就如同嗜酒瘾君子所宝爱的那句口头禅："都在酒里呢。"

前一段的某天晚上，海豚出版社的俞晓群先生接见了我，当天晚上开心的是，同时在座者还有两年未曾谋面的好友吴兴文先生和谢其章老师。老友聚在一起，当然是宾主尽欢，尤其俞社长，他原本就是我景仰的出版家，他在辽教出版社当社长时，我已然就是他的铁粉，因为他所主持的新世纪万有文库中有一个系列的内容对我特别有用。前几年，他转战到海豚社，又迅速将该社搞得风生水起，出版了一系列受到业界瞩目的好作品，而今我的这本小书也侧身其间，那也是何等的与有荣焉，故借此方寸，来慎重表达我的感谢之情。

2016年9月5日　韦力序于芷兰斋

2014 年 11 月

《绳斋隶书千字文》。绳斋是著名篆刻家鞠稚儒先生的号，按年龄说，他刚过不惑之年，但在我眼中，觉得他顶多才30岁，这等年纪轻轻却有着看开一切的达观，这一点让我佩服不已。看来一个人的成就跟年龄没有必然的关系，以他的这个年纪，在艺术史上若想有造诣，除非有超乎寻常的聪颖。然而，他现在却有一大堆的头衔，比如西泠印社理事、中国书法家协会会员、中国艺术研究院篆刻研究员、香港书法学会顾问等等。近几年来，每有新作，定当赐下。而今所送的这部大八开精装画册，是他用隶书所写千字文，该书的签条乃是请余秋雨所书。

我与鞠先生相识，是经朱旗先生之介，在上海的某个晚上，朱总带我参加某场聚会，我在那个会上看到了鞠先生的精彩，给我留下深刻印象者，乃是他的幽默以及风流倜傥的不羁，也许这正是一位出色艺术家所应当具有的素养。此后不久，我在北京八大处寻访之时，无意间在停车场旁边的闹市街面上，看到鞠稚儒艺术馆的大招牌，看来他的艺术芬芳已经绽放到了帝都。而后，关于篆刻方面的问题，我也多了一位可请教之人。

《姑苏食话》是王稼句先生的著作，我印象中前些年他就出版过此书。今日收到赠 书，看到后面的题记，果真是修订后的再版本。稼句先生是高产作家，他写书有才子气，聪明与勤奋集于一身，我只能有赞叹的份儿。稼句兄对朋友有着春天般的温暖，我所认识的书友中，绝大多数也都是稼句的朋友，大家众口一词，夸赞他对朋友的接待是何等热情，而这种热情，我在十几年前与他第一次见面就已经得到了，他自己的写作，也渐渐地由书话类作品展延到对苏州一地方方面面的文化深掘，而该书也就是他华丽转身后的结晶之一。

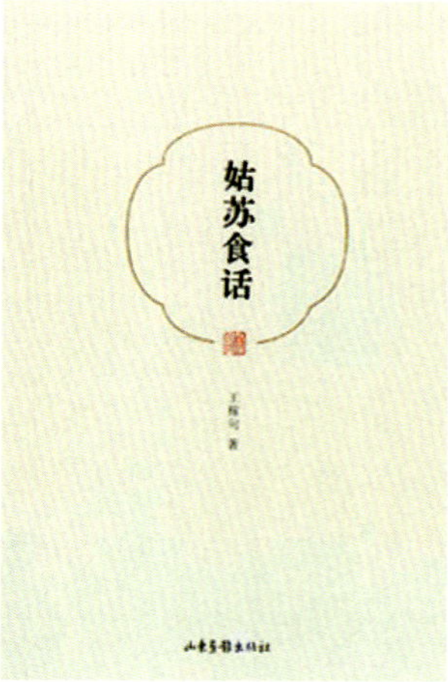

《礼志》杂志，从创刊到现在已出七十余期。我从该刊创刊后不久，就与此刊的两位编辑相熟，经过一次采访，自此之后成为朋友。也正因为朋友二字，使得我定期收到该刊的赠阅。这本杂志的风格与国内同类杂志的味道不同，以我的看法，它更接近于西方所常见的机上读物，然本刊的厚度却远远超过那类杂志。该刊从编辑到选题，都可谓匠心独运，当然我的这个说法，也不无偏私之嫌。我记不得从哪期开始，该刊的封面上就开始印“韦力专享”字样。虽然我知道，从技术角度来说，这样的印刷并不复杂，但是在实际操作中，却会增加不少工作量，因为它远远不像贴一个名称标签那样简单。毕竟从制版环节就要有所添加，而在后期分发时，还需要一一挑出，以便对应着寄给本人，一旦将名称寄错，则容易出笑话。就凭这份用心，我也觉得，多多地夸赞该杂志几句，也算不上私心独运。

《沉香谭屑》，陈子善著。前段去上海，子善老师一次性赠送给我五本自己的作品，短时间内出了这么多书，真让我惊叹。从装帧上讲，这五本书中我最喜欢的就是这一册。封面有着低调的典雅，此书的设计出自牛津，而该社长期出版董桥的著作。精美书都能有独特的设计，岂止经验二字可以形容。而我自己出的那些烂书，封面设计少有能达到这个水准者。

论起书友间的交往，我觉得子善老师是人缘最好的一位，我真不知道他何来如此大的精力，我眼界所及的书圈活动，大多都会出现他的身影。我当然明白，他的这些所为正如他的名字——子善，是一种善心的发散，他尽自己能力，用自己的行动来支持书香普及。但人的精力毕竟有限，而我

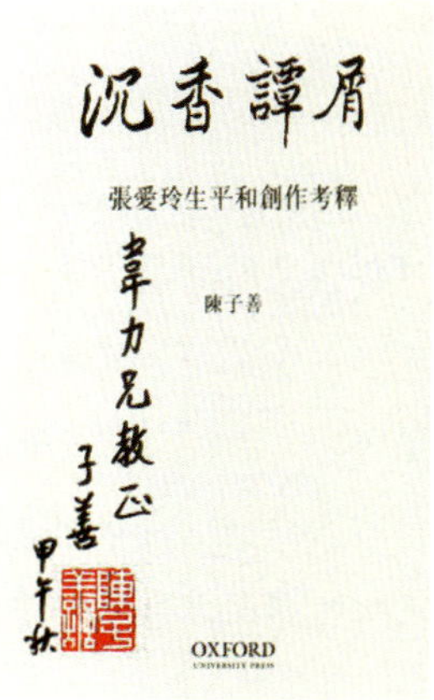

感慨者，是他何以能如此支持书香社会，同时还能写出那么多作品，人和人的不可比拟由此可见一斑。

《梅川书舍札记》，陈子善著。岳麓书社近期出了一系列这种小精装，设计得都很独特，有着一种沉静的美。子善老师的这部《梅川书舍札记》封面的底色本来是红色的，听说他做了一百本绿色的非卖品，专门用来送朋友，我听到这个消息后，不好意思向他索要，万一我不在这一百之列会让他为难，今日得到了这本，正是绿色封面的非卖品，当然于我而言，也算是个意外的惊喜。看来我在子善老师心中，还是有个小小的位置。

对于这种特装本的制作，虽然我也情有独钟，但每次邮寄时，就会产生一个问题，那就是狼多肉少，如何分配。如果是肉的话，还可以把大块切成小块，小块切成肉丁，虽然少，但照样能够解决“不患贫而患不均”。可是书籍却不同，既无法像切豆腐块那样，也不能撕成散页，一本就是一本，而不可能有如一句顶一万句，其结果是得者欢喜，就如我得到了这本绿皮书一样。但俗话说，月儿弯弯照九州，几家欢乐几家愁，没得到的朋友自然就会不乐意：本以为跟你是亲密战友，没想到你却有亲有后。所以说，做好事也需要付出代价，那就是，团结了几位朋友，却伤了大多数人的心。我想，著名演员隐婚也有这种心态吧。但子善老师是如何解决这种矛盾，以他那广泛的人缘，恐怕这一百本的十倍都难以普罗大众。他在这里面定有秘诀在，看来我要找机会向他认认真真地讨教。

《拾遗小笺》，陈子善著。此书是由海豚出版社所出的小精装系列，海豚社以前擅长出儿童书，后来俞晓群先生当了该社的社长，风格大为转变，出了一系列跟书有关的小精装，虽然这些书都是谈新书或者旧书，我还没有听到谈古书者，但我很喜

爱该社所设计的这些书的封面和装帧，假以时日，恐怕又是一个完整的系列，用俗烂的话来形容，这是书界里独特的一道风景。上个月，陆灏兄送我一本他的新作，就是该社所出。这种小精装，是用特制的布做封面，所下的功夫超乎寻常。前几天，我才打听到，这一组布面小精装的设计就是出自陆灏兄之手，之前他却没有告诉我。我听到这个消息后，马上打电话给陆兄，让他帮我设计下一本书的封面。我听他答应的口吻似乎无勉强之意，真盼望着他下一个设计能更上一层楼。但我觉得陈子善老师的这本《拾遗小笺》封面设计从风格上来讲，也很可能是出自陆灏兄之手。

《不日记》，陈子善著。这个名字有些拗口，读了内文才知道是子善老师陆陆续续写的日记，不是日日都记，所以叫不日记。封面上的图案是一只猫站在一摞书上，这恰是他精力所具的标准写照，因为他爱书也爱猫，我一直想搞清楚在两者之间，谁为第一，谁为第二。每次问到这个问题，子善老师都含糊其辞，我只好靠这张图片来解读：猫将书踩在脚下，似乎是猫高书一等，但猫的身后还有一摞书，虽然高度没有超过猫头，但上面却专门竖起一本书来以此盖过猫的高度，以我的理解，在子善老师的心中，书比猫高。

前一度，我特意到子善老师府上去采访，在那里受到子

善老师的爱猫陈多和陈弟的热情接待，当然“热情”二字是我的理解，因为它们看到我后，并不躲避，且站在书摞上向我行注目礼。子善老师说，它们见到生人时，一般会迅速地躲藏起来，而今见到我这位不速之客，却能定神端详，足见我的猫缘非同一般。而由此，我也就将它们视为哥们，念及这一层，我就向子善老师的夫人恭恭敬敬称了声师母。这也算我将自己的辈分与陈多和陈弟画上了等号。

《自画像》，陈子善著。这个书名起得巧妙，里面说的内容，都是友人对陈子善老师的描述。这个书系名叫“开卷书坊”，也是一本小精装，是南京董宁文先生主编，在编这套书系时，董兄也向我约稿，希望我把前一部在报纸上连载的《琅嬛墨痕》搜集起来加入这套书系，我把这些杂稿收到一起后，只看了前两篇，就觉得自己写得有些恶心，太矫情

了。这倒不是故作悔其少作状，我有时候今年看去年的书，就会觉得写得恶心，我也搞不清自己这是什么心理，往好里理解，就算是暗赞自己进步神速吧。于是，决定废掉这组文章，坚定地回绝了董宁文兄的善意邀请。否则，那本小书就可以跟陈子善兄的《自画像》一并面世了。细想想，幸亏没有将那组文章变成书册，不然的话，无论起什么名称，都会成了真正的“自画像”。

《贩书实录》，此书是上海博古斋集体编写的一部很有用的工具书，里面收录上世纪五六十年代博古斋收购书时的底账。此书的主要编辑者是博古斋的陆国强老师和赵亮老师。

他二人对我而言，称得上是亦师亦友，这么多年来给了我很多帮助。二十多年前，我就开始到博古斋买线装书，大约到了 1998 年，上海图书公司下属的博古斋开始借牌搞起了拍场。开拍不久，陆老师荣任拍场部的经理，于是乎，我们之间的交往就变得密切起来。虽然搞拍场也算经商，但陆老师跟书友间的关系却如同在一起探讨版本的朋友，用官话来形容，那叫“如沐春风”。陆老师的性格，称得上是标准的外圆内方，我记得某年到上海买书之时，距离拍场预展还有几天时间，而我又因事急着返回，于是向陆老师提出，可否提前看一下拍品，待返回之后再办电话委托，而陆老师却客气地跟我讲，这种做法不合适，因为对于其他书友而言，这也是有失公平。他的这句话让我颇感惭愧，但同时也让我对他的敬重增加了三分。

而赵亮先生则属于青年才俊，他是上图公司特意招进的有专业知识素养的一代新人。赵亮兄的外貌，颇具艺术范儿，然而他谈起版本知识来，却让

我难将他的形与神叠合在一起。他的专业素养令我钦佩，也正因为如此，我的朋友中有了一位梳着马尾辫的艺术家。我跟他走进各地的古书预展现场，确实增加了不少回头率，尽管我知道，他们注目者，并非是我，但我也算与有荣焉。

正因为如此，我颇为看重博古斋所编写各种跟版本有关的书，这是一种本能的信赖。而今翻看这本厚厚的《贩书实录》，看到那么多古书收购价格竟如此的低廉，很多线装书的收购价仅几毛钱，一两块钱的书对于今天来说都是万元以上的成交价，价格的巨大反差，这也算是"天翻地覆慨而慷"吧。用今天的眼光看，过去的古书业简直称得上遍地是黄金，冷静思之，这种感慨无丝毫意义，这就正如股票的涨跌，如果真的能够准确地看到这一点，那么天下任何人都很容易成为亿万富翁，由此可知，这样假如没有丝毫意义。虽然如此，但人活在世上，总要有梦想在，而我的梦想之一，就如那句古诗所言，恨不奋身千载上，趁古人未说吾先说。当然，我的意思，是把这个"说"改为"书"。然而，这部《贩书实录》的价值，其重要性也正在这里，从实用角度而言，这部书是一个时代的客观记录，从现实而言，这也能让我这类不切实际的读书人有了过屠门而大嚼的快感。当然我也知道，上图公司出此书的目的，定为前者，就算是这样，我还是觉得有梦在，是最幸福的人生。

《上海图书公司60周年》，上海图书公司编。按照西方观念，他们重视五十年或一百年，因为这算是一个整年份。而中国人偏偏重视六十年，因为六十是一个完整的甲子。今年正赶上上海图书公司的甲子之年，这是我前往其司祝愿时得到礼品之一，里面收录上海图书公司六十年来不同时期的老照片，这也是难得的史料。我在写书过程中，经常发愁于一些图片来源。如果每家古籍书店都能出这么一本图录，那么对写藏书史会提供极大便利。当今的上海图书公司总经理是朱旗先生，用今天官话来说，他属于技术型领导。这样的领导做事直截了当，能把公司迅速地按照自己的意志高效率地发展。但跟这样的领导套关系，却没有什么效果。因为在他心目中，英雄不问出处，能给他所领导的公司带来有益价值才是第一位。酒肉朋友无论与他如何莫逆，也难以在他心中提高自己位置。当然我也知道，

自己这个说法有些丧良心，跟他在这些年交往中，也得到了他不少关照，但人欲难平，否则，哪里会有“人心不足蛇吞象”这个成语。既然得不到满足，总还要找地方抱怨几句，这就犹如西方大公司所设的出气室，里面摆放着领导的塑像，任由员工们胡打猛踹。我能够有胆量在此大放厥词，也正想以此来显现我与朱旗总经理的关系是何等的莫逆，虽然这有了高攀之嫌，但无伤大雅地炫耀几句，应该能够得到书友们的善意理解。

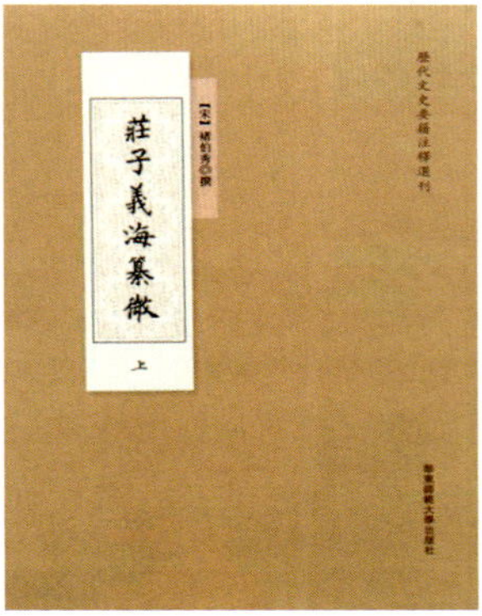

《庄子义海纂微》，此书是黄曙辉先生所赠送。我跟黄兄结识于华宝斋的某次会议，他做人直率而坦诚，有着传统文人的秉性：直率而真诚。我喜欢结交这样的朋友，因为跟这种人说话觉得不累。华宝斋见面后不久，他就寄来自己点校的王鸣盛《十七史商榷》，这是我很喜欢的一部书，我收到后就认真地拜读。尤其黄兄在该书前所写长篇考证文章，让我真实地认识到他的功力所在。我打电话给他，真诚地表示敬佩，他说自己是用了一年时间，摒弃掉一切事，并参考了许多不同的版本，才将此书点校完毕。这种认真做事的态度，正是我所缺乏者。这次到上海，他又送我一摞书，其中就有这本《庄子义海纂微》，他向我解释此书的一些编纂细节，由此我知道编书出版也并非是一件容易的事。

《林藜光集——梵文写本〈诸法集要经〉校订研究》，此书也是黄曙辉兄所赠，该书一套四卷。当时翻开一看，全部是用梵文所写，那些花花字我一个都不认识，当场就跟黄兄说，你把这么专业的书赠送给我，可真成了明珠暗投。黄兄告诉我，该书前言是用汉文写的，而前言中详细地介绍该书的价值，以及作者的生平事迹，对你肯定有用。恭敬不如从命，但我背着这么套大书，还是觉得沉。于是，就请朋友到我住处，把我在上海得到的一大批赠书取走，然后给我快递回来。

《实用巴利语语法》，这也是黄曙辉先生赠书。他送给我这本书，我倒还是喜欢。不单纯里面是用汉文所写，重要的是，它解释了很多巴利语的词义。前一段，我到典籍博物馆参观时，就看到了巴利语的文献。上面的字我一个也不认识，有了这部工具书，至少能大致搞清楚那些文献说了些什么，如果有一天自己能够遇到用巴利语所写的书，也不至于连上面的文字是什么语都说不上来。

《艺苑清赏：晏方品珍》，童衍方著。童先生是中国著名篆刻家，西泠印社出版的关于篆刻学著书，大多是由他所主编者。然而，他收藏了哪些藏品，我却并不了解，只是博古斋的朋友早就跟我说，童先生手里有很多真正的好东西，而他赠送我这部《艺苑清赏》就正是他自己藏品的集粹。翻看一过，其所藏门类，看似博杂，实为专精。他的藏品不仅有字

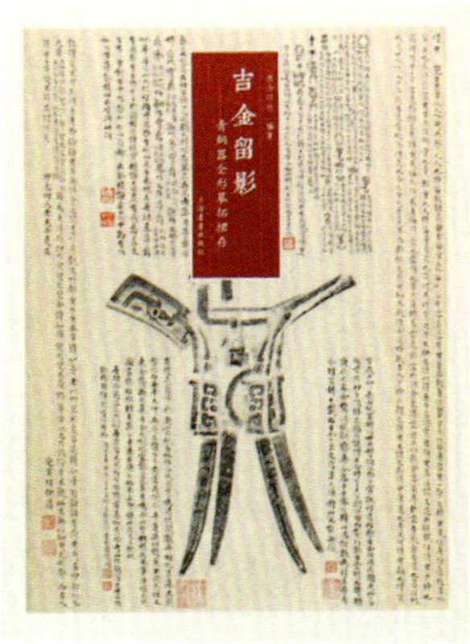

画、印章、碑帖等等各个门类，这些作品的作者却全是历史上著名的篆刻家。这种藏法，可以说是精和博的最佳结合。但书里面，我却没有翻到他收藏的印谱，他曾经告诉我，自己专门喜欢收藏流派印谱，也许有一天，他会将所藏的印谱专门成集，也未可知。西泠印社藏谱之精，国内闻名，当然这跟张鲁庵有很大关系，张先生捐给西泠印社四百多部珍贵印谱，由此而奠定该社藏谱基础。这些年来，该社陆续办过印谱展，其中一些就是张鲁庵旧藏，其质量之高，令我感叹。童先生在此任职，料想他对这些印谱极为熟悉，其眼界之高，自不待言，如此反推，童先生所藏之谱，也一定是个高门槛。

《吉金留影——青铜器全形摹拓撷存》，此书作者署名是西泠印社，该书也是童衍方先生所赠。因为这些全形拓的藏品均为西泠印社所藏者，故如此署名，但该书序言出自童先生之手。全形拓的收藏，虽然兴起较晚，但近年来却受到众多藏家所关注。两年前，北京泰和嘉诚拍卖公司曾搞过全形拓专场，拍卖结果极好。看来，全形拓收藏在国内的市场并不如我以前认为的那么小。我不知道童先生是不是因为这个原因，在这种状态下编出这样一本画册，但无论是有意还是巧合，这部书的出版，肯定会令全形拓的收藏更上一层楼。

《问津——忆弢盦》，此书是《问津》的主编王振良先生所赠。近几年来，一直能收到王先生所赠的该刊，该刊在国内民刊中可谓独具特色，从开本上讲，一直是近六十四开的正方形。这等小开本杂志，全国唯此一家。从内容上讲，这个杂志所收录的文章，全部是跟天津有关的文献，如此的专一，这也是很少能够见到的办杂志方式。以我的理解，“问津”二字是双关语，一是点明了主题，第二是表现了谦虚。而本期的副题“忆弢盦”，里面收录的文章，全部是怀念来新夏先生者。来先生是当代文史大家，去世之后，很多人写纪

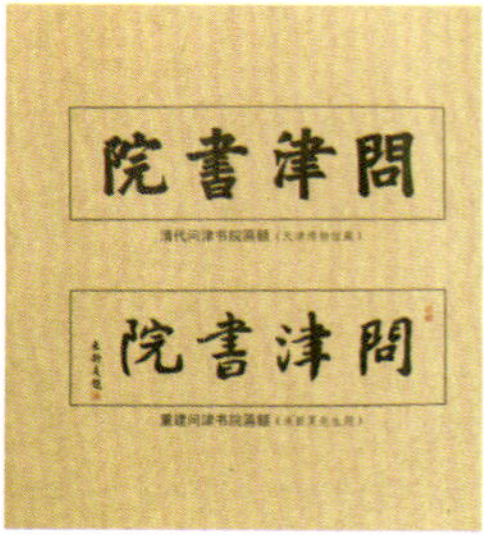

念文章。我跟来先生交往多年，他去世后，我很想写篇文章，谈谈我跟他的交往，但越是相熟，越不知如何落笔。后来得到天津某报的采访，我在电话中谈到我跟来先生的交往，以及思念之情。这篇采访后被多家报纸转载，成为我纪念他的文章，而这篇文章也收在这期《问津》内。因此，王振良先生所主编的该期《问津》，内容全为不同人回忆来新夏先生的文章。在来先生生前，王先生就给他举办过一场庆寿会，当时我在外地寻访，接到来先生的电话，立即中止行程，乘高铁前往天津。在那场会上，我第一次见到王振良先生，因为与会者人数太多，王先生四处奔忙，把那场会办得有声有色，由此可窥他与来老交往关系之密切。故而他能编出这样一期专刊，也是在意料之中。

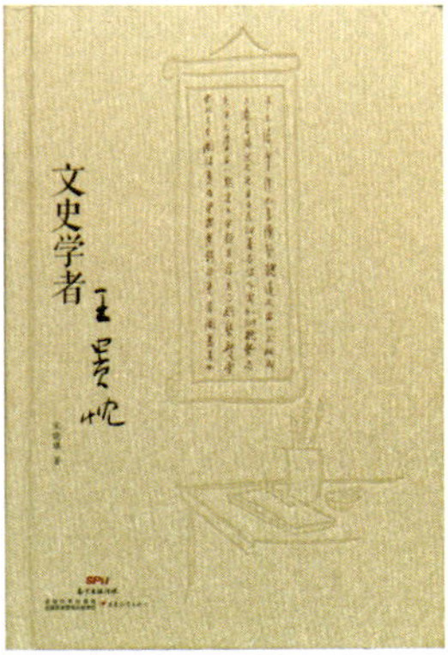

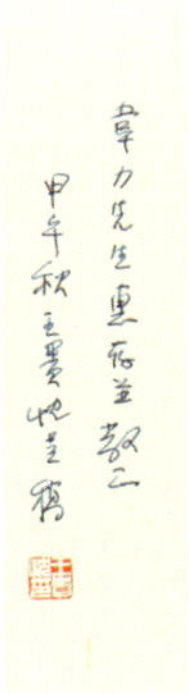

《文史学者王贵忱》，多年前就知道王贵忱先生大名，大拍卖会上时常能见到王老题跋的字画和碑帖，曾在上海的某次拍卖会上，买到他题跋的多种书。跟王老认识，是通过沈津先生之介。两年多前，承沈津先生之邀，到广州中山大学开国际目录学研讨会。会后，沈先生带领众人去拜访王贵忱先生，这是我第一次跟王老见面。他看到我很高兴，整晚上说话，拉着我的手，他是把我当作一位可爱的晚辈来看待。今日收到这部书，里面详细介绍王老的生平，有很多资料是我以前所不了解的，我对他有了更深一层的认识。

我跟王老之间的关系，最早发生在多年之前。上世纪九十年代中期，在天津某藏书家府上看到几本王贵老的自印线装本，这些书内容全是周叔弢写给他的信札。能跟大藏书家有着这么密切的交往，让我觉得该书编者，或者说这些信札收信者，绝非等闲之辈。我很希望能够得到这些影印之书，可惜，这些书属非卖品，我也不好意思夺友人之爱，也只能望书兴叹。

大概是2008年，来新夏先生在其老家萧山举办国际目录学研讨会，我在那个会上，偶然结识乌鲁木齐的周轩先生。周先生为人颇为豪爽，我们在一起聊天时，无意中提到王贵老所编的那几本线装书，周先生说，他跟王贵老特别熟，并且也得到了这些书，既然我对这些书如此喜欢，他回去后举以相赠。果真，返京后不久，就收到了周轩先生所寄赠这几本书，这种意外之喜，令我很是开心，而更为开心者，是王贵老在每本书上，都亲笔书写一段题记，这些题记给该书增加了意外的价值。与王贵老见面之前，竟然跟他有这么多千丝万缕的联系，难怪第一次相见时，我们彼此都没有陌生感。

《可居室藏钱币文献图录》，这也是王贵忱及其公子王大文共同编著的一部书，可居室是王老的堂号。王老收藏钱币，

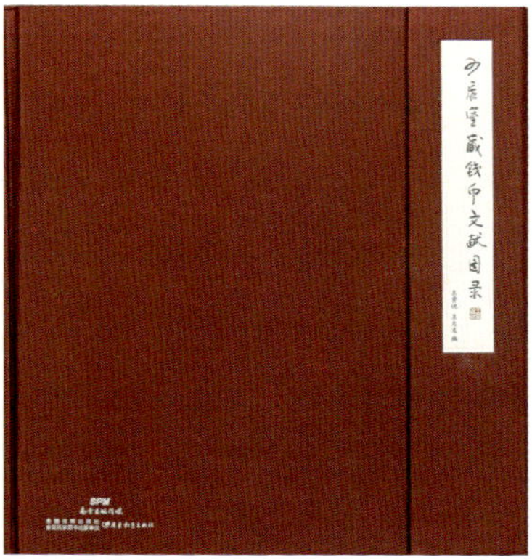

在国内很有名气。但图录内，所收书影全部是他多年来收集钱币的汇集，看来他收藏古钱不仅是玩物，还在这方面广泛搜集相关史料。图录很精美，我收到书后，给他去电话，几次均无人接听。于是，我给他写了封信，在昨天接到他的来电，说自己正在医院，收到来信，自己无法提笔回信，用儿子的电话打给我，以免我惦念。老先生谈兴很浓，但说话气喘不已，我担心加重他的病情，于是断然提出，不要再聊下去，请他身体好的时候，我们再慢慢地谈天说地。王老每过一段给我打电话，每次电话中，都问我何时到广州见面，他这种呵护晚辈之情，让我每次都感到温暖。

也正因为去了一趟王贵老的府上，由此而与王大文兄相识，在此后交往中，我给大文兄增添了不少麻烦，大文兄做事的耐性令我佩服，尤其我后来前往其家时，竟然看到他自己用丝网版手工刷印，并且王贵老的一些藏书，也由大文兄在进行修整。大文兄原本是某个政府部门的领导，退休之后竟然能做这些精细的手工活，这不单纯是心灵手巧，更多者，是他达观的胸怀。

《山水》，这是邵仄炯先生的一本绘画集。这个画集设计得很独特：从外封讲，是完全封闭的一本书，要展开内容，必须要像拆快递封那样，将其撕开，如此巧妙的双关设计，令我眼目一新。我喜欢邵先生的绘画，并非他绘画题材古老传统，最重要的是我在欣赏他的画作时，能够很快让自己浮躁的心得以宁静。他在绘画中的继承与突破，结合得完全没有痕迹。坚

持传统，而又能突破和发展传统，这样的年轻画家，在当年来说不多见。更有意思的是，这本书内有很多的留白，翻看之后，我才醒过味儿来，原来这是一本画集和笔记本的结合体。我觉得这可能也是一种暗喻：欣赏的同时还能够使用。

《劳继雄金笺山水画展》、《劳继雄书画鉴定丛稿》，这两部书是蒋平先生所赠。两个月前，蒋兄给我来电，说他的老师劳继雄将在上海搞个画展，邀请我来参加。蒋总的老师搞画展，我去参加，当然义不容辞，于是跟他说，我安排下手头的工作，当天肯定赶到。第二天，蒋总又来电话，说跟老师提到我将来此参加画展，但劳先生考虑到时间太赶，担心我的身体有问题，就说此次不用赶过来，明年他将搞一个更大型的画展。劳先生之名我早就听说过，他是中国著名的绘画鉴定专家，只是不知道他还是蒋平兄的老师，得知这消息后，我喜出望外。此后不久，就收到这两部题赠之本，尤其那部丛稿的封面设计，是纸张与布面巧妙的结合，做得确实很是用心。

2014年12月

《萧山朱氏旧藏目录》，此书署朱家溍编，由朱家溍先生的女公子朱传荣老师所赠。约十六七年前，《收藏家》杂志曾连载过这个目录，当时没有仔细收集，近几年我得到几部萧山朱氏的旧藏，很想知道是否著录在那个目录里，于是给朱传荣老师打电话，问她有没有这样一个目录，她把电子文档发给我，但那个文档可能是早年所编录者，我试了几次都没能打开。朱老师告诉我不用急，这个目录将由故宫出版社出版，她已整理完后交了稿。果真几个月后，我就看到了这本设计典雅的书，而我得到的萧山旧藏中的一部果然著录在这个目录里，这让我很是高兴了几天。

朱传荣老师供职于故宫博物院，她当时任《紫禁城》杂志的执行主编，而我也忝列该杂志编委，因这个缘故，跟朱老师有了一些交往。我特别欣赏她那种儒雅的风度，在一些会议上，我也看到她能够不为己过但能担责的气度。

《欧斋墨缘——故宫藏萧山朱氏碑帖特集》、《欧斋石墨题跋》这两部书同样跟萧山朱氏有关，前一段我参观了欧斋墨缘的碑帖展，碑帖品种之全、善拓之善均让我叹羡不已。我对碑帖收藏也有兴趣，参观过这个展览，眼前所见，绝不仅仅是琳琅，走出展览的大门，唯余垂头丧气。

带我去看展览的江英老师说，这个展览将会出本画册，到时拿给我。我在展览上仔细看着那些碑帖后面的跋语，感觉如果把这些跋语收集起来，将对碑帖研究很有实用价值。江老师说，欧斋所藏碑帖的题跋近十年前就出版了，我抱歉地说自己没有注意到，她答应试着帮我找一套，果真这部《欧斋石墨题跋》跟《欧斋墨缘》一同来到寒斋。

《鲁迅的书法艺术》，萧振鸣著。萧先生的执着让我佩服，这么多年来，他出的所有书都跟鲁迅有关，而这次他竟能将鲁迅跟书法艺术结合出一个题目来。鲁迅算不算书法家，这还真没有定论，但说鲁迅的书法极具特色，我觉得没有人对这个结论有异议。我记不得是不是萧老师告诉我的，鲁迅一生始终用的是毛笔，看来鲁迅并没把毛笔归为应当抛弃的封建余孽，就如同他的藏书也大都是线装书一样，所批和所爱是不是矛盾的统一体，这还真不好说，但我却喜欢鲁迅的字迹，而萧老师给我所写的书法作品中，却始终能看到鲁迅用笔的影子，我不知道他是有意为之还是近朱者赤，总之，我很喜欢萧老师的字。

二十余年前，我第一次前往鲁博书屋，记得是天津焦从海先生带我去者，那时鲁博书屋开在鲁迅博物馆侧墙外，在那里我第一次见到萧先生，从此就跟他有了长期交往。大概是在 2003 年，萧老师在鲁博组织首届民间藏书展，自此之后，鲁博书屋成了京城书友的重要聚会地点。一次次的聚会，每次都有着新的故事，有时会想：若把鲁博的这些聚会写成一本书，确实是有意思的一段京城书林掌故。但我觉得，这本书的编撰者，以萧先生来操刀最为恰当。有时我会觉得，他所主持的这间鲁博书屋，真有点像阿庆嫂所操持的茶馆——来的都是客，全凭嘴一张。而萧先生也确实是位好脾气者，对各位书友都能笑脸相迎，我真盼着他能把这些故事写出来，变成书，也让我真正了解到，他究竟怎样看待每一位书友，我想，有这样愿望的人，恐怕不仅是我一位。

《北大问学记》，肖东发著。前一段肖老师赏饭，请在一个算得上高大上的餐厅，那个餐厅就在北京饭店的楼下，里面的布置完全是豪华会所，到处摆的是玉雕和翡翠，以及当代名画，其中有几把紫砂壶造型独特，据说也是出自名家之手。我对此略表异议，店方马上请来一位工作人员，给我讲解，我说你怎么知道是如此这般，此人轻轻地回答我，因为这是我爸做的，众人闻此言瞬间都将目光集中在这位工作人员身上。酒过三旬，肖老师拿出来一摞书，赠送给每位在座者，众人都赞叹这本书做得漂亮。

补记：此次见面后，仅一年多时间，肖东发老师意外地在三亚去世，这个意外让所有与他相熟的朋友都感到震惊，因为他对朋友特别和蔼，闻得此讯的一瞬间，他与我的交往故事像放电影一样展现在眼前。是在什么场合与肖老师相识，我已回忆不起，但有几件事却让我印象深刻。肖老师是北大新闻与传播学院教授，他曾任信息管理系副主任，他在书史研究方面做出很大贡献，也正因为如此，我跟他交往较为密切，其中之一是前些年他组织中韩雕版研讨会。此会第一届在扬州召开，我在那个会上经肖老师之介，认识了多位韩国研究雕版印刷行业的学者，而后他又在北大举办过该会，所有他举办的会议，肖老师均邀请我去参加。

大概是在肖老师去世前二十几天，华宝斋举办一场盛大的藏书论坛，在会场上，我们再次见面，在会议期间，他告诉我，还准备在韩国再办一届相应的研讨会，希望我能前往参加。我当时爽快地答应他的邀请，没想到的是，刚刚过了这么些天，就变得天人两别，目睹他送给我的书，我对他的怀念之情难以名状。

《书生行止》，薛冰著。薛兄的出书速度真让我望尘莫及，我已经写书写得很是努力，但比起薛老师的速度来，恐怕差着几个档次。我喜欢读薛老师写的书，不止是因为他的许多书都跟藏书有关，更重要的是他行文风格的舒畅与平缓，很能贴合我的阅读习惯。得到这本书当晚就细细翻看，里头竟然有一篇是谈我跟他的初识，文中说我是2000年在南京见到他，而他带着我去寻找泽存书库，细读之下，原来那次在南京寻访，他帮我联系好后并没见到面，真正的见面时间则是三年后。他这篇文章让我忆起了太多往事，想起这十几年的变化，又让自己长吁短叹一翻。

补记：前一段去南京，薛老师介绍我认识许敬老师。承蒙许老师美意，他请我二位到一组以民国老建筑改造成的饭店晚餐，在进餐之前，许老师称，该饭店又承包下另一组老建筑，而那处建筑原本是国外使馆，经过薛老师两人的努力，那个老使馆准备改造成书吧会所餐厅。聊得兴起，薛老师立即联系餐厅负责人，我等三位直奔那里而去。那处建筑是典型的闹中取静，其建筑的外立面保护得十分完好，里面做了现代化的改造，一楼几个房间，几乎所有墙面都设计成书架。许老师说，他与一帮书友商议，准备每人捐出一批书，来充填此店的书架，而如此数量，将会在每个书架上挂上捐献者的名牌。他建议我也捐上这样一组，我当场答应下来。再后来没了音讯，不知道今日情形如何。但我觉得，南京有像薛冰这样为书香传播不遗余力的学者，诚可谓当地的爱书人有福了。

《惜别》，止庵著，这部书是我访谈止庵后得到的奖励。止庵告诉我，他为写这部书，竟用了三年的时间，为此他伤了眼睛，他说自己很看重此书，如果有人介绍他时说他是《惜

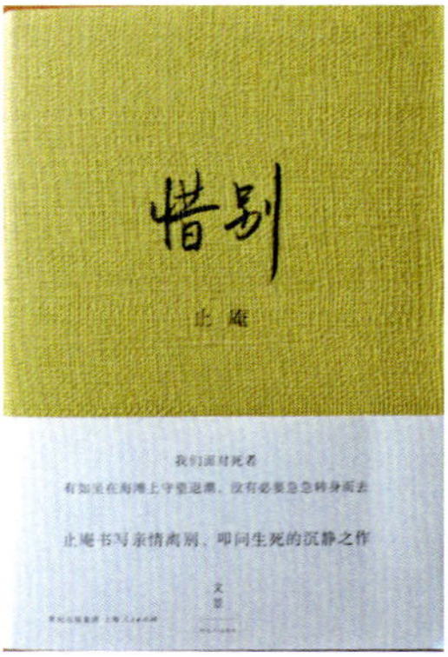

别》的作者，他听到后会觉得欣然。止庵的著作我家里有一大摞，不知道他为什么最看重的是这部，也许是因为这部书谈的是亲情，可能他写这部书时注入太多情感，应当算是呕心之作吧。以前戴震说自己一生最重要的作品是《孟子字义疏证》，然而他的身后包括他的一些弟子，却都否认这一点，认为《孟子字义疏证》不能代表戴震，看来有些事自我认为跟他人的观点还是有不能吻合之处。

止庵的性格颇为奇特，有个雅词来形容，那就叫“狷介”，虽然跟他相识这些年，我却很难了解到他究竟在想些什么。但有一件事，我却对他很是感谢，那就是经过他的介绍，我得以认识安妮宝贝，又经过一场采访，那个稿件变成了《古书之美》。此书被业界视为一本奇特的书，这本书看似简单，其实成书过程颇为复杂，除一次次的采访，还有止庵先生在背后的付出。他曾来到我的书房，我们共同对一些问题进行探讨，这本书是采访中的一部分。还曾有一次，他请我与安妮宝贝，以及数位编辑人员共同来到他府上，坐在一起仔细探讨，如何将采访稿变为一本书，现场讨论之激烈，是我在写其他书时从未遇到过的场景。可出于某种原因，书在出版的时候，止庵先生的努力却没能呈现出来，我觉得朋友的美意不能就此湮没，故在此出而表之。

《纸上交响》、《清影集》这两部都是陈子善先生作品，他出书速度更让我吃惊，按照武林的术语来说，应当是“天下

武功，唯快不破”，那意思是说最战无不胜的功夫就是出手快，回头我把这八个字写在笺纸上，赠送给子善老师，但我没有跟他证实过他家那位喵小姐是否也有同样出手飞快的功夫，我在他家时，陈多小姐悄无声息地站在我身后的头顶上方，如果她出手的话，我确实没有还手之力。

子善的藏书方式颇为奇特，除了凡墙是架之外，剩下大部分书就堆在客厅正当中，一眼望去，有点像小时候搭建出的城堡。我在年幼之时，可玩的玩具很少，而建筑工地的砖头就成为了喜爱物之一，我跟小朋友们将那一摞摞红砖，摆成蜿蜒曲折的工事，而后在里面玩着躲猫猫抓特务的游戏，那种快乐简直难以用语言来形容。当我走进子善先生书堆时，童年快乐得以再现，那种离奇的幸福感，有如一瞬间穿入到时空隧道里。但他为什么要把家中的书堆成这个模样，是否也有我相仿佛的童年记忆，这一点我不确定，但我的美好记忆却深深埋在了他的书堆中。

《东亚汉籍版本学初探》，陈正宏著，这是我极喜欢的一本书，按照专业的官方说法，该书填补了这个领域的学术空白。多年前我就拜读陈教授的著作，只是无由相识，几年前在澳门的某次目录版本学研讨会上，我才第一次目睹真身。那次演讲，他谈的是琉球版本问题，这是我完全不了解的领域，之后几天，我一直向他请教这方面的问题。后来还知道

他研究越南一些版本流传，这种独特视角当然让我这种藏书者受益良多，而今这部大作更是以学者眼光来看待东亚地区用汉字刻书的版本情况，我从这部书中学到了他研究版本的着眼点。

自那次相识之后，我跟陈老师的交往渐渐多起来，他在许多方面给予我颇具高度的指导，尔后，他请我到复旦给他的学生办过讲座。其有意提携之心从不表现在语言中，这种亦师亦友的淡淡关系，让我每念及此，都能体味到何为名师风范。

《清宫武英殿修书处档案》，此书由中国第一历史档案馆和故宫博物院联合编写，是研究殿版书极有价值的史料。该书是故宫图书馆张荣馆长所赐，她觉得这部书对我有用，来电话说要寄给我一套，收到之后竟然是一大箱。殿版书研究只是近些年的事，在传统藏书家眼里很少有人认为殿版书是藏书的重点，但近来这种观点大为转变，对内府藏书的研究成了目录版本学中重要内容，能够得到这么一套详实资料，当然是让我高兴的事。

张馆长的研究方向是宫廷器物，可能是她想让自己从理论上来把握宫藏的整体概貌，于是调到了图书馆。张馆为人特别谦虚，她说自己对古籍版本研究是外行，然而与她聊天时，却能在不经意间显现出她对典籍的理解，我觉得她是从专家向通才转变。而这种转变需要有一种海纳百川的胸怀，张馆正是具备这种胸怀的特殊人物。

《大唐三藏圣教序》，此书是赵朝霞女史所赐。赵女士办有载道文化公司，专门出一些十分精致的书，近来搞珍本碑帖系列，已经出三本，每本的设计上都可谓独具匠心，也有人认为这种设计太过繁复，但我觉得能够有好的销量就说明设

计上没问题。她所编的这套《中国法书大系》每种都是编号发行，依我的理解，编号发行的书少有超过一百部者，编号到三百部，我已经觉得是极限，可这套法书大系编号发行竟然在一千五百部以上，这个数量让我吃惊，但是赵女士把每部的第二号都赐给我，我当然觉得很是欣然。近两年，赵女士在下一盘很大的棋，她的这种宏大构思让我佩服，祝愿着她心想事成。

《名家珍品集萃——孙照子女捐赠中国古代绘画珍品》，此书为国博图书馆黄燕生主任所赠。今年年底他们馆又从市场上购买了一些善本，按照馆里规定，必须要请五位馆外相关专家提出购买意见，我也忝列五人之中。来到国博看过那些书后，本想在意见单上签名，但现在文物政策要求给每一部书提出意见，并说明意见理由，无奈只好一页一页来写鉴定说明，可能黄馆长觉得我一笔一划写得太辛苦，于是以此画作相赠。

黄主任也是位性情中人，跟他的聊天过程有如把酒话桑麻般不拘小节。几年前历史博物馆跟革命博物馆合并为国家博物馆，原有馆藏也需要作相应调整，黄主任借机把馆内所藏一些有争议的善本拿出，请相关专家予以定论，以便造册。在那个评定会上，我又显现出自己的毛病：只要见到好

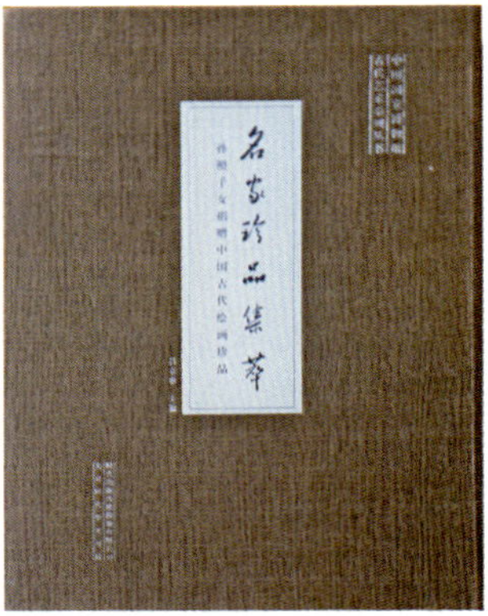

书，就对他事全然忘记，包括一些必要的礼貌与客套，而我直接谈出自己对一些善本的看法，却未曾顾及到现场工作人员的心态，同时已然忘记了尊重长者，应该请长者先说话的规矩。然黄主任却不以为忤，背后还夸赞我说话的直率。跟这样的朋友相处，确实有水乳交融般的无知觉。

前两年，黄主任又把我叫到他馆内，此次他让我看到了他的一个研究专题，那就是对某位曾经地位显赫，而今少有人提起的一位满人的研究，为此他搜集了大量关于此人的史料。他向我展示后，征求我的意见，我跟黄主任说，你的研究深度我已望尘莫及，意见不敢说，我的此趟前来就算是您给我普及知识吧。他的这种一网打尽式的研究方式，我当然知道其做法最为周严，可惜我的书跋写法却难以做到像他这样。但黄主任却对我的书跋写法，特别给以夸赞，他认为我在文中透露的一些细节才是史料室中的难得情趣。

《簠斋致吴云书札》，郑海若、马路芝主编。秋拍预展前，我到嘉德去看拍品，正赶上几个工作人员往办公室里搬这部书，总计有五百册之多，我问拓晓堂先生，这是不是嘉德公司出的书，拓兄说不是，他告诉我这本书里所收的陈介祺手札，是一位搞收藏的朋友花大价钱在嘉德拍到者，感觉有价值，于是通过拓先生联系文物出版社将该书影印出来，因前面的序言其中有一篇是拓晓堂先生所写，所以就运来了这些书。按照见者有份的原则，于是乎我也就得到了这一部，此书出得较为庄重，当时真后悔没有多拿几本，用来送朋友是不错的礼品。

嘉德公司是中国艺术品拍卖行业中最响的品牌，虽是商业公司，然本公司却颇为重视对传统文化的宣传，这些年来除图录之外，我在该公司得到不少难得的印本，虽然我并未去打听具体的出版宣传思路由何人来主张，但以我的想象，拓先生在这方面应当费了不少心力。

《嘉德二十年精品录——古籍善本卷》，这部精品录首发的时候，我也去参加过。按照惯例参会者都应当得到样书，而有意思的是，首发式现场仅摆着一套书，旁边还写着说明，解释称这部书还没有印出来，现在只有这一部样品，告诉诸位不要急，等到书印出来之后，会分别快递给参会者。我一直等着这部书的到来，倒并不是因为急着要看，而是里面收录了我的几部书，其中有一部黄跋，在展览时南京沈燮元老先生就给我来信说，他希望得到这页黄跋，我告诉他书已拿去展览，之后会出图录，这个黄跋自然就有了。没想到沈先生记住这句话，至少来过三封信索要嘉德这本图录，我一直跟老先生解释还没收到，但今天虽然收到了，我却没成想仅给我一册，把这仅有的一册如果给了沈先生我还真有点舍不得，看来只能想办法厚着脸皮向嘉德去索要。

嘉德公司的首场拍卖始于 1994 年，以其公司巨大的影响力，这一年几乎被业界视之为中国艺术品拍卖元年。而嘉德公司的首拍，就有古籍善本专场，因此对藏书者而言，这也是一个重要的时段。而嘉德公司为纪念这个时段，举办 20 周年精品展，举办地点就在国博，我的藏品也有幸参加这次展览，我在展览现场看到那么多曾经过眼之物，想一想，那么多的宝贝曾经我眼，而能够到手者，仅寥寥数件，这是怎样的情何以堪。

但转念思之，这场展览所有展品，都是从嘉德公司拍出去者，过了这么多年，他们还能找到珍品的新主人，动员他们拿出来参展，不是容易的事情，能够做到这一点，恰恰说明嘉德公司在客服方面做的事，何等的有成效。如果没有好的关系，和真正的信任，能够举办这样一个盛大展览，简直是不可想象的事情。

《上海图书馆藏稿本日记》、《顾廷龙先生纪念集》，这两部书都是上海图书馆所编，系黄显功主任所赐。顾廷龙先生这本文集，里面最实用的部分是收录了大量顾先生生前照片，这些照片很是难得，通过这些照片基本可以看出顾先生不同时期的不同交往。而《上海图书馆藏稿本日记》，则是大八开的画册，里面显现出上百种日记的书影，这也是很实用的一部鉴定藏书家笔迹的工具书。我最感兴趣的有吴骞《吴兔床日记》、张廷济《清仪阁笔记》、翁心存《知止斋

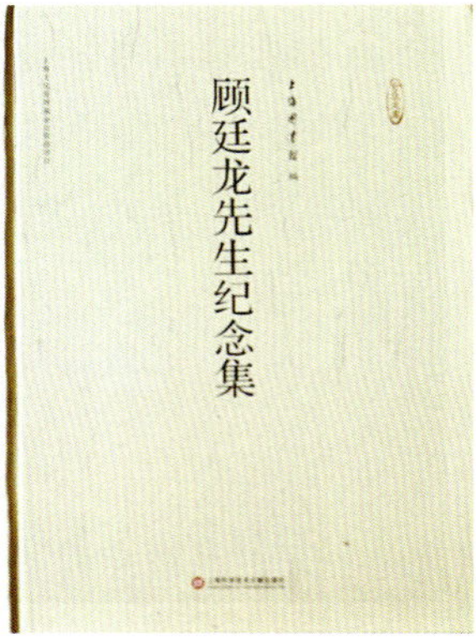

日记》，真希望自己能够通读这些日记，里面一定有太多的书界故事。

黄显功先生是上海图书馆古籍文献部主任，以藏书丰富程度而言，上图是仅次于国图的中国第二大馆，虽然我不确定这个流传已久的说法是否正确，因为也有人说，上图的古籍收藏量不输于国图，这一点暂且不论，但上图是江南第一大馆，这句评语则毫无疑义。正因如此，我到南方查看善本时，上图当然是必去之地，而这些年来，我也得到了黄主任的多方关照。尤其在去年，我前往上海，想去徐家汇藏书楼拍照，而该楼现在也归上图所属。这座藏书楼是中国南方地区收藏西洋善本最多的地方，虽然该楼也对外开放，但藏书的书库却是非请莫入，经过黄主任关照，我得以走进书库，感受到里面强大气场给予我的震撼。

《史逯》、《书目答问》这两部书都是北京崇贤馆影印的线装书，一般说来这样的传统典籍在当代出版，都会采用影印出版的省事办法，然细翻内文，乃是用康熙字典体重新排印者，这种作法颇为少见。前一段我受肖东发老师之邀，前往北大博雅论坛搞讲座，讲座结束后，有不少人跟我索要名片，其中有两位年轻人递给我一份简介，就是崇贤馆的宣传册，回来后不久，我就收到一个快递来的纸箱，打开一看里

面竟然有四部线装书，即是崇贤馆所赠者。这让我感到意外，可惜的是我翻看了书内没有找到寄赠人的姓名，而当时递给我的名片，我也一时不知放在哪里，无法在此予以鸣谢，希望赠书的朋友看到此微信后能够留下联络方式和姓名，以便我郑重表达谢意。

《书之美——一个藏书者的视界》，台湾新经典文化出版公司叶美瑶女史所赠。去年春节，受台湾图书馆之邀，我到台北书展去讲座，在台北期间受到了王荣文董事长的热情接待，我在王先生府上第一次见到叶老师。她说自己对《古书之美》很感兴趣，准备由她的公司出版该书繁体字本，我对她的厚爱表示了谢意。回京之后，与她通过电邮联系，本想重新修改该书体例，因为她认为有些内容并不适合于台湾读者，我也同意她的修改意见，但几经商议还是放弃改版的想法。

美瑶老师跟我说，她觉得《古书之美》重在一个“古”字，然而这个字却让台湾的年轻人觉得距离自己太遥远，所以将书名去掉这个字，改为《书之美》，但她又觉得这样还不能让读者理解到该书的内涵，于是又加个副题。书印出来之后，叶老师寄给我三册样书，这个数量好像比大陆的出版社要少得多，这是我第一次在台湾出书，不懂得当地规矩，尽管叶老师来电话说如果我有需要，她再给我捎来一些，但我不知道这是出版规定，还是属于个人情谊，只好跟她说不用寄了，因此在这里郑重声明，这不是显摆帖，而今我手里仅剩一本样书，盼望众友能够体谅，不再向我索要，就当这个帖子是植入广告罢。

该书出版后大约过了一年，孔夫子网办起颇有影响力的杂书馆，在开业典礼后的论坛上，我见到了台北的张大春先生。张先生见到我后的第一句话，就问我是否对《书之美》封面的字体感到满意，我说当然满意，只是不知道何人所写，张先生说，正是出自他的手笔，这让我感觉到自己有眼不识泰山，于是慎重地向他表示谢意。他同时直率地跟我讲，我这类书他原本以为读者很窄，虽然经过一些宣传，但仍不看好该书的销量，然而让他没想到的是，这部书才过半年就进行了再版，他谦称这件事说明，台湾当地的读者兴趣他未曾了解到。

为了此书的宣传，张先生也下了不小的功夫，他办有自己的广播电台，他曾命主播打电话给我，举行采访直播。我在电话中也谈到该书的立意，而这次与他见面，我特地感谢他的美意，因为张先生来去匆匆，当天晚上就赶回台北，以至我忘了跟他说一件有趣的事。前一度，我偶尔听到周华健所唱《纹身》，觉得那首歌词曲俱佳，尤其歌词写得特别典雅，在车上听着该歌哼唱了许久，后来偶然发现，那首歌词的作者居然就是张大春先生。后来我只好在电话中告诉他我的这个发现，他闻听后很是平静，告诉我还有哪些名家所唱之歌也是出自他的手笔。其才气之大，于我而言，只能听歌兴叹了。

2015年1月

本月得到的赠书比以下所列出的还要多许多，但有些书因是出版社所赠，可能担心作者有什么想法，特意嘱咐我书可得事不可报，那也只好把朋友的隐情默默地埋在心底。

《〈谭屑〉拾馀》，国图出版社影印出版，丁小明先生所赠，此书为其所编著，大十六开精装本，看上去很漂亮。给丁兄发短信表谢意，他竟然说，这本书的印刷质量还是觉得不满意，因为他的意愿是本着《芷兰斋书跋》的印刷水准。拙作书跋写作水平虽然很一般，但印刷质量却成了不少作者的心中目标，这让我多少有些小得意。虽然说，书的装帧再漂亮，跟作者没有太大关系，但我还是愿意与有荣焉。丁兄告诉我，这部《〈谭屑〉拾馀》是《嘤鸣诸野》系列中的第一本，这个系列的副标题是“当代中国私家收藏明清及近代名贤手迹丛刊”，这个副题的名字我更感兴趣，想想自己也藏有一大堆名人手迹及手稿，于是跟他说，自己也想编一本加入他的系列，丁兄说当然欢迎。但说完我就后悔了，因我根本不可能再挤出时间来给自己加量，手头任务能干完就已经是用尽了十二分气力，看来真应该改改自己这种不自量力的毛病。

我跟丁兄是如何相识者，已然回忆不起，只记得有一次，他所供职的华东师大举办一个目录版本学研讨会，丁兄邀请我去旁听，我在那个会上见到不少朋友，而后交往就渐渐密切起来。在那次聚会中，经过丁兄安排，我还得以结识沈迦先生，而我与香港林章松先生相识，也是通过丁兄绍介。

《礼志》第七十九期，这个刊物近几年我一直能得到赠阅，当然会感激在心。但这一期有些不同，因为里面刊载出了跟印刷有关的文章，题目是《古登堡 VS 毕昇：进入现代世界的赛跑》，这个题目很好，有着比较文学的思维方式，我喜欢这种在同一时空下不同文明

体系之间的横向比较，比如孔子在问渡口的时候，西方那些先哲们正在干什么。这本书里还拍照出了古登堡所做的金属字钉，从外形上看，我觉得跟二十世纪盛行的那种排印铅字几乎没什么区别，发明的时候就奠定了这个行业的基础与规则，这跟宋版书极其相似。

《从前的先生》、《纸年轮》，两书均为张冠生先生所著。我跟张先生不相识，这两本书是该书责编曹凌志先生赠送给我的。近些年广西师大出了不少好书，我自己买来拜读者都是跟目录版本学有关的著作，可能是曹先生感觉我的视野太窄，每过一段会赠几本书给我，然所赠均非目录版本学相关著作，我渐渐明白他的良苦用心，于是努力地读下去，也盼望着自己能够得以寸进。

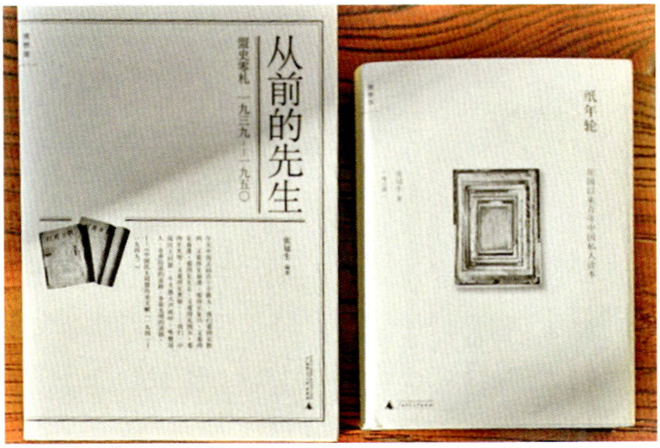

前一度，华宝斋在某中学内举行大型的中华藏书论坛，我在嘉宾名单中看到有张冠生先生，而在会议现场我依稀感觉张先生有些面熟，而后渐渐想起，前几年华宝斋请我主编一部线装本杂志，名为《藏书》，由我组稿，首期之后，因跟主管单位在稿件观念上的差异，故从第二期始不再张罗此事，而华宝斋安排接办之人，似乎就是张冠生先生。虽然我跟他只是简单做过一些稿件上交接，但并未想到，他还有这样的专著面世，人跟人若有缘分，终究还是会聚在一起。

《搜书劄记》，谢其章著。这本书是我到谢其章家访谈得到的回馈品。以前他每出一本书，我都能心安理得地得到一本，近两年，他忙于著述，可能没空给我寄书了。但人就是这毛病，得的少了反而知道珍惜，他赠给我这本《搜书劄记》后不久，我有了南方之行，为破除一路的岑寂，我出门都会仔细选带两本便携的书，而此程这本劄记为所选两种之一，其实书的内容是老谢近两年的笔记摘抄，但我能感觉到他进行了艺术加工，读来饶有兴趣，我竟然用几天的时间陆续读完了这本书。

与老谢相识近二十年，前几日海豚社聚会时，众人均称他为谢老师，唯独我喊他老谢，这似乎有失敬之嫌，那我也就从俗了。我跟谢老师相识是经过陆昕先生之介，当时吴晓铃先生的旧藏出现在海王村的拍场中，其中有一批为周作人多部作品的初版本，而我的关注点则放在了吴晓铃所藏线装书及特殊文献方面。这批特殊文献中，有四十年代几十位京剧名角自画的脸谱，其上款均为吴晓铃，即此可知，他在有意识地搜集京剧文献，这些脸谱每张裱为一轴，几十轴捆在一起，而我却以低到不好意思的底价将其拍到手。我在提货时，遇到了陆昕老师，陆先生问我为什么拎着一捆棍子，我向他展示其中一幅，这让陆老师大为吃惊。

也正因为如此，我在预展的时候，并未留意周作人那些初版本。说是完全没有留意也太过绝对，因为我在现场也翻看了其中的几册，唯一的感觉是这些书品相全新，民国版本能有这样的好品相，也确实难得。而那个时期，古籍拍卖刚刚兴起几年，还处在山中无老虎的阶段，因为有点小钱，我在那个阶段也算个像样的买家，其实充其量也就是猴子充大王，但

即便如此，我到拍场中，翻看哪些书，还是被他人所关注。于是业界疯传我要将拍场上的这批周作人版本一举囊括，我不知道这是不是卖主所使的障眼法，总之我不信，还是有谢老师等人信了，他跟一些朋友商议，我的出手有可能会大大增加他们的购书成本，而原本谢老师已经跟他的几位死党提前商议好，如何瓜分场中的这些周作人，而关于我的谣传，似乎打乱了他们原本的计划。

这段谣传在拍前还是传到我耳中。相比较而言，民国旧平装再贵，也跟古籍善本的同类品差得一大截，所以举下几本周作人，对我来说确非难事，但我始终有个观念，爱书人皆大欢喜，能在一起其乐融融，才是重要的。更何况，我在此之前就早已听闻谢老师的大名，我不愿意为此引起他的不快，于是我请陆昕老师介绍我与他相识。与谢老师握手之后，我明确告诉他，如果他喜欢那些周作人，我可以完全不举。印象中当时谢老师只是接连地说着他的姓氏。

而后，我才发觉自己所住之地竟然与谢老师的府上仅隔着一条不宽的通惠河，正因这个地利，我跟他的交往越发的密切，对他的人生经历也就有了更多的了解。这些年来，我的住处几经变迁，不知什么缘故，与谢老师的府上却越搬越远，跟他的交往由时常的见面，渐渐变为了电话。即使与他通电话，我也能听到他告诉我太多的业界信息。尤为难得者，我的第一本跟藏书有关的书——《古书收藏》，正是由谢老师之介，得以在辽宁画报出版社出版。以此论之，谢老师算是我的藏书出版引路人。

《二重奏——红学与清史的对话》，黄一农先生著。从黄先生身上我更加确认自己的判断：搞理科的人一旦搞文科，就能够突破很多搞文史的人所不能关注到的细节和死角。黄先生是搞天文物理出身，并且很有建树，不知道是不是因为基因突变，他突然转而研究历史。去年我在台北跟他见面时，他大谈自己研究《红楼梦》的心得，当时他的一些说法让我很是诧异，然而不到一年的时间，他竟出版了这本几十万字的大著，除了佩服，我已不知道还能说什么。

黄一农先生是台湾著名学者，是台湾清华大学人文社会学院院长、中央研究院院士。某年他来北京清华大学，不知是来搞讲座还是当访问学者，记得是经韩琦先生介绍，黄先生欲来寒斋看书，我开车接上他们几位前往我的书库。让我意外的是，黄先生对我藏书中的主体，也就是正经正史没什么兴趣，他特别关注一些不为人留意的古籍，比如他问我是否藏有《通书》。这类书对传统藏书家而言，几乎不入法眼，而我有限的几册也并非刻意收来，只是成批买书时，对方一并搭售者。黄先生却告诉我，这类的书大有研究价值，他向我简要地讲到《通书》里面所包含的风俗信息，这让我后悔自己无眼识宝，当时真想说一句周星驰的名言："曾经有一份真诚的爱情放在我面前，我没有珍惜，等我失去的时候我才后悔莫及，人世间最痛苦的事莫过于此。如果上天能够给我一个再来一次的机会，我会对那个女孩子说三个字：我爱你。如果非要在这份爱上加上一个期限，我希望是……一万年。"用这段话来形容我那一刻的心情，再恰当不过。惟一需要的是这句话中的"那个女孩"换成"《通书》"。

《乐舞敦煌》。此书为袁鸿蕙女史所赠，我翻看了一下，竟没能找到该书的作者，而在翻书时，却在里面发现，除了一些表格说明，余外一个字都没有。袁君告诉我，这本书是雷天先生转赠给她的，因为这部书获得了"2014 年中国最美的书”奖。这样的书为什么能够获奖，我却不能理解，当然我不能理解的事情大多都有获奖的可能，这倒是句实话。让我奇怪的是，这本书腰封上印着这样几个字：“一本纯手工的书”。我再翻看了一遍，这本书的全部内容——无论图画、

字迹、封面等等，均为机制，这颠覆了我对“纯手工”几个字的理解，以我的愚见，这本书唯一手工之处，有可能是书口处粘贴的一张像口取纸一样的封口，但即使这张纸真是用手粘上去的，那么“纯”字不知作何解。不是我不明白，的的确确是这个世界变化太快。

突然意识到，我这些评论似乎有些丧良心：朋友好心赠送，我却有着一大堆吐槽，其实这本书是否为纯手工，跟我一毛钱关系都没有，而我更为关注者，应当是赠书给我者的

美意。近几年，袁君给我帮了太多的忙，尤其在影印出版方面，她费了不少心思，而雷天先生在我每出一新书时，都会安排一场特别采访，以此来帮着宣传推销这些新印线装书。朋友的美意我当然铭记于心，然我固有的毛病却难以改变，那就是随口评论朋友所赠之物。好在这么多年过去，我与他们也算相知，我想，他们不会错会我的所言。我说错了什么呢，其实我自己都不明白。

《得未曾有》，这是安妮宝贝改名为庆山后的第一部著作，她没有赠送给我，而是由责编林妮娜女史寄给我者。其实这本书并非本月所得，直到前几天我才读完安妮宝贝这部新作——抱歉叫安妮宝贝习惯了，就像刚嫁到婆家，叔叔阿姨改口爸妈一样。我从这本《得未曾有》中读出安妮的另一种心境，我承认自己之前并没有真正懂得她的所思所想。

因为有了《古书之美》，我跟安妮的名字绑在了一起，在跟她的交往过程中，却让我有着太多的感慨：被别人误解是多么的容易，面对这些误解有着坦然的态度，这是不容易做得到者。在年轻人心中，安妮的名称可谓响亮，但树高于林，风必摧之，与盛名一同泼来的脏水，似乎也是这个时代的常态，我佩服之处，正是她面对脏水的坦然。我没当过名人，也不知道是否有一天会有她这么大的名气，到那个时

候，如果我也有幸，得到这么多的脏水，不知道我会不会有她这样坦然的心境。

然而，对于改笔名为庆山，我确不能理解。关于为何改名，她未曾向我解释过，只是某次她冷不丁地跟我说，准备把安妮宝贝改为庆山，问我有什么看法，我不知庆山是何意，唯一的感觉是这个名字很有力量，所以我说，自己觉得这两个字太过阳刚。在这个问题上，她听不进去不同意见，闻我所言后，她向我解释着庆山二字是何等的好听。那好吧，既然好听，那就让他人这样称呼你吧。

《大唐李白》，张大春著，这本书也非新得，只是到近期刚读完者。我的视野很窄，只专注于自己所喜欢的古书，对现当代文学更是知之甚少，张大春先生当初赠给我这部大作的时候，我一点儿都不知道他有那么大名气，直到读完我才知道什么叫才气逼人，也正因为这样，我才想起了初次跟他见

面时的失敬。

我在台北期间，承王荣文先生美意，他请到了一大桌子台湾的文化名流，印象深者有台湾的“国家图书馆”馆长曾淑贤女史、台湾故宫博物院院长冯明珠女史，我在北京相识的黄一农伉俪，另外还有七八位专家学者。在现场聊天时，我提及这几天准备到图书馆去看善本，而我想进善本书库内去看书，之前已经托了图书馆内的一位朋友，那位朋友答覆我说，到台湾后再确定是否有机会入库。因为时间紧凑，而台湾的欲访之处又较多，我不清楚这位朋友安排我哪一天能够前往书库，与我邻座的一位女士说，你跟我讲，不就确定下来了？我吃惊于她口气之大，而她旁边的一位男士接着跟我说，这位是“国图”的曾馆长。闻其所言，众人哄笑起来。

以我的毛病，在同一场合见到太多的生人，则难以一一记住尊姓大名，这位男士似曾相识，我却如何也想不起他是哪位，而后他递给我一本《大唐李白》，并说请我指正，这才让我知道他就是张大春先生。回来之后，搜了一些有关他的资料，到此时方得知，张先生的名气如此之大，而他的书又是那样的畅销。

今天夏天，我在香港见到马家辉先生，原来他跟张大春是特别要好的朋友。马先生向我讲述张大春来香港时，他们两人在山道上堵车的经历，当时大春先生摇下窗玻璃，指着对方一连串地痛骂，这样的豪爽让我想到李白“十步杀一人，千里不留行”的侠客风范。也许是马先生的语言能力超强，他的讲述让我感觉到大春先生的形态宛在眼前。闻其所讲，我竟然在餐厅之内肆无忌惮地大笑起来，由此也让我理解了大春先生为什么能将《大唐李白》写得如此精彩，看来，他心目中的李白正是他个人性格的化身。

《权力的毛细管作用》，王汎森著。这是一部关于清代学术思想史的大书，是学术著作的框架。这类书使用起来很是放心，因为里面的材料都详细注明了原始出处，但读起来则吃力得多。跟王院长坐下来聊天，我觉得他是很有情趣的一个人，如果见过他本人之后，再反过来看这部书，你就不会再相信文如其人这句老话。我很佩服像王院长这样思维缜密的学者，能把一个故事或者传奇都用学术的语言予以解读。

王汎森先生现任台湾“中央研究院”副院长，此前几天，王荣文先生请客，在座者也有王院长，我却忘了提及此事。我记得在席间向王院长提出，自己想进傅斯年图书馆的善本书库去看邓邦述的旧藏。邓邦述的堂号叫群碧楼，他珍藏过的最好的两部宋版，书名为《群玉集》和《碧云集》，邓邦述将这两部善本各取一字，组成自己的堂号，使得这两部宋本的唐人别集成为书界的名物。当年邓邦述分几次出售自己的珍藏，最佳部分为当年的史语所购得，其中就包括这两部著名的宋版，而今这两部名书藏在台湾中央研究院下属傅斯年图书馆中，我来到台湾，当然想亲睹这两部尤物。王院长听到我的请求，爽快地答应下来，他约我两天后前去看书。

王荣文先生带我如约前往。在王院长宽大的办公室内，他请来了傅斯年图书馆的馆长刘铮云先生，一番交谈之后，我无意听到了我在拍场中没有争下的一部宋版的归宿，而后刘馆长请工作人员打开书库，我在那里细细翻看这两部

名书，同时还看到不少曾经只闻其名，而未睹其容的善本名籍。

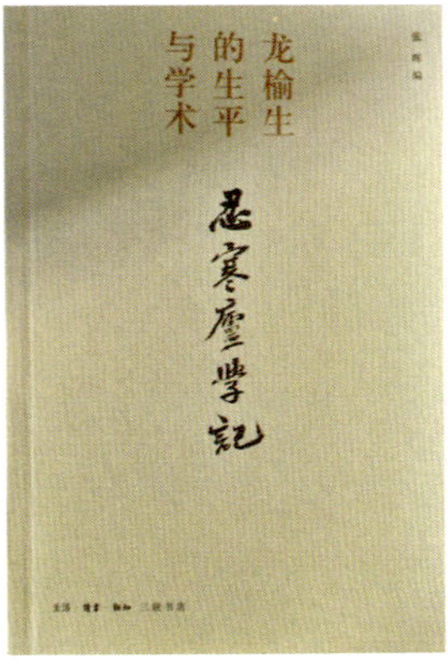

《忍寒庐学记——龙榆生的生平与学术》，这部书是该书责编曾诚先生赠送给我的。我跟曾先生已经十年没见过面，他见面第一句话就是向我道歉，这让我惶恐不已。十年前曾诚先生在国图出版社当编辑，那时我写了一些书跋，结集之后交给国图社，曾先生的学术功底在社里颇有名气，于是社长就把我这个书跋稿交给他。有一天他把我叫了过去，给我指出文中许多错误以及行文上的不流利，我那时候还有着“文章是自己的好”的陋习，跟他争辩一番。他不为所动，坚持让我彻底修订自己的手稿，当时我当然很不开心，于是赌气把稿子撤回决定不出了。后来渐渐冷静下来，文章放了两年，再重新翻看，确实写得不忍卒读，于是痛下决心，把那个稿子废掉重新写，才有了后来的《芷兰斋书跋》系列。为此，我十分感念曾诚先生，正是因为他的坚持，才促使我以后的进步，并且没有把那丢人现眼的书跋初稿印刷出来，否则到今天，那可是真真切切的悔其少作。正当我想向他表示感激之时，他却调离了国图社，自此失去联系，直到十年后的今天，才终于有机会让我向他当面表达自己的感谢。

这次的偶遇，是因为我的一部书稿交给了三联出版社，而这部书稿的责编是唐明星老师。某天唐老师让我去参加该社举办的读者见面会，我在会上见到不少久闻其名未睹真身的作者，其中收获之一是遇到了曾诚先生，一番交谈后，我向他正式表达了自己的感谢之情，因为他在国图社时的兼职，使得我当年那部烂稿子没有印出来，也就给了我一次重新改写的机会。虽然说，今日再看已出版的《芷兰斋书跋》初集，感到了那本书其实写得还有很多不尽人意之处，但相比较我当初的那个稿子，已然有了不少遮羞之处。而这个功劳就应当归功于曾诚先生。

其实，作者与编辑之间，是很奇怪的一种交往。编辑的工作，以我的看法，其重点之一就是要替作者挑错，我的这种言辞是自己冷静时的说法，其实每当编辑给我挑错时，明知有益，我依然感觉不快。人的情绪就这么怪，良药苦口，这句话也不是白说的。

《吴宓与陈寅恪》、《平生六记》、《和王世襄先生在一起的日子》，这三部书同时得自 2014 年三联出版社的读者见面会。其实到目前为止，我没有在三联出过书，但三联的编辑唐明星女史坚持邀请我去现场感受，因为我也算三联的准作者，以我的理解“准作者”应当算预备党员，按照组织原

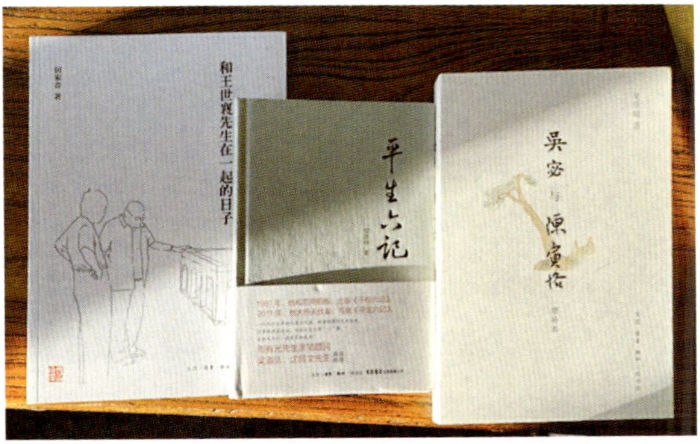

则，预备党员也应当参加党员的生活会，以便让预备党员更能体验到大家庭的温暖，我明白唐女史的良苦用心，以作者的面目出现在见面会上。在见面会上结识不少朋友，但实实在在的所得是得到了五本书，而以上是这其中三种。

唐明星老师也是位认真的人，她曾获得过年度十大编辑的荣誉称号，对于我的书稿，她不留情面地认真修改，她给我发来的书页校稿，上面几乎涂满了红蓝标记，面对此况，

这让我怀疑自己到底会不会写书。可是她却夸我书中的故事是如何的好玩和有趣，我不知道这是她对我的鼓励还是她的真实感受。总之，有这样的编辑替自己把关，就能减少自己丢人现眼的次数，对作者而言，是一种福音。

《赵松雪书太上玄元道德经》，此书为王燕来先生所赠。该书制作得颇为精美，从外观看我就知道这部书不便宜，我跟他假客气说自己不好意思接受这么贵重的礼物，燕来兄很认真，他说这本书是国图社三十五周年庆典座谈会上的赠品，我也曾在邀请之列，因为我正巧出门，就没有赶上那场盛会，但方社长和贾主编就让燕来兄帮我收着这件赠品，等见面时再转赠给我。原来是领导的关怀，那我当然应当笑纳。燕来兄说，当时在会上有人说这部《道德经》印刷得并不好，比拓本要差得远。我说那是当然，你拿任何一件印刷品跟原物相比都不可能在一个档次上，否则，谁还会去买原物，但这件出版物从裱贴水平而言，我觉得的确下了功夫。因此从影印出版角度而言，书算是当今的成功之作。

我跟国图社的交往可谓长久，然最初的那些年，并不是作者身份。国图社一直在北京图书馆旧址院中办公，而这个院中一直设有该社的读者服务部。该社原名书目文献出版社，从名称上即可了解到该社出书的主要方向，而这些书恰

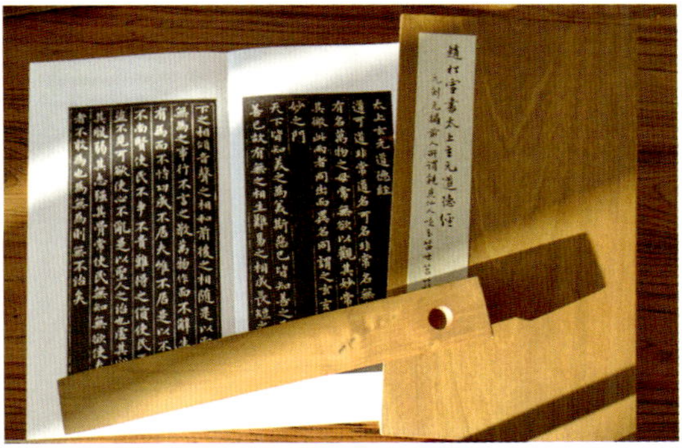

好是我的偏爱，故每过一段，我都会到这个读者服务部去购买一批。该社的书在这里当然很全，来此购书还有一个原因，就是本社之书因为印量不大，故而成本降不下来，价格较其他社要贵，服务部却能打折，一次买一批书，也能满足自己占便宜的小心理。

我在买书阶段，就已经跟燕来兄成为朋友，有意思的是，之后他又成了我的责编，我不知道这算不算俗话所言的亲上加亲，总之，我喜欢他的那种直率性格，就像葛优在《手机》中的那句台词：“有一说一，我是严守一。”在校稿过程中，就能体验到他的这种个性。燕来虽是北大图书馆的科班，却有着艺术家风范，长发飘飘，走到哪里都令人瞩目，内在与外表的反差，不知道他如何在心中做到了和谐统一。但我觉得，他的这两种气质融合在一起，具备了好编辑的特点：既能严肃把关，还能设计灵动。有这样一个朋友，这当然是我的幸运。

《梨园书事》，姜德明著。这本书是责编杨良志先生寄给我的，为精装毛边编号本，总计一百部，该书为第七号。

收到书我马上给杨先生去电话，然而电话却拨不通，于是给姜先生打电话，告诉他这部书出得确实是漂亮。姜先生说这书本来就是要赠送给一些朋友，但杨良志拿着毛边本让他帮着签字并帮着寄出，让他省了不少事。他说自己对这部书的出版很喜欢，之后我短信杨先生告知此事，收到杨良志先生短信："你想得周全，姜先生会高兴！其中

2 号给了姜先生本人，版画作者 5 号，蔡赴朝 6 号，阁下 7 号，尽量靠前。我本人留下 14 号。”看到这个短信我第一反应是，1 号给了谁？这一瞬间的反应让我马上想到自己前两年寄出的编号贺卡，我发现给书或者贺卡编号，是一件费力不讨好的事情，因为总不能把所有书都编成 1 号，有得 1 号者就有得 144、174 等号者，如此说来，得到赠物者永远是不高兴的多于高兴的，而寄赠物给别人，当然是为了让朋友高兴，而最终的现实是几家欢乐百家恨，完整地解读了什么叫费力不讨好。于是我改变了这个傻作法，今年寄出的三百枚贺卡一律不编号，古人云“不患贫而患不均”，用在这里约略相似，你看，费心费力出这部《梨园书事》的杨良志先生就只能把第 14 号留在自己手里。

姜德明先生是我尊敬的书界前辈，我在此前认为他的重点所藏是新文学版本，而后几次去他府上，才终于看到姜先生也藏有大量线装书，他的这些线装书颇具特色，每一种他均能讲出道理，虽然他谦称当年这些小册子不为人所看重，买得的价钱也就一块两块，但细翻这些书，发现无一种是寻常可以得见者。可见，当年的姜先生也有他的选书标准。

2015年2月

《明代刊工姓名全录》，上下册，李国庆编。二十多年来，李国庆先生一直在搜集明代刻工的所有资料，十几年前他已出过这类的专著，没想到，此后他仍然不停步地完善着自己的专著。今日收到了这两大册《全录》，竟然有350多万字，真的能称上这个“全”字，这等勤勉，我除了说佩服，已经找不到其他更恰当的词来形容，只能把这位老兄当楷模树在那里，把这部书也供在案头，不止是为了方便使用，更多的当成一种刺激，希望自己能够变得更加勤勉。

对喜欢古籍的朋友而言，跟各大图书馆的善本部主任搞好关系，对自己益处极大，毕竟真正的善本都珍藏在各大图书馆内，而搞鉴定，眼界开阔，是必要条件，观千件而后识器，只有多看真品，才能增长自己的眼力。既然图书馆占有绝大多数资源，那么到那里去长眼力，则成了最为重要的渠道。可惜的是，随便走入图书馆内，就想看到善本，直到今天仍然是不容易做得到的事。这么多年过去了，我跟国内各大馆的善本部主任绝大多数混了个脸熟，而其中的李国庆印象最深刻，因为他是我所结识的第一位这方面的实权派。

当他第一次把我带进古籍库房时，就给我以很大的震撼，让我懂得了何谓坐井观天，而后，在这里又随意地看到那么多名本，尤其看到了一部周叔弢所刻之书，该书在市面上流传极其稀见，没想到在这里竟然看到一大摞。当年这部书制作了一百部，竟然有七十多部藏在天津图书馆善本库内，而我曾为拥有这样一部书自得过好久，面对这厚厚的一摞，岂止是情何以堪。

这样开阔眼界，对一个藏书人来说，至关重要，否则极易变成敝帚自珍的井底之蛙。而与李主任的相识，让我开阔了思路，自此之后，我修订了自己原有的做派，以更加开阔的心态，到处去开眼，这使得我的收藏也更加有的放矢。每念及这一层，我都会想起李主任给予我的启迪之功。

《旧书陈香》、《纸老，书未黄》，这两部书都是徐雁先生的大作。一个月前，我到其府上拜访，他把这两本新作题赠给我。随后，我转赴薛冰先生府上，竟然把这两本书丢在薛

宅。没办法，只好让薛冰先生给我寄回来。徐雁老师写作之勤奋，也同样是我学习的楷模，尤其，他的著作在书名上都颇为讲究，而我却很少在这方面动脑筋，到现在才渐渐明白，起个好名称是何等重要。

我与徐雁老师相识源于一通电话。他府上电话是何人告诉我的，我已经回忆不起，具体到我在电话中向他请教怎样的问题，也同样忘得一干二净，而后的交往中，我对他印象最深者，就是他写书的那种拼命精神。徐老师曾写过一部《中国旧书业百年》大作，是个大部头的著述，他为此费了很多心力，他曾跟我讲，为了写作该书，每天睡眠时间都减了一半。后来他来北京时，带了一些大作，同时还带来几位弟子，我请众人到我家看书时，徐雁老师坐在沙发上就睡着了。一个人要能干成一件事，没有艰苦的努力，一切都是空谈。

我的书楼寻踪之旅，始于十几年前，而这种行动的初始动机，也同样是受徐雁启迪。巧合的是，他后来跟傅璇琮先生等人共同主编一套《书林清话文库》丛书，命我将关于藏书楼的连载之文续集后，加入这套文库，这样才有了我的第一部有影响力的书——《书楼寻踪》。需要说明的是，该书的名称也同样是徐雁先生所起。

《周叔迦大德文汇》、《周绍良先生欣开九秩庆寿文集》，这两部大作均为周启晋先生所赠。他的祖父、父亲都是堪称大德的人物，什么都可以羡慕，只有出身是无奈的事，无论

自己怎样努力，也无论得到怎样的成功，都疑似不能改变自己的出身，除了羡慕，那还能说什么呢？！

周启晋先生是周绍良先生的公子，这样的文史世家，足以令人羡慕，然而启晋先生却没走这条老路，他告诉我说，自己的大学专业是植物遗传学，我在他的府上，也看到他所建造起来的面积颇大的温室暖房。冬季的北京最缺乏一抹养眼的绿，而在他这里，却能看到满眼春光。

启晋先生也有继承家学的一面，那就是周绍良先生的旧藏有很多都在他手上，但他似乎对这些家传之物没有那么深厚的兴趣，而是独辟蹊径地搞另类收藏，他的另类收藏品种我已经写在书房系列的文中，有兴趣的朋友可以找来一看。

《曹素功制墨世家》，周绍良著，这同样也是周启晋先生所赠。其实，二十年前我就知道周绍良先生对古墨极有研究，已经出过几本专著，但这本书我却未备，启晋先生闻知，特意馈赠予我，可惜的是，绍良先生已归道山，无法请他签字了。于是，由其公子启晋先生题写两句因缘。二十一年前，受绍良先生影响，我也开始收集一些古墨，当然完全不能入绍良先生之法眼。后来，又转而收集今墨中之精品，最终既不成体系，也未搞成规模，不了了之堆在那里。任何事情，想能搞出名堂来，都不是件容易的事。

我对周绍良先生的藏墨研究，缘于我拜读过他在这方面的专著，而与之发生有关联者，则跟天津焦从海先生有一定关系。焦先生跟绍良先生有着多年交往，可能是怀旧的原因，绍良先生特别喜欢吃天津一种早点——煎饼馃子，虽然这种食品北京也有，但绍良先生认为不正宗，故而每过一段，焦先生都会特意从天津买煎饼馃子送到北京来，而他每次来京，大多数会与我见面，故而我对绍良先生的一些轶事都是从焦先生那里听到者。

还有一度，焦先生从天津文物公司买到一些碎墨，而后给绍良先生送到了北京，在我的印象中，古老的墨锭一旦破碎，基本上就没有了收藏价值，而绍良先生为什么对此感兴趣，引起我的好奇，焦先生告诉我，绍良先生对石墨极有研究，并且藏有不少此类珍品，而他买这些碎墨，主要是要明代的制品，因为明代古墨是治疗胃病的极有效的偏方。焦先生称，他也区分不出来，碎墨中，哪是清墨，哪是明墨，而绍良先生只要看一眼，就能迅速地将两者区分开来，其对古墨的熟识程度真是让人叹服。

再后来，我就收到了绍良先生所著的《蓄墨小言》签名本。而今看到周启晋先生所赠该书，让我一瞬间又回想起许许多多跟周绍良先生之间有关系的往事，而我唯一的遗憾，是绍良先生所藏的那一大批唐墓志拓片，几经周转，最终还是没能到手，念及这一层，看来还是跟老先生之间的缘分太浅。

《大英博物馆世界简史》上、中、下三册，这是林妮娜女史所赠。我收到这部书第一反应，感觉她不是送给我的，于是，打电话给林老师，问她这部书是不是送给我儿子的新年礼物，她笑着告诉我，就是让我来拜读的。妮娜说，看到了我近期的微信，有着通俗化写法的倾向，她认为这部《世界简史》是这方面写得很成功的一部书，作者是大英博物馆的

馆长，他能把那么艰深的历史用如此有趣的笔法写出来，很值得我学习。她期待着，我若干年后能写出这等的好书。于是，我郑重感谢了她的期待，也同样郑重地告诉她，千万别对我有太多的期望值，这会让我有压力。

妮娜女史所供职的新经典文化公司，在同类的机构中可谓赫赫有名，至少我看到该公司出了太多的好书。而我与妮娜相熟，是缘于安妮宝贝，因为妮娜是安妮宝贝的助理，也正由于这层原因，当安妮对我的采访要变成一本书时，妮娜为此献计献策，提出很多有建设性意见。她那直率的性格，在日后交往中也给我留下很好的印象。因此在出版方面，有时候，我也会征求一下她的意见。

《广州图书馆藏仪清室所集广东印谱提要》、《从华夏到中国》，这两部书都是徐俊霞女史所赠。我跟徐老师素未谋面，然而，这些年来却收到不少她的赠书，真不知如何谢她。去年，收到她所赠两部设计奇特之书，她告诉我说，是因为看到这种难得的书，特意买下转赠，这让我颇感不安，告诉她，只可赠给我她所责编之书。而此次，又收到这两本赠书，翻看一过，发现责编并不是徐老师，于是，短信于她，感谢之余，又劝其不可再为我破费，她说此两书确实是自己设计者。我马上翻看版权页，才发现书籍设计一栏确有

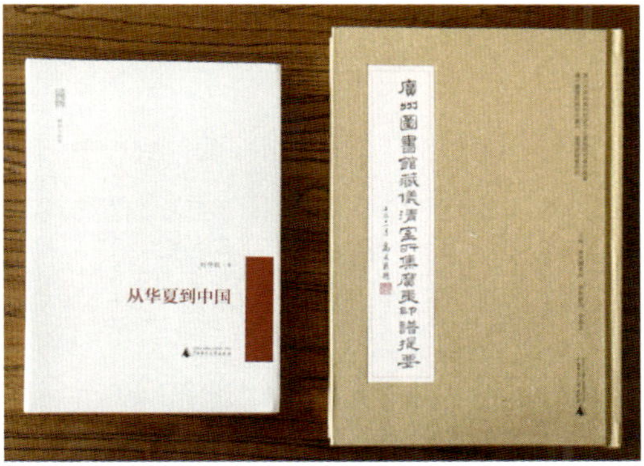

其大名。这让我更加惭愧，因为我一直以为徐老师是一位编辑，没成想，她还是书籍装帧设计家，受人多次之赠，竟然搞不清对方的实况，可见我真是个粗心之人。

徐俊霞老师是广西师大出版社本部的编辑，而我曾到该社搞过讲座。我曾问过她是否在那个讲座上见过面，她始终不给我正面的回答，所以我才在上文用了“素未谋面”这个正经词。然而她给我提供了很多的帮助，印象较深者，是我从一个资料上查得广西师范大学旧校区的一部分，就是当年的广西官书局，然这个说法语焉不详，我只好请徐老师代为落实，没想到她却按不同的几种说法，都到原址去探访一番，而后告诉我她所给出的判断。还有一回，我想了解跟晋江王府有关的历史材料，她马上给我寄来一些相关的出版物，由此让我感觉到，能够交到这样的朋友，这才叫真正的给力。

《三人行》，这部书是内地、港、台三个文化人的一本对谈录。他们三人的共同点，除了对文化的热忱，同时，都出生在 1963 年。以同庚做为合集的着眼点，这倒真可称为一种创新。细翻该书，里面未曾看到有三位的签名，然里面却钤

着一方“晶报贺岁”的白文章，旁边还用毛笔写着“特别精装毛边本，一百册之 009 号”。胡兄是《晶报》的总编，看来这又是他搞出来的新奇玩意儿。他的学问我可以慢慢追赶，但他的潇洒英俊却让我很无奈。按照当年副统帅的说法：“爹妈给的嘛，真没办法！”当然，副统帅说的是脑瓜聪明，而我在这里却用的是，英俊容颜。胡先生为人有着豪爽气

派，再加上他的名讳中有个“侠”字，于是被熟识的朋友尊称为“大侠”。以侠客之心来主持主流文化，如此想来，他所主持的各类报刊杂志，应该不会有江南人所固有的妩媚。可惜我没有看到有评论各地报刊是阳刚还是阴柔的论调。

大侠所出之书，的确跟他的名字无比贴合，比如他还写过一本《微书话》，这部书所收之文每一篇都短小精悍，其实用“隽永”来形容更恰当。细读他的那些警句，至少我从字里行间没有嗅得阳刚之气，更多的是看到了他对一些眼见耳闻之事所做出的画龙点睛式的评语。

《佛光祈愿文》、《王蒙八十自述》，这两部书乃是辛广伟先生所赠。辛先生乃研究海外出版史的专家，第一次见面他就送我两部这样的书，并且告诉我一些这两部书背后的故

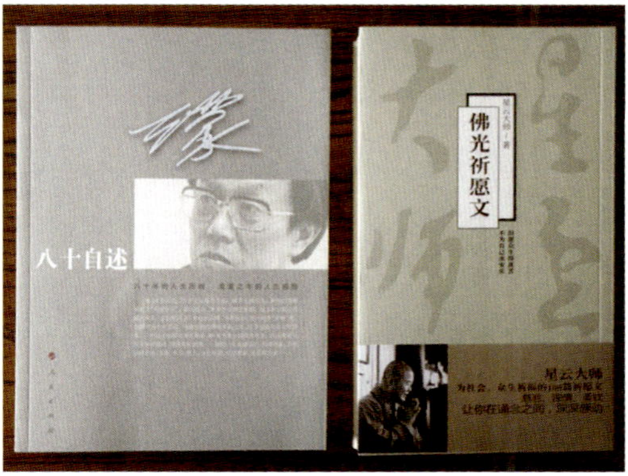

事，真的很感谢他。

辛先生是人民出版社的总编辑。近几年出版行业变革，各地出版社都由事业单位变为企业，而真正的事业出版社按照总署规定，仅余四家，我不记得这个数字是否准确，但无论是几家，人民出版社必定是其中一家。这样的出版社会有着怎样的出版理念呢？我当时就向辛先生直率地提出了这个问题。他以自己睿智的语言向我讲解该社的出版理念，由此让我明白，此类出版社的总编辑，确实在宏观把握上，有着独特的掌控能力。

《无锡博物院院藏历代书画精品图录》，此图录乃无锡博物院副院长蔡卫东先生所赠。蔡先生素未谋面，然在短信中多有交往，其所赠的这本图录，让我了解到其院所藏书画之精彩。

补记：巧合的是，我在收到该书后不久，就有了无锡之行。于是与蔡先生联系，准备到他供职的博物院去看善本和碑帖。在蔡院长安排下，让我看到了许多难得一见的珍品。当天晚上，还受到蔡院长朋友的热情接待，而更为难得者，我第二天去拍照荣德生故居时，正赶上例行的周一闭馆，而我已买好第二天的返程车票，于是去电蔡院长，在他的沟通下，终于让我进入旧居拍照。无意间，结识这样一位如此肯

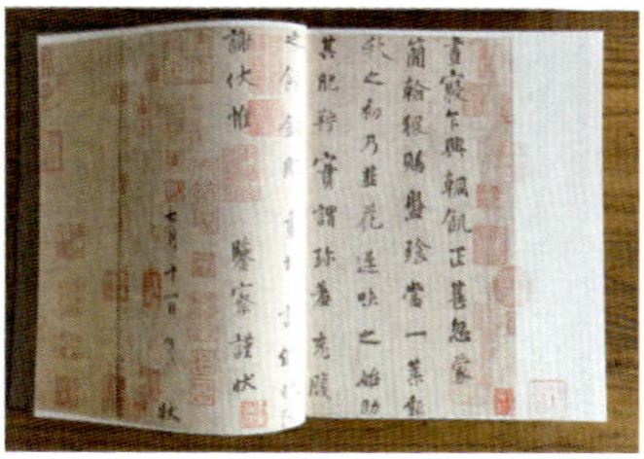

帮忙的朋友，这让我对“书友”这个概念又增加了一份信心。

《成贤斋藏敦煌遗书》，此为成贤斋主人所赠。王先生专藏佛经典籍，此两书所收均为唐之前卷子本。今天能有这样的精品收藏，堪称独步。

我跟王先生相识，是经过翁连溪先生之介，某次上海的拍卖预展，北京去了一大帮书友，大家共同住在一个酒店内，而后聚集在酒吧里谈地侃书，想一想那样的日子真是快活如哉。就在那天晚上，我得以结识王先生，并知道他出身中医世家，因为听说他看病如神，在众人再三的请求下，他一一点出哪个人各有什么慢性病，他的点评让众人十分叹服。

然而一位中医世家传人，却对敦煌遗书大感兴趣，这之

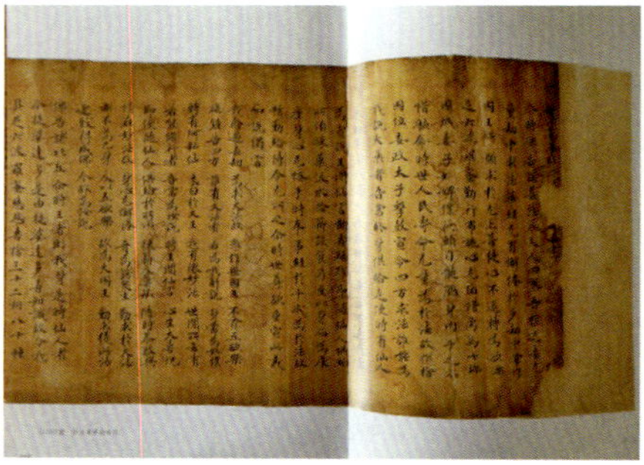

间的跨度确实大了一些，在而后的交往中，王先生对此类物品孜孜以求，都让众书友特别感叹。经过几年收集，他在中国书店出版这部大作，并且在于华刚总经理安排下，于中国书店举办新书研讨会。在那个会上，王先生讲解他收藏这些敦煌遗书的心得，由此也让我对他的深层观念有更为明晰的了解。

2015年3月

两年前在中华书局举办嘤鸣雅集，让我看到那么多朋友平时难得一见的精彩。这里所说的精彩，指的是这些书友们的书法功底。我向来拙于此道，见人写出美字，好生羡煞，而徐俊先生身居高位，不但能著述，且对书法也很有造诣，他在这方面的成就业界均有耳闻，而我只是不好意思向其开口索要墨宝。某日去其办公室，徐总送给我一个精致的小纸盒，启盒视之，乃其手书对联一幅，得此墨宝，让我大感惊喜，其所书字句，是跟藏书有关者，这最为我所欣喜。可惜他所用的这种特殊对联纸，在拍照之时，极易反光，以我的烂技术，尝试多个角度，才勉强拍出一张，结果上图时才发现将上下两联位置放颠倒了，这让我好生惭愧，但明日即将外出，已经来不及重拍，只好以丑示人，以此颠倒之图发出，还盼徐俊先生原宥。

嘤鸣雅集乃徐俊总经理组织的一场笔墨派对，除我之外，参加此雅集者，均在书法方面擅长，要申明的是，这是除我之外的评价，因为我完全不谙此道，却被稀里糊涂拉入这个雅集，到现场之后，我才知道活动的中心议题是互赠墨宝，另外共同合作一本徐总提供的册页。面对此况，我方知自己来错了地方，于是主动帮忙，协助各位书法家抻纸研墨，而印象最深刻者，则是扬之水老师会把纸张裁成窄窄的细长条，四尺整纸的大纸要裁成细长条，不是件容易的事。

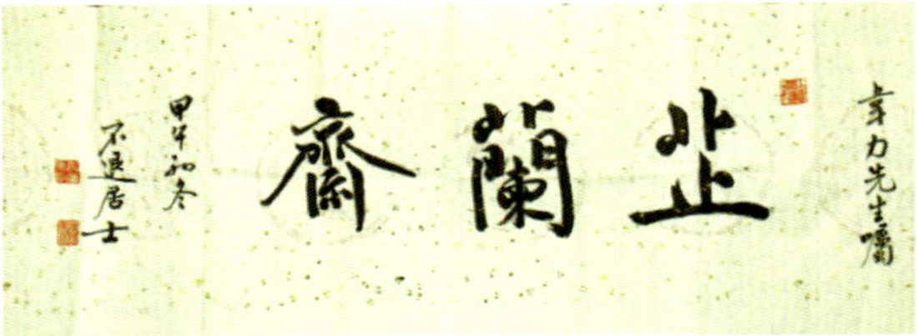

而我干这些粗活还算麻利，于是帮她一张张操作，可能我的行动感动了水哥，她当场答应，回去之后会给我写上三幅。闻听此言，还没等我高兴完，她又跟我说，是写三幅后，让

我挑其中的一幅，想一想，这也不错。此后不久，果真收到了她的赠品。

徐总要求，与会者必须每人在那本册页上题字。而我写的字丑陋到无法示人的程度，俗话说，长得丑不是我的错，但出来吓人就不对了，好在有陆灏公子在场，他人长得英俊，字也和长相一样，于是我请陆公子代笔，帮我在册页上题写了几个字，写完之后陆公子笑着跟我说，今后你麻烦了，这本册页公布出去，别人都认为这才是你的正体，我说那怕啥，你不用得意，今后我的这类活，全部扣在你的头上。

上次到李阳泉先生的公司访谈之时，我提到了正在请国内的一些名家书写自己的堂号，想若干年后出版百位名家所书的“芷兰斋”集锦，为此向阳泉兄求一墨宝。他爽然答应，并说代我向道生长老求一墨宝。我对当代佛教界人士知之甚少，阳泉兄告诉我，道生长老乃当代禅门泰斗，现在普陀山住持，而今已 95 岁高寿。闻听阳泉兄之介绍，令我大为高兴，请他一定帮我求得一幅匾额之字。两月之后，收到阳泉兄之邮件，里面有三物，第一物即是道生长老所书芷兰斋；而第二物则为阳泉兄所书我的堂号，李兄给我书写了两张，我觉得两张写得都很漂亮，真不知道如何选择；第三件则是他整理出版的东坡手书《养生论》册页。见此三物，大喜过

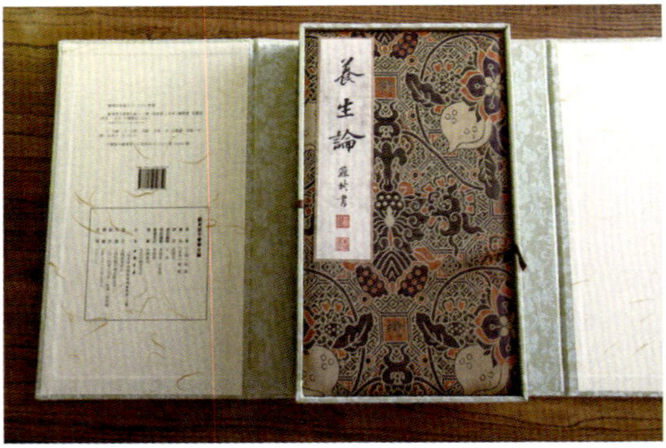

望，马上去电阳泉兄，向其表示自己的谢意。有这样认真办事的朋友，真让我感到高兴。

我第一次见到李阳泉先生，也是因为翁连溪兄之介。某年少林寺住持释永信大师想请人整理寺内藏经楼里的佛经，而李阳泉兄跟永信大师最为熟悉，于是他找到了翁先生，而翁先生又叫上我，一同去者，还有一家文化公司的老板宋连旺先生。

我等四人在少林寺不但看到了佛经，同时也有很多的趣事在，我印象深刻者之一，是在阳泉兄带领下，我们来到当地一家专卖素饼的商店。这是我平生第一次品尝这种美食，其味道之香甜跟它的名字形成巨大反差，但偏有人要跟美食做斗争，比如阳泉兄带我等到少林药局时，在那里看到两位洋人一声不吭地坐在旁边，监院解释说，这两个人正在断食。阳泉兄告诉我，断食就是道家说的“辟谷”，这种练功方式就是七天内只喝水不吃饭，其作用就是把体内的毒素排干净。

不吃饭竟然有这等神效，而监院则用颇为专业的语言给我等讲解原理，同时建议我们几人都可以练习，我们几人当然都会点头答应，尤其阳泉兄力赞这种方式对身体会有何等益处，然等到此程结束，在返回的路上路过登封时，刚刚驶入灯红酒绿的大街，阳泉突然喊了声“停车”，他告诉众人，这里有一家羊汤馆特别有名，如果错过这个机会将会是个大遗憾。他这个建议得到车上人员的一致响应，于是走进此馆，每人点碗羊汤，同时每人加了两份羊肉，阳泉边点菜边跟众人解释道：“多吃点嘛，准备断食了，总要做个准备。”众人闻言大笑起来，而我在氤氲的羊汤热气中，又憧憬着断食给自己带来的美好。

程毅中先生乃是当今著名的学者，曾任中华书局副总编辑，现为中央文史研究馆馆员，他对古代小说的研究极有成就，写过多部专著，我拜读过的有《唐代小说史话》、《宋元小说研究》、《古代小说史料漫话》等等。他对古籍整理出版以及目录版本学，也有自己独特的研究成果。遗憾的是，至今我也没能跟老先生结识，好在跟他的公子程有庆先生是熟识的朋友，从他那里断断续续听到程毅中前辈的一些情况。因为早就听说过程毅中先生在书法上也有着自己功力所在，且是我所喜欢的文人字，于是斗胆向程有庆兄提出不情之请，不久之后就得到这张墨迹，欢喜多日。

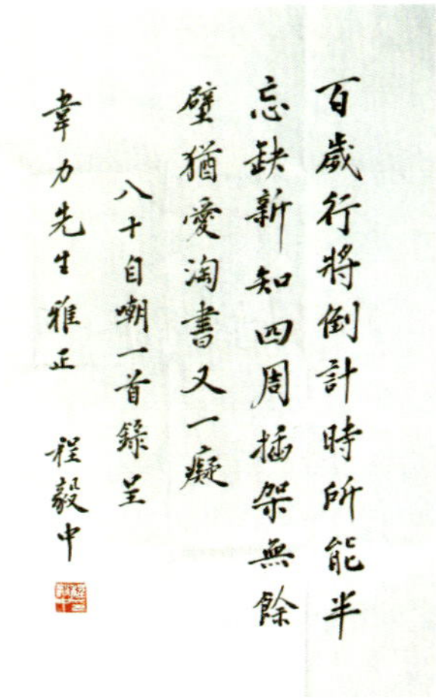

程有庆先生是国家图书馆善本特藏部的专家，也正因为这个原因，我跟他有了二十年以上的交往史。我每次到国图，无论去开会还是看书，只要有空，都会到他办公室去坐一会儿。某年，国图举办国际目录版本学研讨会，有庆先生在那个会上宣读了自己的论文，而他的研究竟然是明代版画的一些细节，他用图片对比的方式，来讲解原刻本与翻刻本之间有怎样的微妙变化，用这种形象直观的方式，而后得出自己的结论。

自“五四”以来，对于明代版画的研究已然成为一门显学，他在这种景况下，还能做出出色的研究，这确实不是件容易的事情。而他对朋友的直率与真诚，更为我所看重。

易福平先生是深圳的篆刻名家，前几年，他赠送我一卷自己所书的《金刚经》，那是我第一次知道他写字也很有功力。两个月前我在北大讲座之时，无意中看到他也坐在听众席上，而这样的通俗讲座还值得他跑这么大远，真让我觉得过意不去。当然，讲座者不止我一位，也许他是来听别人所讲，念及这一层，让我的不安有所减轻。那天晚上一起用餐时，聊到许多书界故事，可谓宾主尽欢。此后不久，我就收到了他寄来的包裹，里面竟是易兄所书的精妙小楷。这幅字至少有三米长，这等窄长的字条，以我这外行来看，书写很不容易。我把他的墨宝放在地上拍照，从哪个角度都难以将其收入镜头。我马上给他去电话，感谢他的辛苦，也感谢他的惦念。

易先生也是位爱书人，前一度我听说，深圳举办首届藏书家精品展，其中印谱部分就是易先生的珍藏。虽然我知道他对篆刻很在行，但他的藏谱情况却未曾听他提及，而我也有藏谱之好，不知为何他却不在这方面跟我做一些交流沟通。他来过我的书房，看到过我所收藏的印谱，而尤为奇特者，他却对我所藏的铜版本的《西清古鉴》大感兴趣。易先生告诉我，他的朋友鞠稚儒出版过多部印谱，为了不使出版

落款儿，竟然是陆灏先生，原来这个画像竟然出自他的手笔。仔细端详之下，才发现画像背面的衬纸是陆灏兄一封大札。陆兄用精美隽秀的钢笔字写着如下一段话：

“辛德勇先生在澎湃上撰文，对先生写他书房一文作了补充，附了一页陈诗庭画的钱大昕像，今日得闲，临摹了一张，寄给先生玩玩，我临写的褚遂良《圣教序》，蒙先生谬赞，改日钤上印章，下次见面时奉呈先生正腕。”

我对陆灏兄的这段话需要做一番“注疏”。前一个时期，我到辛德勇府上拍照，并给他做了访谈，因我学识的浅陋，没能完全记录下辛老师所谈的学术观点，致使我所写出的访谈之文不能完全表达出辛老师所想表达的中心思想，于是辛老师对我的访谈之文做了一篇“正义”，读后颇让我感到汗颜。辛老师的那篇更正之文发在了澎湃网上，上面有这张“竹汀先生”小像，不意被陆兄看到，竟然摹写一张转赠于我。本来我为自己的唐突感到局促不安，收到陆兄的这张小像，突然觉得这件事又变得有趣起来。

陆兄所说上面那段话的第二个意思，则涉及到一个小掌故，需要在此“索隐”一番，也是因为我到陆兄家访谈，偶然间在他桌子上看到陆兄所写的《圣教序》手卷，那种精妙字体让我咏叹再四，但郑重声明，当时绝无变相索要之意。而今，拜读了陆兄的这封大札，他却鼓起我“得陇望蜀”之心，我在这里有意把他的话公示出来，让人民群众监督他必须做到“言必信，行必果”，这个损招让我甚为得意，哈哈哈！

得以跟九思先生相识是我今年的幸事之一，与他虽只见过一面，但他那言谈举止间的深邃，给我留下深刻印象。恰巧他车上装着自己的两本大著，让我幸运地得之。回来后仔细拜读，里面许多风格颇为奇特，乃是警句式的字短意长，用寥寥的几句话概括一个学术观点，这需要很强的宏观综合

能力。一路读下来，至少从这两本书上可以看到，九思先生在这个阶段所推崇的王阳明“心即理”等等一系列哲学观念。王阳明的思想在其初期形成之时，对中国人的思想解放和人性解放都起到很大作用。九思先生久思此事，我不可窥其思想之涯涘。

陈东升先生是当今艺术品拍卖界如雷贯耳的人物，当今中国第一品牌的拍卖公司就是嘉德，而陈东升则是嘉德公司的创始人，至今他仍任嘉德的董事长。前几年，他把主要精力放在创办泰康人寿公司上。然而，他在去年却出了这本《一槌定音》，此书的副题就是“我与嘉德二十年”，也只有他能对嘉德公司以这种口吻说话，里面讲述了许多不为人知的幕后故事。我读到这本书，很能满足自己的窥私癖。我跟嘉德公司的拓晓堂兄共同访谈了一本《古书之美》，虽然所谈也是二十年来的拍卖秘辛，但基本都是古籍善本里的话题，而陈东升先生的这本书，则站在全面的角度，高度概括了嘉德公司所有拍卖门类中的各个问题。某日一起吃饭时，他赠送我一本，当时我忍住没有告诉他，他这本《一槌定音》的编辑，现在正巧也在编我的另外一本书。

杨健先生是北京师范大学古籍特藏部主任，我在到他们图书馆拍照之前，跟他讲明了自己的拍照及访谈方式，他建议我先翻翻他们图书馆所编的《北京师范大学图书馆藏古籍珍品鉴赏定级图录》，这样可以让我有目的选择看书范围，同时他告诉我，需要哪张图片，看完原书后他可以提供电子版。于是他事先把这本图录寄给我，翻看之后果真满目琳琅，我告诉他二十多个自己欲看之书。待我到达其馆翻看这些书时，杨老师说，图录上之书不用我再费力翻拍，因为他们已经有高清晰的电子版，是由专业摄影师所拍照者。我

明白他的潜台词，一是说我拍摄技术有限，难以表达出他们馆藏珍本的精彩面貌；第二，可能是担忧我的翻拍会给珍藏之本带来些许损伤，我觉得自己没有理解错杨老师的潜台词，于是，听从他的建议，拿了个小 U 盘拷回我想要的善本书影，同时也得到了这本图录。

杨先生与一般的善本部主任不同，因为大多数公藏单位很少参与古书的市场行为，然这些年来，我在各大拍场中时常能看到杨先生身影。他直率地告诉我，馆里所藏古籍有一些要作系统上的补配，以便形成一个完整的研究体系，而拍卖场是个补充藏品的好场地，所以他每年都申请一定的经费，而后到拍场上竞价。我观察他的所买，均非一般藏书家所喜欢的著名善本，他大多会买一些不为人所留意的独特品种，他的这种买法，就可以用很少的钱得到更多的藏品，这也正是他的开明所在。

大概是两三年前，杜泽逊老师给我来电话，说某个出版社请他主编一本《国学茶座》，他说这个书跟《藏书家》一样，属于连续出版物。因为这个刊物，我们又聊到已经停刊的《藏书家》，他想把这两刊放在一起再共同出版，并拉我加入这个新出版物的编委，我当然感谢他的美意。此后不久，又接到他的电话，告诉我《藏书家》将由天津图书馆继续编写出版，这两刊合并的计划就不能实施了。具体情形我已记不太清楚，按照杜泽逊老师做事极其认真的性格，看到我的这篇记忆模糊的叙述之后，肯定会给我发来一篇严肃的更正，届时我再向大家汇报。我从济南回来后不久，就看到他所赐的五期《国学茶座》以及他跟一帮同仁共同点校的《经籍访古志》。同时，我还收到徐泳先生所赐的《济南历代著述考》。这部百万字的大书，做成了精装十六开的两大厚本，这种工具书对于搞文献者极其实用，而我仅在济南见过徐泳先生一面，徐泳先生是杜泽逊老师介绍我相识者，为此一并感谢他们的厚爱。

与杜泽逊老师的相识是经周晶先生之介。多年前我到周老师家看书时，偶然提到了杜老师，因为我读到杜老师几篇颇为典雅的文言文，周老师闻言立即打电话给杜老师，时间不久，杜老师就赶来见面，我见他第一面就感到吃惊，这吃

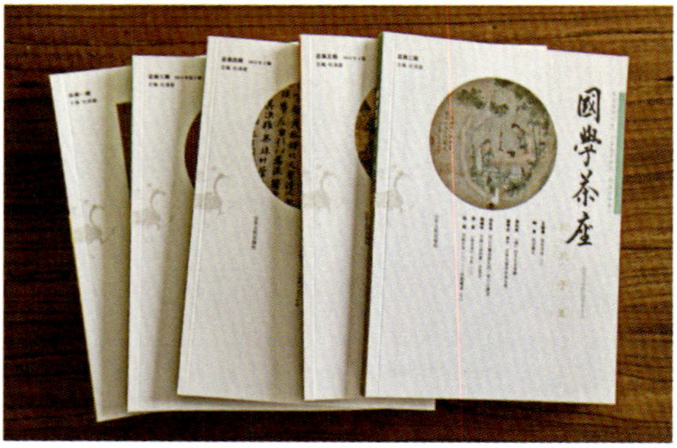

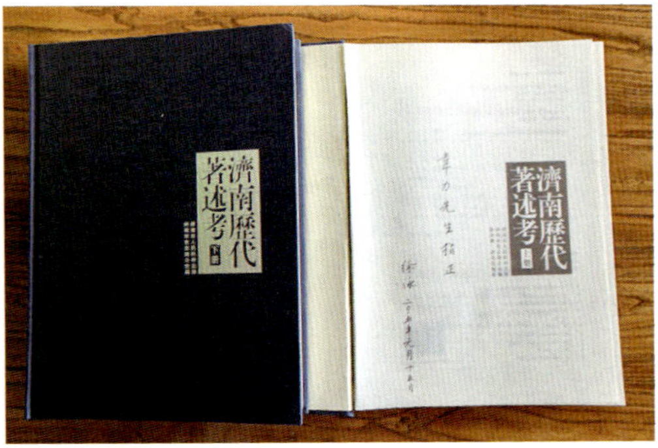

惊是因为他比我想象年轻太多。记得我们在聊天时，偶然提及他的老师王绍曾先生，给我印象深刻者，是每当提到老先生之名，坐在沙发上的杜老师都会挺直身板表现出恭敬状。老师不在场，他都能有着如此表现，这让我很是感动。后来周晶老师告诉我，杜老师在王先生身边时，从来都是站着陪侍在侧，这样古风于今太过难得。

此后几年，国家古籍保护中心组织专家制定新的古籍定级标准，杜老师也被请来参加此会，我们在一起开会，讨论不同看法。我对他印象深刻的细节还有一次，那是发生在沈津先生在中山大学组织的目录学研讨会上，当时杜老师宣读论文后，由与会者提问，其中某人问到一个与之无关的问题，杜老师客气地站起身回答他："我不知道，抱歉。"他这句"不知道"，是我在那场会上听到的惟一一句，这样的风范与坦然，一般人很难做得到。

前几天我到上海去拍照辞书出版社书库，享受那么多好书，还得到刘毅强先生所赠两部大书，一部是《中国古今地名对照表》，另一部是《中国考古学大辞典》。这两部大书我都很喜欢，因为自己的案头又多了两本常用的工具书。我印象最深者，辞书出版社主要就是印刷《辞海》。三十年前，我买到自己的第一部《辞海》，当时大感兴奋。自那时起，就对辞书出版社有着难以诉说的情结，真希望自己也能编一本大辞典类的书，成为别人案头常用的书。我跟刘毅强先生聊到这个话题时，他哈哈大笑，说我一定能。我知道这是他对我的鼓励，但我要把这个鼓励认真对待。

刘毅强先生现在是辞书出版社副社长，我与他相识时，他还在任上海图书公司的副总经理。他由主管卖书变成主管出书，这样一个转变使得他对哪些书有市场价值，有着明晰的判断，这也正是刘社长的过人之处吧。

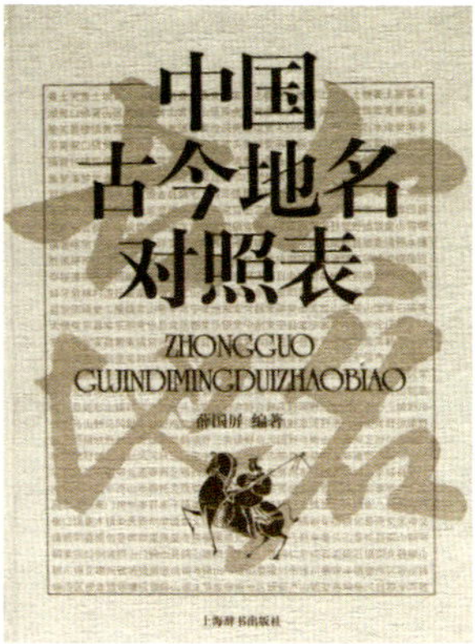

《中国古籍善本书目》是中国目录学方面最权威的一部书，该书收录了中国绝大多数不同部门所藏善本的总家底，其中就有中华书局和上海辞书等几家出版社。出版社的藏书能够纳入此目，足见该社藏书是何等的有分量。我

在拍照中华书局的古籍书库时，徐俊先生告诉我，他们社所藏善本的一半都留在上海辞书出版社，为此也就让我有了前往辞书社看书的欲望。经过刘社长安排，这件事终于变成现实，我在那体量巨大的书库内看到太多善本，从那里也了解到该社善本来源以及历史原因，这样探访大大满足了我的好奇心，同时还受到刘社长如此馈赠，可真是满载而归。

三月底泰和嘉成小拍预展时，我前往拍照，里面的工作人员递给我一个信封，说是刘禹先生让其转交者。打开一看，里面是一部线装刊刻的《装潢志》朱印本。此书刊刻颇为精雅，但我却没看明白，刘禹兄为什么要给我这本书，我把他想成善心大发。回家后翻看，才注意到书名页竟然是林章松先生所题写者。再翻看序言，也出自林先生之手笔。如此说来，该书为林先生所制作，且明确印着属于“非卖品”。无意间翻到扉页上，上面竟然有林章松先生题送给我的墨迹。在我固有印象中，林先生主要就是收藏印谱，没想到他对刻书也这么有兴趣，第一部书就能刊刻得这等漂亮，看来认真之人做任何事情都同样有效果。

而后跟林先生通电话时，我方得知该书制作人乃是江苏江阴的陈龙先生，他在制作该书时，特意请林先生题写了书签，巧合的是，此后不久，我有了江阴之行。我到江阴所找的朋友是顾晟楷先生，当时顾兄临时有事前往南京，他说托一位朋友到车站来接我，当我走出长途车站时，接我的那位年轻人见面第一句就说：“我是陈龙。”

与陈龙先生聊天，我好奇问他，为什么想刊刻这样一部书？他告诉我说，自己原本在南京莫愁学校工作，而那个学

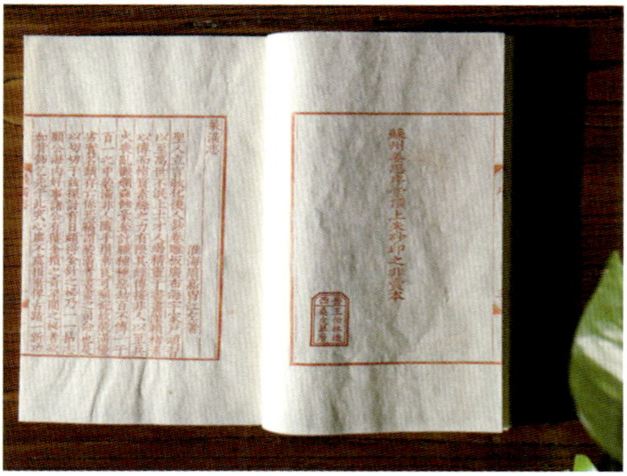

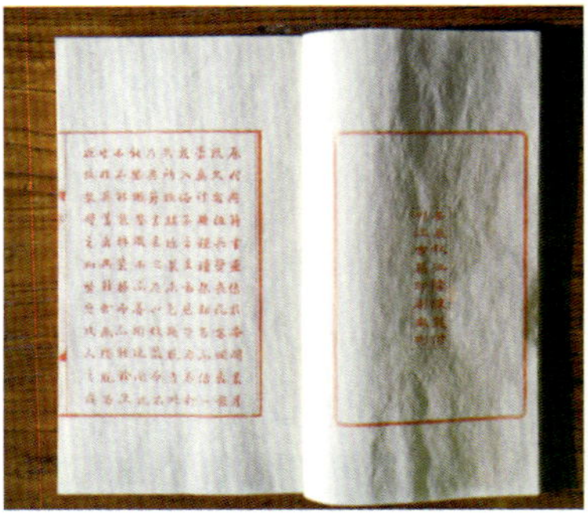

校以培养古籍修复人才著名，此前国图的张志清馆长就多次和我提到过该校，没想到陈龙竟然是那个学校的老师。如此说来，他制作这部《装潢志》也就变得顺理成章。虽然如此，仍然让我好奇的是，这样一位年轻人，却喜欢把一件事情按照古法制做得原法原味儿，看来是否能把事情做得地道，年轻不是问题。

我很佩服宋连旺先生做事的执着劲儿，他专喜欢出大书，一做就是一面墙，并且所出之书都跟佛教有关。翁连溪和李洪波两位先生共同编撰了一部《中国佛教版画全集》，也同样是一部部头很大的著作。前些年，翁、李两位先生就开始编此书，当时我觉得此书的名称太大，又是“中国”，又是“全集”，编这样一部大书，需要涉及到太多的公共图书馆，我觉得很难做得成，因为要到公共图书馆去拍照，尤其是博物馆系统，都是不容易的事，然而，他二人却不畏艰难，将此书做了出来。此书编撰过程中，李洪波先生也曾前往我的书房拍照，因我所藏佛经中，有一些扉画是他馆所藏中从未见到者，而后这些图也全部编入这部版画全集内。可能是因为我的这个小贡献，所以这两位先生把我也拉入了该书的顾问之列。

此书第一册印出后，宋连旺兄赠送给我几册，同时还给我两本李洪波先生整理出版的《观世音感化灵异图》。此书不论制作还是印刷都很漂亮，李洪波兄对美的东西极有捕捉能力，且做事认真，曾有一度连续帮我拍照了许多书影，我对他所付出的辛劳一直感念不已。

几年前，李洪波先生在北京的艺术区内举办个人作品展，他所制造的作品让我看后确实脑洞大开。他将一些寻常所见的风琴拉页制做成兵马俑的外观，一旦将其拉开，则产

生一种怪诞反应，看来真是应了那句俗话：“没有做不到，只有想不到。”从寻常事物中能够推陈出新，并且将俗物变成一种艺术境界，这确非一般人所能够做到者。

2015年4月

《手写心经》。此书乃远流出版社老板王荣文先生所赠，他在本书的扉页上写道：“这本书编辑概念很好，可惜装订技术错了。再版会改。”翻看此书，感觉设计理念颇为新颖，书内是以不同的浅色字体印制着《心经》正文，以供学习者用不同的字体进行书写，这样既学了书法又做了功德，还得以修身养性，真是一种做书的新思路。远流公司在出版界的名声之响用不着我再念叨与吹嘘，与王老板多次聊天，他对出版的专注与达观均给我留下很深印象。

王老板是有文化情怀的人，他不但担任过台北国际书展的总执行长，在大陆举办的一些出版文化论坛也时常能看到他的身影。某次我们见面时，他告诉我说，自己的公司在台

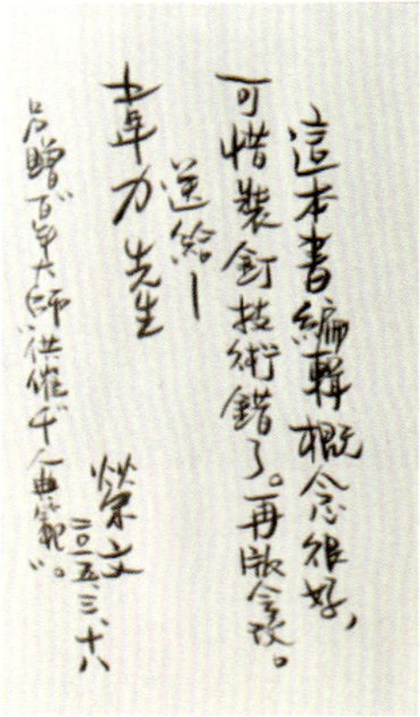

北搞下了一块文创园区，他为此费了不少心力。关于文创，是近几年颇为火热之词，我在大陆多地都见到过这样的创意园区，可能是见多了会产生审美疲劳，我觉得这种雷同的玩法并无新意可言，于是对王老板所搞的园区表达了礼貌性的祝贺。

可是当我来到台北时，某天他带我去看他的园区，这个园区处在台北市的中心位置，其人山人海的火爆程度，绝不亚于北京限行前的南锣鼓巷。这个园区的广场上有着各种艺术表演，而园区内用旧厂房改造的各类艺术功能区，也同样是人头攒动，如此好的业态在这么短时间内就能培育成熟，这让我对洒洒脱脱的王老板顿然刮目，看来真正的聪明人把他的才智放到哪一端，都同样可以发光发亮。这也就让我不奇怪远流为什么能够出版那么多好作品。

《南华真经》，这是载道堂最新的产品。这家公司做书的理念我极其敬佩，虽与此公司老板赵朝霞女史相识不足两年，

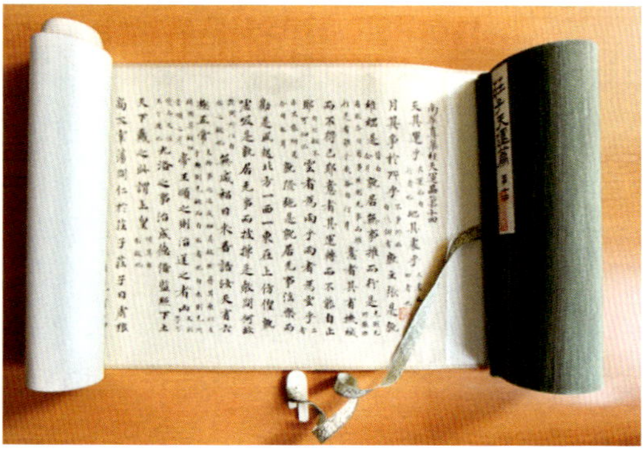

然她时有所赠。她出书理念也同样是在精致上深耕细作，并且追求每一部书最好的版本，在制作上也不惜成本，努力保证原汁原味儿。比如这两卷《南华真经》，其原底本乃日本和装，与中国传统卷轴装的装裱形式颇不类，然赵女史独持己见，坚持保证每一部书与原物的顶级本真接近。任何事情坚持就有其道理，我盼望着能够看到载道堂出版更多的独特品种。

《唐代司空曙刘言史诗歌注释与研究》，此书为李红霞女史和贾建钢先生合著。这是我意外所得，贾兄致力于国学，尤其在篆刻技艺上颇有讲求，数年来赐我多方印章，我很高兴有这样心如止水的朋友。他做事的态度不急不徐，让我无论如何也难以效仿，然而我却不知道他还有这么一部伟大的研究成果，打听之后方知李红霞女史乃是贾兄的夫人，这种妇唱夫随的著作方式，倒也是一种别格。

巧合的是，贾兄三次来北京，虽然之间的间隔都在半年以上，然每次到来都赶上我准备与记者进行访谈，我不知道他会不会认为我喜欢一天到晚跟记者胡扯。而他在旁边静听时，也会偶尔冷不丁地插言几句，他那种一针见血式的黑色幽默，特别能够缓和在谈话过程中偶尔的沉默，有这样的本领，想来他在教学时，是何等的受学生们喜欢。

《清宫武英殿修书处档案》，此书为故宫图书馆馆长张荣女史所赠。这么一大套书本不好意思接受之，然而这部书的书名对我实在有吸引力，这正是我需要查证出处的原始档案，于是虚假地客气几句而“笑纳”。回来后细细翻看，果如我所料，里面所收录的内容很是齐全，包括历任武英殿管理者名

录以及所用纸张价格，还有清点库存账底，这些原始档案对于研究清代宫廷刻书史极其难得。想到这一层，真的很感谢张荣馆长的关爱。

至少在前代的藏书家，更确切地说，应当是上一代文史专家，他们大多不喜欢宫内出版物，也就是俗称的“殿版书”，因为这一类书被认为是皇家的正统意识，没有真正的、有学术价值的思想包含在里面。其实客观来论，即使从内容角度来看待，内府刻本也同样有许多学术价值在，比如乾隆年间出版的《武英殿聚珍版丛书》，这些书都是从《永乐大典》中辑佚出来者，而辑佚的原本早已不见了踪影，幸亏有这套丛书在，才使得这些有价值的著作避免失传。

除此之外，清代内府的官刻本，从印刷术角度而言，也同样是那个时代的巅峰之作，无论其用工用料，都会集四美于一身。因此说，从形式角度来收藏殿版书，就等于收藏到清代质量最高的印刷标本。然而当年这些书的制造成本是多少，它有着怎样细致的分工，在张馆长所赠我的这部档案中，就有详细的记录，这也正是该书的价值所在。因此说，这部大书对我写清代内府刻书时，能找到第一手材料。

《热爱，是的》，这是陈超先生的诗集。陈超离世是半年前令业界广为震惊的一件事，他以自我结束的方式离开了这个世界。我本想说，他离开这个他所热爱的世界就如同此书的书名，但行为与思维的悖论至少让我不能在逻辑上达到以一而贯之。此书为袁鸿蕙女史所赠。袁兄是陈超老师的学生，老师的离去让她有着别样的感慨。她把这部诗集赠给我，都言赠者痴，谁解其中味。我在粗略地拜读这部诗集后，还是

没有体会出作者对这个世界的热爱。

《开卷》，此为南京董宁文所编，多年来，承其不弃，一直执着地每期掷下。董宁文兄十余年来不间断地编辑此刊，这种定力与毅力非常人所及。我曾编辑《藏书家》，仅三年就体会到了其中外人难以知之的甘苦。由此可知，执于一端是何等之难。《开卷》因为资金问题已几换婆家，而今此刊的主管上级也成为了王振良兄所主编的《问津》，然该刊的出版风格及装帧形式依然故我。这种举世而誉之而不加劝的冷静态度令我佩服。

关于《开卷》由来，薛冰老师曾向我形象地讲述一番，看来很多事情的起始阶段并不会预料到今后的伟大。六七年前，我有一次去南京，在那里受到《开卷》创始人蔡玉洗先生的接待，蔡总做过译林出版社社长，而后又任凤凰台饭店总经理，在此之前我看到过介绍文章，称此饭店的每个房间内都有一架书，这架书可供住店者免费翻阅，

并且若喜欢某书，购买时可以优惠，可惜我到南京时，他已经不再任此职，而我也没机会再体验这样的住店之旅。而那天，蔡总请我吃特别的自助餐，在座者除了薛冰先生，还有董宁文兄。

有一个阶段，宁文兄常到北京来，他说自己去找一些老先生们约稿，闲暇之余，我们会坐下来聊天谈掌故。他言语不多，但是性格坚定，其认准的事情就会一直坚持着往下做，我想《开卷》能够办这么多年，这也跟他的性格有很大关系。

《澳门文献信息学刊》，此刊为邓骏捷先生所赠。邓先生为该刊主编，多年来持续赠我该刊。几年前，受其邀请，前往澳门参加他所主办的国际目录版本学研讨会，经潘建国先

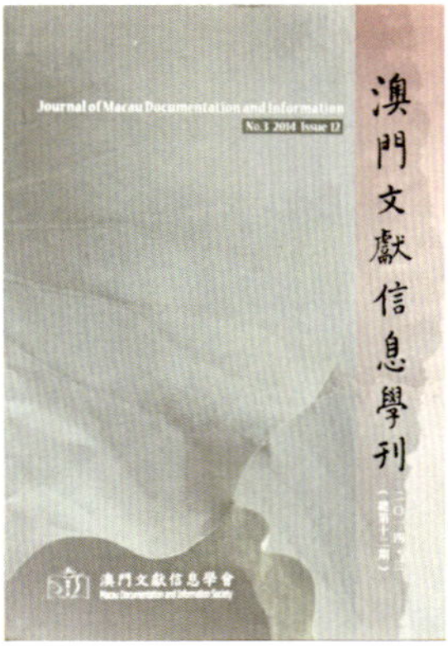

生绍介而得以相识邓先生。在澳门受到邓先生的热情接待，他用自己业余时间带我及沈津先生等几人到处参观澳门文化遗产。为办此刊，邓先生下了很大气力，可惜多年来我对此刊无所贡献。

那次澳门之行，让我印象深刻，因为邓先生安排的活动特别丰富，他带我参观澳门大学的书库，又安排众人集体去参观著名的何东图书馆，我在那里看到名气极响的查继佐所撰《罪惟录》稿本。这部大稿原为嘉业堂旧藏，而在何东图书馆竟然看到多部刘承幹当年的旧藏，即此可知，这些书是整批售出者。当我看到这部稿本时，产生一些疑问，觉得这部书不像一部手稿，似乎是某书贾的抄录本。我的这个判断没有什么依据，纯属观风望气。而同时看书的沈津先生不同意我的判断，他从内容角度认为该书确实是原稿。如果今后没有新材料出来，我的这个疑问也只能留存心中了。

何东图书馆有一个奇特规定，要求翻看书的人一要戴上大大的口罩，二要双手套上塑胶手套，这种手套极像医院手术室专用者，虽然室内有空调，没过多长时间，里面的汗就让人戴不住手套，好在难受者不是我一位，在众人的抱怨下，终于摘掉了这个多余。虽然说，内地各地图书馆去看珍贵善本也会要求戴手套，但那种手套是棉制，或者线制，因为能够透气，还不至于如此的难受。其实以我的经验看，戴手套在感觉上，差了很大一层，因为无法感受到书的质感，这给版本判断增加了难度，更为重要者，戴上手套后，手的精确度降低了很多，反而容易翻坏书页。当走出此馆时，我向邓先生提及这个经验，他认为我说的有些道理，但他还是强调，制度就是制度，要想改变，并不那么容易。

《人间词话门外谈》，此书为杨成凯先生所赠。杨先生乃研究现代汉语专家，又是国家文物鉴定委员会的委员，然而他业余却喜欢清词。关于词学，虽然我以前拜读过他所写多篇相关著述，然均属于单篇文章。而今这部大作，用一本书的体量来研究另一本书，这种细腻与专深，我只能又增加了许多的敬佩。

我在很早就耳闻杨先生大名，与其结识则晚到1997年，那时的北京某场拍卖会上，有一部我所感兴趣的稿本，但我

拿不准这个稿本是否出自作者本人手笔，于是我给范景中先生打电话，范先生说，他没有看到图录，无法确认是否为真迹，他建议我请杨先生帮着掌眼，后我给杨先生去电话，与之约见在预展现场。他看到那部书后，略一翻阅就告诉我说，这部书没问题，而后我把那部书买到手，自此，跟杨先生有了较为密切的交往。

杨先生为人特别有学者风范，他说话不急不徐，每当向他请教问题时，他都会斟词酌句慢慢讲述，以便让自己的话能够说得充分而又有逻辑。随着深入了解，他在多个领域所表现出来的超级聪明，让所有相识者都对他敬佩不已。虽然熟识的书友们都叹服杨先生鉴定版本的精准，然而目录版本学对他而言，只是一个小小的分支，即便如此，他的细心与执着，也令他人望尘莫及。比如那著名的明小宛堂刻本《玉台新咏》，他竟然能够推翻前人的所有定论，把该书流传至今者一部一部排了座次，这种不迷信前人，能够有自己独立判断的治学态度，也正是他有多项成就的基础。

《藏书家》第十九辑。此刊的命运可以用“前途光明，道路曲折”来形容，几停几办，而今由天津李国庆先生和王振良兄操办此事。在编辑风格上，也较以往有大突破。对于文章和作者的选择方面变得更加大众化，也许随着这种变化，这本《藏书家》受到更多爱书人的青睐。

对于该刊的转办，齐鲁书社社长宫晓卫先生特别重视，他专门来京在三希堂公司举办了副刊研讨会，我在会上再次见到该刊的创始人周晶老师。宫社长讲述该刊几经转换的具体过程，同时对新的承办者寄予厚望。

《天一阁文丛》第十二辑。这部文丛是目录版本界重要的丛刊，我也忝列该刊编委。从去年开始，目录版本专家袁逸先生加入该刊，这使得《天一阁文丛》在风格上转走精专之路，该刊的面目更加趋于学术刊物。预计不久，该刊在袁逸兄精耕细作下，会渐渐成为行业内的标志。

袁逸先生是浙江图书馆的专家，因为这个缘故，我们多有交往，实际上我跟他仅见过一面，而他对人之坦诚，正是我们能够成为好友的原因之一。《天一阁文丛》原本由周惠慧老师独自承办，有袁逸老师加盟，该刊堪称如虎添翼。我对该刊的品味一向首肯，当然会继续支持该刊。惟一奇怪之处，是此刊在内文页中不登图片，这在读图时代确实称得上是特立独行的办刊方针。然而藏书之文大多会配上相应的书影，该刊则只能在封二、封三刊出少量，这样厚厚的一本刊物，仅有几张图，显然不成比例，期待着该刊在这方面也能与时俱进赶上潮流。

《顾廷龙全集·文集卷》，此书是上海辞书出版社朱荣主任所赠。朱主任在来信中简略告诉我该书在编辑过程中产生的问题，以及全集另外几册的编辑进展情况。前一段听沈津先生多次讲起他为编辑《顾廷龙全集》，想方设法搜集材料的细节。两个月前遇到上海世纪出版集团副总裁彭卫国先生，彭先生原是上海辞书出版社社长，他是顾廷龙先生的研究生，对顾先生的事迹很是了解，多年前就常常听他讲到那些有意思的细节，而今他们共同为编此书下了很多的气力，我期待着这部全集能够早日完成。

我跟彭卫国先生的相识，倒是很有趣，当时似乎是在杭州的某次会议上，会议还未结束，因为我要到上海有事，于是提前离会，会议的主办方告诉我，上海图书公司的总经理彭卫国先生也有事要返回上海，建议我搭他的车同往。彭总

之名，我早已听闻，这缘于上海图书公司办有一份名为《书林》的刊物，而那个刊物主编署名就是彭卫国，只是未曾想，我和他的见面竟然是在另外一个城市。一路上我跟彭总聊得很是开心，他对书圈的事情特别了解，而我认识的人，他也大多相识，而彭总评论问题都是一针见血的句子，真可谓直指人心。

彭总说，他也早闻贱名，也未曾料到是在这种场合相识，但这种相识其实对我益处更多，而后在买书过程中，彭总给我特别多照顾，而他却始终谦称顾客才是上帝。

《汉文古籍特藏藏品定级·第一部分：古籍》。两天前，我收到国家古籍保护中心赵文友先生一封快件，启封视之，是

ICS 01.040.01
A 14

GB

中华人民共和国国家标准

GB/T 31076.1—2014

汉文古籍特藏藏品定级
第1部分：古籍

Professional standards for Pre-modern Chinese books and special collections—
Part 1: Pre-1912 Chinese books

2014-12-22 发布　　2015-07-01 实施

中华人民共和国国家质量监督检验检疫总局
中国国家标准化管理委员会　发布

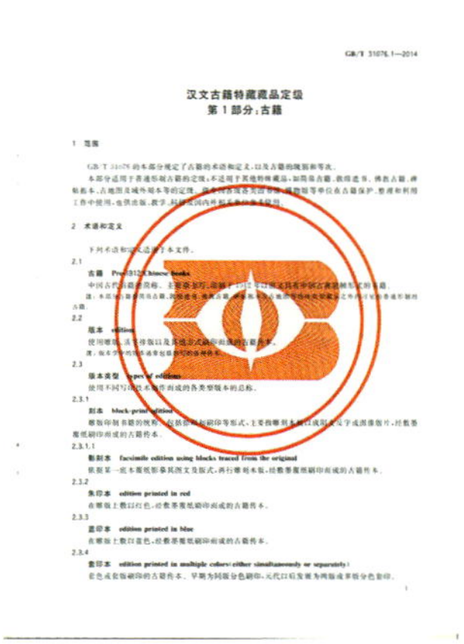
GB/T 31076.1—2014

汉文古籍特藏藏品定级
第1部分：古籍

1 范围

2 术语和定义

2.1

古籍 Pre-1912 Chinese books

2.2

版本 edition

2.3

版本类型 types of editions

2.3.1

刻本 block-print edition

两份这样的定级标准。看到这个标准正式颁布，真是感到高兴。多年以来，中国古籍定级标准一直参照文化部所颁布的文物定级标准，而今经过多年的努力，古籍的定级标准由部颁标准升格为国颁标准，并且从文物定级中独立出来，成为独立的古籍定级标准。其实，这是中国古籍界的一件大事，可惜少有人关注这个重大变化。

为制定这个标准，在李致忠先生带领下，请了多位专家，用了多年时间，一次次地开会，一次次地商讨，才将此标准修订完毕。这个过程，我也忝列其中。想想自己能为这个标准有一点小小贡献，这也是一种自得。

2015 年 5 月

《得未曾有》，这是安妮宝贝将笔名改为庆山后的第一部作品。此书甫一出版，该书责编林妮娜女史就赐下一册，我随即拜读了书中的前两个人物。前几天，跟安妮见面的时候，她又赠我一册，我说已经读过。从她的神色上，我能看出她有些不太相信，于是我谈到书中提到的两个人物，并讲出自己对这两个人物的看法，这才让她相信我的所言不是客套。

我觉得本书在写法上跟以往风格略有不同，她对人物的刻画，以及对场景的描写都变得似乎不动情感，或者说，她把自己的感情克制到没有了痕迹，让人看不出她对某件事物的真实态度，如此客观式的白描，可能很符合今天年轻一代读者的阅读口味，这种纯客观本身也是一种态度，可惜做到这一点没那么容易。书中的插图我也很是喜欢，摄影者对信息的捕捉，以及高超的摄影技巧都让我羡慕不已，我感觉自己做事太过毛糙，无论写作和摄影，我也盼望着自己能够修炼到心如止水。

《宋家客厅》，宋以朗著。此书也同样是林妮娜女史所赠，她在短信上说，这部书中谈到宋春舫的褐木庐，她知道我对藏书楼感兴趣，所以向该书作者索要一册签名本转赠给我。闻此很是高兴，然等了十天却仍未到手，于是短信催问之。妮娜查过快递单后，说多日前已经签收。于是马上到物业查之，果真被物业人员丢在某个角落里。宋以朗乃宋春舫之嫡孙，他的所谈当然能透露更多的信息，唯一感觉可惜者，这本书内主要谈论对象是张爱玲，而非宋春舫，这让我的饕餮之情未能得到满足。

前几天跟书友聚会时，又有人提到宋以朗先生，据说他手上藏有钱钟书手札一百多通，此事后被钱夫人听到后，向其索要，而宋先生竟然全部璧还，这种做法足以看出宋先生做事之豪迈大度。就我的有限所知，书信写给对方，物权也就归了对方，这种索要本来就是一种奇特的行为，而宋先生明知如此，却依然璧还，这不仅仅是儒者之风，更多者则是对物欲的淡薄。在我的印象中，爱好收藏的人，很难跟大度划上等号，而像宋先生这样的收藏家，至少在我相识的朋友中，还未曾出现过。

《郑振铎纪念集》、《明季史料题跋》。几天前接到一包快递，拆封视之乃这两部书，里面没有余外的字迹，马上拾起包装纸上的快递单，可惜上面的字迹极浅，迎着阳光辨认一番，竟一个字也未能辨识出来，这是何人所赠，让我颇费思量，更何况我也没有邮购过这两本书。直到转天，我才突然想起，大概一个星期之前，陆昕老师给我来过电话，告诉我，他在整理书架时翻到两本对我有用的书，说得空时将寄给我，而收到的这两册恰符此书，于是立即去电陆老师，向其证实，果真如我所猜，是他所赠者。

我在感谢的同时，趁机向他了解藏书家赵元方的故事，因为陆老师跟赵先生家有过不少的交往，并且赵元方藏书目录也是陆老师所整理者，虽非全目，但毕竟也是雪泥鸿爪，给赵元方的藏书留下一段史料，他这种存史概念也正是我所

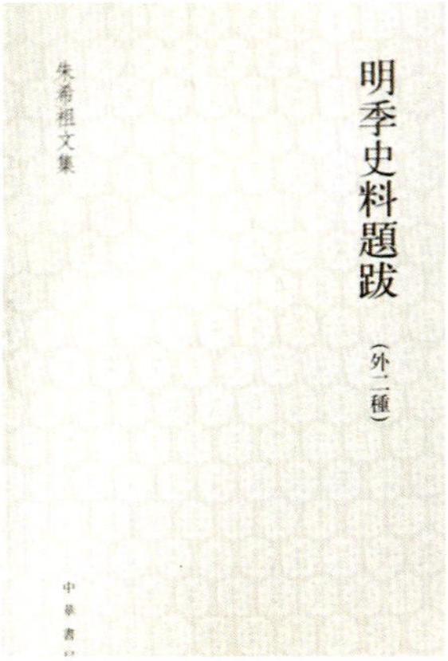

信奉者。

以我的眼光来看，陆老师写人物传记最为精彩，尤其我印象深刻者，是他写启功的一本书，他在书中对启功的描绘可谓形神兼备。但陆老师对我的夸赞不以为然，他觉得自己的散文写得更精彩。这让我想起齐白石的自夸，白石老人的绘画天分可谓世人皆知，然而他老人家却坚称，自己的绘画仅能排在第三位。印象陆老师的第一本散文集名为《月落集》，今闻其此言，觉得他可能正在写下一本散文集，而下一本散文集的名称一定会叫《乌啼集》，他闻我所言乐了起来，然后猛地收了笑，瞪着眼问我：你能不能别这样乌鸦嘴。

《吴宝春的面包秘笈》，王荣文先生赠我这部书，我第一反应是：为什么要给我这样一部书？他告诉我，这本书发行后，在市场上大为畅销，人们喜欢这种专注的精神。这位吴宝春二十七年只做面包，这在今天是很难得的一种将事情做到极致的精神。闻听此言，我跟王老板开玩笑说，你不是想以此来规劝我由博返约吧？他正色道，你已经够专注的了，用不着我再规劝，我是想告诉你，懂生活的人，才更加愉快。这是我得到的第一本友人所赠食谱，也是我第一次翻看这个门类的书，我惊奇于书中制作之精良，也看到了那么多垂涎欲滴的面包，食色性也，只要留心，其实身边到处都是美。

《复堂师友手札菁华》，这部大书得之有些惭愧。某天偶然收到李俊先生短信，他说自己是人民文学出版社古典部的编辑，说因为看到我写的一些文章，对我这些文章进行了夸赞，同时告诉我两星期后将在清华大学新图书馆举行此书研

讨会，请我参加，并且告诉我，这部书里所收 500 多通手札均是钱基博先生所藏，里面有很多藏书家，他觉得我一定对此感兴趣。闻听此言，这确实是我喜欢的工具书，于是答应按时赴约。

在开会前几天，我又收到李俊先生短信，他说因为会场调配的原因，日期有所变动。其实他上一次给我来短信时，告诉我的会议日期，与我在上海的某个会期相冲突，当时我就跟上海的主办方商议过，将那个会期推迟了一天，没想到今天又收到这样的变动短信，如果我再让上海推迟日期，自己都觉得难以说得出口，只好短信李俊先生，直言自己的窘境，向他抱歉说，这个座谈会，自己不去参加。李俊先生表示理解，但仍说将赠送该书予我，推辞不获，而没想到收到的这部书却如此的体量庞大，我很喜欢这一类出版物，能从中查找到很多在正史中不见载的信息，这给我的写作带来较多的便利。

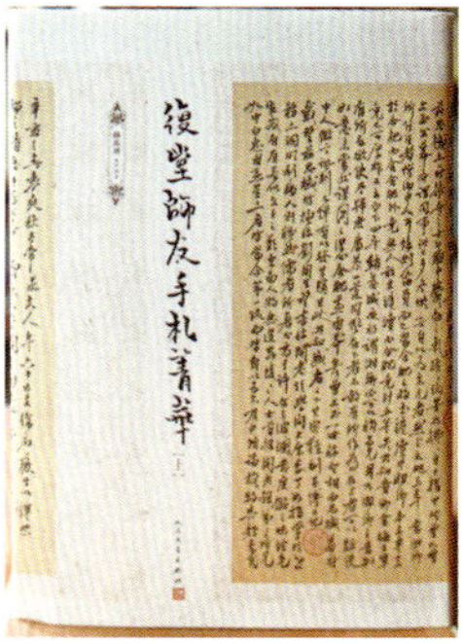

《光荣与梦想》，这部书是名著，尽管我没读过。近一个月前，绿茶兄给我来电话，说给我寄来一部书，问我收到否，我说未曾。听他报出地址，原来那个地址我早已不再使用，但仍然马上让同事前往查找，却未找到任何痕迹。绿茶兄说无妨，将另外寄下一部。某日收到一个小纸箱，里面竟是这

部书，我的第一反应是：绿茶为什么要让我读这样的书？于是马上给他去短信，感谢之余，同时向他请教赐下此书的原由。绿茶兄解释说，中信社主要还是以出版财经类著作为主，他认为那一类书我不会喜欢，而这部书是他们所出文史类的“好书”，故而将其赐下。听他这句话，我差点儿冲动地问他：我跟钱没仇，我为什么就不喜欢财经呢？转念一想，这么回答太过狼心狗肺，我还想得到他更多赐书，于是咽下自己质问之辞。

《中华的崩溃与扩大：魏晋南北朝》，此书为广西师大出版社理想国编辑室曹凌志兄所赐。得到这本书，依然很疑惑，这个疑惑也是因为不知道为什么曹兄要寄下这本书，忍不住给他打电话。曹兄笑着说，此书不是让我读内容，他是想让我看看该书开本以及内页排列方式。他说我的《得书记》和《失书记》就是这样开本与编排方式，因为在此之前，他跟我说过一些出版上的用语，我对出版毕竟外行，脑中勾勒不出他所描绘的出版后的形象，而曹兄为此赐下此书，用他的话来说，我的《得书》与《失书》属于“三上读物”。闻其所言，刚开始我挺高兴，不知道“三上”是否高大上之意，我这个自得受到朋友的嘲笑。朋友告诉我，“三上”乃床上、厕上和车上。原来竟是这样，后来细想，这也不错，那些读者在这么隐秘的空间跟我的书做亲密接触，也算一种荣耀吧，心情便舒畅起来。

我与曹先生相识，是经绿茶兄之介，我所写《得书记》

与《失书记》，原本拿给绿茶兄看过，他认为这类稿子放在广西师大的理想国出版最为合适。在茶兄安排下，我们聚会于某餐厅，与曹先生一番交谈后，这本书稿就到了他手上。只是我未曾想到的是，几天之后，曹先生告诉我，因为理想国较少出版跟古籍有关的书，他谦称审核此稿有问题，于是把这本书稿交给了北大图书馆的栾伟平老师。

栾老师我很熟悉，在北大图书馆看善本时，每次都能见到她，并且她还给过我一些较为稀见的藏书家资料，而我到常熟寻访时，她还告诉我曾朴墓所在地址，因为她曾做过曾朴专题研究。但我的书稿何以交到她手里，还是让我觉得有些奇怪。曹兄闻我所言，淡定地跟我说："栾伟平是我夫人。"

《贵筑姚茫父先生编年事辑》，杜鹏飞辑。近二十年前，台北资深鉴赏家胡星来先生曾跟我说，今人低估了姚茫父对艺术史的贡献。这句话对我很有影响，为此我搜集到不少姚茫父的抄本和稿本，然而却未曾想起来替姚茫父整理出一个收藏年表。今日得到杜鹏飞兄这部初稿本，大感高兴，得鱼同一乐，何必我持竿。杜兄能把这部书做出来，我当然乐观其成，毕竟我在使用方面能够得到许多便利。杜先生在信中说，希望能把我所藏收录进去。我告诉他，肯定没问题，待

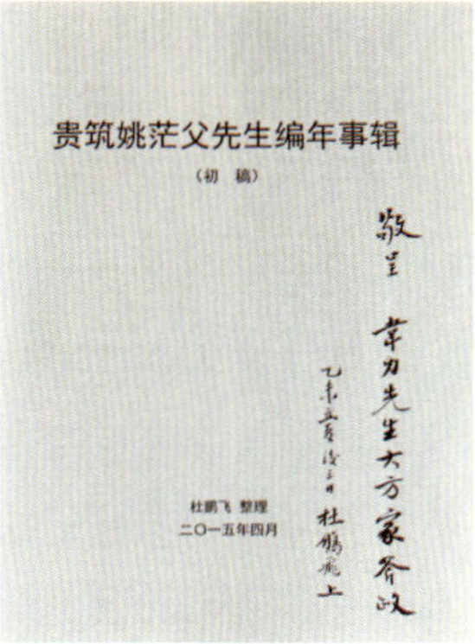
贵筑姚茫父先生编年事辑

（初稿）

敬呈 韦力先生大方家斧正

乙未立夏后五日 杜鹏飞上

杜鹏飞 整理

二〇一五年四月

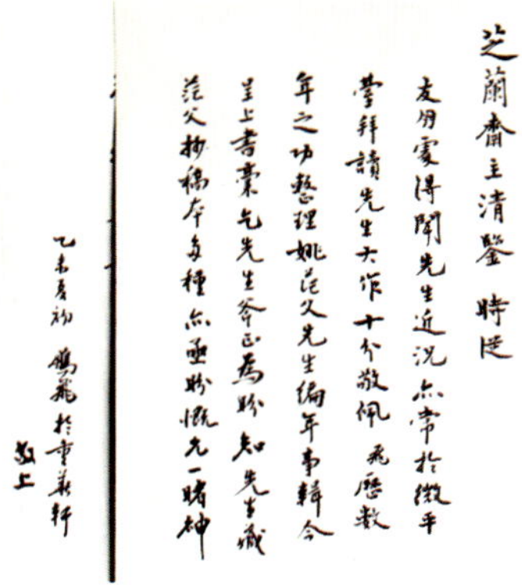
芷兰斋主清鉴 时从

友朋处得闻先生近况，亦常于微平

台拜读先生大作，十分敬佩。飞历数

年之功整理姚茫父先生编年事辑，今

呈上书稿，乞先生斧正为盼。知先生藏

茫父抄稿本多种，亦亟盼惯允一睹神

乙未夏初 鹏飞于青莲轩

敬上

我整理出自己的目录，将提供给他，以此附骥该书。

几十年来，在艺术品拍卖市场上，时常能看到姚茫父的题写之物，他这个人真可谓琴棋书画样样在行，而他的颖拓佛像，更受到书画爱好者的喜爱。我所藏一批姚茫父的稿本与抄本，却并非得自于拍场。这件事情还是要提到当年的文化遗产书店开业，而今看来，这也是我当年在那里买到的一批有价值的藏品。

《上林》2015年第一期：虽只是该刊今年第一期，就我收到的情况，至少在近两年，《上林》变成了半年刊，所以我觉得这第一期就是上半年专号吧。该刊为慈溪藏书人童银舫先生所办，此刊专注于当地藏书活动报道，以及当地文献家

研究，而我未能给该刊有过贡献，这么多年来，白白得到这些，多少觉得有点惭愧。不过，本期我也算有点间接贡献，那就是当地藏书家励双杰兄写了篇文章发在该刊上，文章的名称就是“芷兰斋的微信公共号”。他在这篇文章中，把我狠狠地夸了一番，搞得我自己都突然觉得又伟大了三分。

其实这个微信公共号本是在绿茶兄撺掇之下建立起来者，我对电媒一向外行，因这个微信公共号虽非我具体操办，但多少这也变成我的一个牵挂，想到这一层，真的对绿

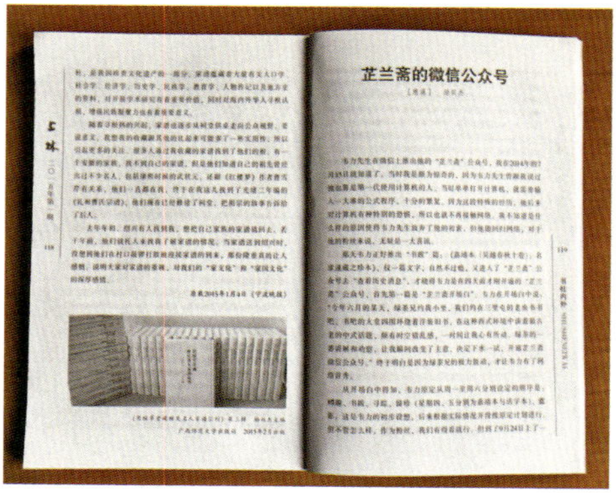

茶兄心怀感激，因为他的鼓动，这让我多少也跟时尚靠近了一截，至少这让我跟年轻人聊天时，显得不那么落伍。而今因为励双杰这篇文章，又让我受到表扬，没想到办这么个公共号有这等多的好处。

《旧书刊撷珍》。两天前，到天津去看拍卖预展，承陈景林先生美意，请了几位书友一起在中午聚餐，其中就有该书的作者曲振明先生。曲先生的文章时常见诸报端，大多是在谈天津的工业史，更具体地说是天津的烟草史。这缘于他对烟标也有收藏爱好，而我在多年前也有此好，曾有一度疯狂收购多人的整份藏品。现在那些藏品仍然堆在书库的角落里，因为自己实在抽不出时间来，像曲先生那样认真对烟标作出系统处理。而今我第一次与他见面，他将此新书赠我，由此也让我得知他在旧书刊方面也有收藏癖好。在席间聊天，我得知他对天津民国时的藏书史很是稔熟，看来这部书值得我细细拜读，从中能够了解到不为人知的藏书故事。

在这场聚会中，我还得以认识罗文华先生。其实我早在二十年前就听过他的大名，知道他在《天津日报》文艺副刊任主编，可惜多年未曾谋面，今日坐在一起，虽是第一次见面，却感觉像是老朋友。

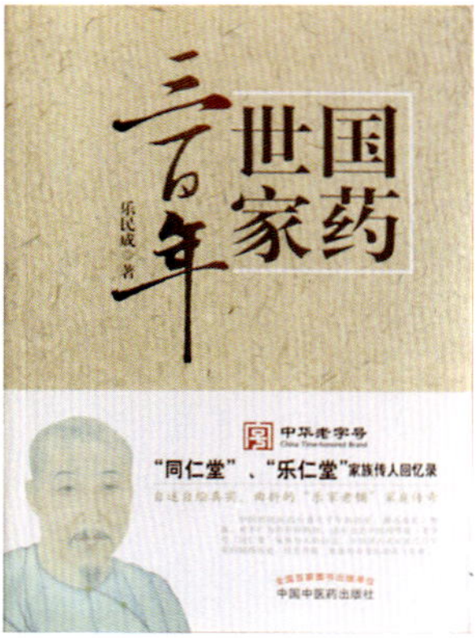

《国药世家三百年》，此书为海涛先生所赠。海涛先生专门研究天津中医中药史，在他就职单位办起内容丰富的展览。我在参观这个展览的时候得到这部赠书，这使得我对天津的医药史多了些深层次的了解。处处是学问，海涛先生这个展览给这句历史名言做了现实版的注脚。

我是通过陈景林先生与海涛先生相识，在见面当天，海先生把我带到他所供职的天津某中药厂，在那里看到他将整个车间的走廊全部变成展厅，而车间的生产线，也通过玻璃幕与展览融为一体，成为展览的一部分，如此匠心独运，这在我所看到的企业展览中，特别少见。而在展览现场，我还看到他收集来的清代医药招贴画，以及一些相关的史料。他办的这个展览，有文字，有实物，还有生产车间的互动，我不知道这样的展览怎样来形容，但我知道能把一个展览搞到这种程度，确实不是件容易的事情。

《津门书肆记》，该书为雷梦辰先生所著，由曹式哲先生整理，王振良先生主编出版。约二十年前，彭向阳先生曾带我到雷梦辰先生家，当时的家境让我颇有感触。我很想能够帮助他将一些著作予以出版，只是人事蹉跎，把事情耽误下来。

雷梦辰先生是著名文献家雷梦水的弟弟，当年雷梦水在北京琉璃厂旧书店工作，雷梦辰则在天津经营旧书，而后公私合营，让雷梦水成为中国书店员工，雷梦辰则进入了天津古籍书店。

雷梦辰也像他哥哥那样，喜欢在工作之余收集史料，我第一次跟他见面，他拿出一本书，而后给我题上姓名，他的题款写到：“内有拙文一篇，敬请韦力先生指正。”我见到他时，他看上去已是七八十岁的老人，他题款的手也在抖动，那种境况让人见之不忍。

前几年，偶然听到老先生已然故去，闻得此讯，让我的心下黯然。而今看到这部书的出版，又让我回忆起当年与他见面的那些情形，心里很是感慨。此次来天津，前往古籍书店去看今古斋拍卖公司的拍品，经理尹振谦先生赠予此书。在回京的高铁上，我翻阅着，从书中找到了对自己有用的史料，看来老一辈的著述，确实有的放矢。

2015年6月

《微湖山堂丛稿》，杜泽逊撰。此书上下两卷，是几十万字的大部头，杜老师一贯令我叹服不已，他带着那么多学生，还有那么多课题要做，竟然还会有这么多思想产出，我觉得有这样的朋友真好，会激励自己在偷懒时觉醒。其实我也知道，单靠勤奋，没有天分，也是白搭，但做一些就总比不做强，那就以杜老师为榜样，努力望其项背吧。只是我每读到他的堂号，都会让我想起威虎山。拿下威虎山要靠智取，可没他这种智慧，真是徒唤奈何。

我最早听闻杜老师之名，是从北大朱宪先生那里，在此前杜老师在北京编辑《四库禁毁书丛刊补编》这部大书，而朱先生为该书的出版人之一。某次我因事来到朱宪先生工作室，才第一次看到编辑一部书竟然用这等原始的办法，感慨之余，朱先生向我讲解选刊方针，以及版本的差别等等，同时也聊到杜泽逊先生，看来杜先生的勤勉有口皆碑。多年之后，我到杜老师家做客时，同时欣赏他所收藏的线装书，他当时告诉我，有不少稀见线装书，都是得自琉璃厂，因为他在编辑禁毁丛刊的过程中，长期住在北京，闲暇之时得到这些难得之书。将爱好跟学业相结合，同时又跟工作相结合，这样的美差他人确实不容易享受得到。

《读信札记》，韩羽撰。这本书是王雪霞女史所赐，她说有一段没联系，不知道为什么就给我寄了这么一本大书，大扉页上有韩羽先生的奇特签名，可惜只是个穷款儿，但这已让我很感谢王雪霞同志的费心。其实她可能不知道，我在二十多年前就有幸认识韩羽先生，而在那个时候，韩先生的奇特绘画作品已经有了较大的行市，我这等自觉的人，当然不好意思张口索得一幅，因为感觉这跟别人要钱几乎没有区别。而今韩先生的名气更上了好几层楼，我就更不好意思张口了，也就幸亏雪霞同志费心，才让我得到韩羽先生第一个签名本。这虽然不是绘画作品，但那两个字却真真切切是亲笔。

《桐溪诗画集》、《绘画与诗意：丰子恺的艺术》，这两部书都是张斌老师的大作。早就听说过张斌老师大名，当然所听到者，只是她那雅致的笔名：桐溪小蝉，只可惜无缘识荆。前几天，胡同先生组织雅集，说是雅集，其实近似于一个版本鉴定会。胡同告诉我，网上的一位书友藏有不少善本碑帖和名家字画，想通过胡同找人鉴定，但又不愿意曝露本名，于是胡同就请了几位包括我在内的朋友，前来欣赏。在这个鉴定会上，我的第一大收获就是结识了尹吉男老师和张斌老师。早闻张斌老师诗、书、画、论各种绝技集于一身，而今蒙她所赐这两本大作，前一本里面既有她的画作，还附着她的美诗；另一本则是对丰子恺的学术论著，再加上张斌老师给我的题字，这可是真真正正的“四美具”。

《烟草计划》，徐冰撰。在胡同的雅集中，尹吉男老师向众人谈起徐冰先生是如何发明出他那奇特的天书者。说到这个话题，胡同先生猛然想起自己恰有一本徐冰先生这方面的介绍专著，他随手就从架子上抽出这本书，转身赠给我。听着尹吉男老师的介绍，又看着这本书里的具体论述，真让我不知道是应该感谢尹老师，还是应该感谢胡同先生。其实有时脑子会转不过弯儿来：两者都感谢，不就皆大欢喜了吗！

徐冰先生所发明的天书，是近两年很火的一个艺术创造，这个创造跟中国古代雕版印刷有较大的关系度，惟一区别是他刻的这些字，或者说是他发明的这些字，无人能识。其实我特别好奇，徐冰先生这些创造究竟是字还是画，如果是字的话，那他的这些作品是否也应当是一篇篇的完整文作，可惜我见到尹老师时，忘了向他请教这个问题，说不定，徐冰的这些作品真如古希腊人特意创作的一种不为人知的文字，以便让后人挖空心思去解读他的所说所想。

《中国与中国人影像》，这部书是秦风老照片馆中系列的一种，乃曹凌志先生所赐。他肯定是觉得这些照片对我有用，才把这部书送给我。从这一点而言，他可真是个细心人。现在图书出版，已经号称读图时代有年，包括一些学术专著，也开始放入一些插图，只可惜的是，有很多书的插图都有极大的雷同。这其中原因可能有两个，一是中国题材的老照片存世有限，很难找到别人所未曾见到的相关图片。第二个原因，我认为，大多数人

还是太懒，其实下点功夫，是能搜集到一些令人眼前一亮的老照片。得到曹兄这本馈赠，仔细翻看一过，感觉真正能够从上面扒一张下来窃用，其实并不太容易。因为照片内容跟自己文章能够贴切在一起者，是小概率事件。十几年前，彭震尧先生做东，曾经请秦风先生和我在一起吃过饭，那时秦风先生的老照片系列，在山东画报社出得正火，我当然不好意思说能不能借我几张用用。

彭震尧先生原本是中国书店下属某门市部经理，大概在 1993 年，中国书店举办了一场古书竞买会，转年他又到嘉德公司帮助筹办中国第一场真正意义上的古籍拍卖会。再后来，大概是到了 1998 年，中国书店成立了自己的拍场公司——北京海王村拍卖有限公司，彭先生就成了该公司的首任经理，自此之后的十六七年，他一直担任该职，也为此我们有了密切交往，虽然说他不擅言谈，然而他有着一种本能的亲和力，这也是他朋友遍天下的原因，同时也是他能够把海王村的拍场搞得风生水起的主要原因。其实不仅是秦风先生，还有多位爱书者，也都是通过彭先生而相识。

可能是出于旧书业的老传统，他有着一种本能的守口如瓶，因为我很少听到过他对别人臧否。两年前，他从拍卖公司经理的位置上退休了，因为他突出的业绩，仍被该公司聘为顾问，为此我约他做了两天访谈，以便写入我的另一个书系，可惜的是，我有太多的疑问，他都不予回答，而他说出的理由，也极其正当：即便离职了，也要替客户保密。

《文学回忆录》，木心讲述。近些年，木心先生在国内的知名度得以彰显，这全是陈丹青先生努力的结果。由他们两人的关系，让我想到古代的师承。有很多大师级人物，其在当世的时候并没有受到世人关注，因为他的思想超乎了那个时代，后来这位大师又让世人得以认识，除他自身的思想属于不为人知的和氏璧外，更多原因，还是因为有着一位或者数位坚定地认为这块世人眼中的顽石，恰恰是一块玉芯者。古代这种例子太多了，我也就不在此啰嗦，但现在却让我很现实地意识到，有着如意弟子是何等的重要。

虽然这位大师笔名叫木心，但他在陈丹青的眼中和心中，肯定比玉心和翡翠心都要珍贵万倍。作为读者，我当然感谢陈丹青先生的努力，如果没有他，像我这等读者就不能知道在这样的红尘中，还有这等有着独立思想的人大隐于世。

此书也是曹凌志先生所赐。我想，他把这本书赐给我，应该是想让我在心浮气躁之时，能让我的心心静如木。

《流响集》，童银舫撰。我以前一直以为童先生主要精力是在编撰各种刊物，据他告诉我，有四份期刊是由他一人操盘，然而我在他们家却看到了数十本他的专著。这等的勤勉，又让我自惭再三。童先生说，他把这本书赠给我，是因为里面收的几篇文章中，有关于路工的一些经历。我对路工一直很好奇，跟童先生聊天之后，终于得以冰释了以往多年的疑惑。

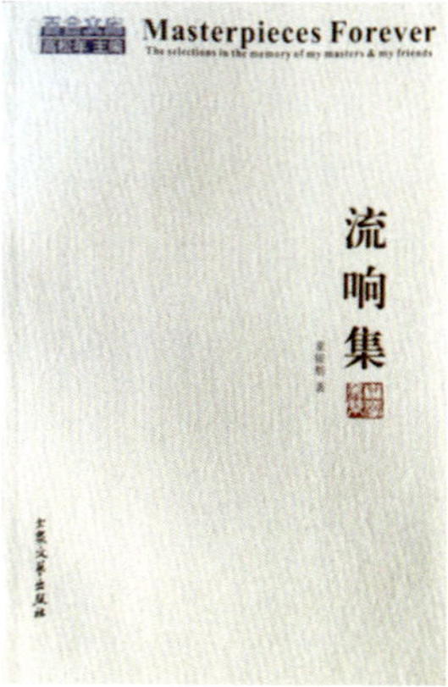

童先生任职于慈溪市地方办，他个人对书有着一种

酷爱。而在慈溪当地还有多位爱书人，这让我对那个城市充满好奇，虽然慈溪经济发达，然不知什么原因，交通却并不方便，不但没有火车，连高速公路都未曾有一条，虽然说，要致富先修路，为什么慈溪是个特殊呢？同样，在这样的地方，能够诞生这么多爱书之人，不也同样是个特例吗。看来，理不是推的，事实就是事实，只要认可就好了。

《团结御侮：上海图书公司藏抗战时期珍稀文献特展》，这本书得来颇为意外，是夹在上海博古斋今春大拍图录一并得来者。我怀疑是否是错寄给我者，于是打电话给胡建强先生。胡总的第一反应，以为我没收到此书，又转着弯儿向他索要呢。我告诉他，翻过此书之后，里面没有标价，所以我不觉得这会是一本拍场图录，也正因为如此，我才觉得拍卖行寄来这样一本书，恐怕是寄错了对象。

胡总告诉我，这本书是上海图书公司所出版者，是为纪念世界反法西斯战争和中国人民抗日战争胜利七十周年，为了纪念这个伟大的时刻，他所主持的拍卖行也要搞一场这样的专题展览，这本书是展览的副产品。但是那场展览结束之后，四本书内所收相关文献则全部放在了拍场中，作为今年春拍的一部分。听其如此一说，才感到这也是一种巧妙构思：既配合社会重大活动，也能产生一定经济效益，同时把图册作为拍卖图录的一部分。看来，真应了那句话——只有想不到，没有做不到。

《应宝时致吴云书札考释》，此书是李世扬先生的作品。李先生是浙江永康当地著名藏书家，早在十几年前我就到他府上看过他的珍藏，而他的藏品可以分为两大类，一是线装书，二是旧平装，但是收藏信札，我却未曾得闻。而尤其他能将某一名家的整份收藏汇在一起，于今而言，这不是一件容易的事，于是，我马上问他这些书札是从哪里所得者。

李先生告诉我，他是偶然在某场拍卖会上看到有这么一整批书札者，因为应宝时是永康当地乡贤，而吴云又是清代著名收藏大家，这一批手札肯定会引起相关藏家争抢。价格一旦炒上去，这一批东西就又不知归隐何方了，因此他决定将其拿下。但他知道，即使在永康当地，对应宝时感兴趣的人不在少数。于是，李先生施展自己的魅力，他与当地数位对此有兴趣者共同商议，准备集众人之力把这批手札弄到手。为防备误伤，众人决定由李先生单独一人在现场举牌，等其拿下后，再做产权区分。

这批手札拍到后，李先生并没有急着分田分地，他觉得如此一批难得之物如果分散开来，就很难考察其中有价值的信息，于是他决定先做一番详细研究，而后再把这批手札分给众位热爱乡贤的朋友。他这场运作，操作得很是完美，一切如他所料进行下去，直到有了这本书的完成。但他又告诉我，在编写这本书时，费很多气力，尤其里面的草书释文，为此他跑了几个地方，找不同专家进行释读，直到排印前几天，还有一个字终于被辨识出来。这种认真著书态度，让我当然很是钦佩。

《经野规略》，这是方俞明先生点校的一本书。方先生与另一位朋友所建的藏书楼，是我目前所见当代最美的一座。我站在那个楼前，羡慕忌妒恨的所有表情都毕现无遗。尤让我佩服者是方先生对于乡贤著作的熟悉，他跟我聊起天来，绝对如数家珍。尤其让我有收获者，是他告诉我，祁氏澹生堂遗址已被他找到。他说当年澹生堂院中的假山现在还埋在土堆下面，他已经从中捡拾回来一块。说话间他从博古架上拿出这块假山石让我欣赏，我抚摸着这块石头上的泥土，也算我跟那伟大的澹生堂又有了一次亲密的接触。

方先生告诉我，除澹生堂之外，绍兴另外几座藏书楼遗址，也有一些被他探寻到。他说，待我得空时再来绍兴，到时带我再访当地的藏书楼。我的《书楼寻踪》所经历的曲折与艰辛，确实是难处无法尽说，能够遇到像方先生这样如此清晰者，这将是我寻访途中的大幸。

《太湖法云禅寺法派——觉力和尚时代》，易水撰。这本书得来很是意外。我在武汉做书楼寻访之时，陈琦先生特意安排一些藏书家的后人与我座谈，其中就邀请到易水先生，他祖父就是易忠箓先生。易忠箓先生的旧藏，近两年有不少出现在拍场之中，而有意思的是，易忠箓这些旧藏基本上出现在徐无闻旧藏的专场之中，这其中的缘由我特别好奇，于是向易水先生请教。

果真，易水先生对此颇为了解，他向我讲述着这背后原因，使我的听闻得以圆满。尤让我意外者，是易水先生竟然出了这样一本佛学专著。他很是谦虚地告诉我，这不过是意外地应下了别人的约稿。这等专业著述，是我所最需要者，因为这样的书会把一个人或者某个派别的各种资料汇为一

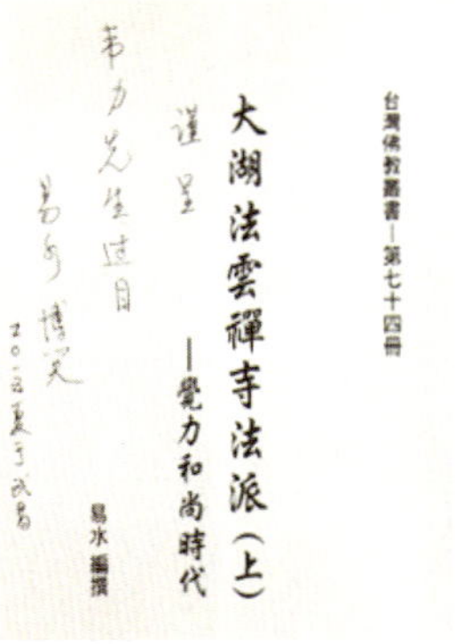

书，这在使用起来最为便利。

在聊天期间，我感受到了易水先生的涵养，他说话不急不徐，即便是说到不满意的问题，他的语调也没有丝毫变化，这样的心静如水，其修养之深厚，令我敬佩。而他说话的谦虚之态，更是令我印象深刻。

《中俄万里茶道与汉口》，王汗吾撰。蒙陈琦先生费心张罗，我在武汉的某晚，他邀请几位藏书家的后人，还有几位当地的学者共同聚餐，而王汗吾先生则赐给我这部大作。王先生乃是当地史志办的专家，我向他请教关于国内地方志，尤其是县乡县志的流通渠道，因为这种志书很难买到，而我在国外的图书馆发现那里的中国新方志，要比国内任何一个馆都要全。王汗吾先生的讲解，让我多少理解了中国特色式的原因，可惜当时只忙着向他请教地方志方面的问题，忘了翻看这本大作。回来之后，拜读此书，才看到该书奇妙之处：书中内文一律是左页为中文，而右页为俄文，这样的出书方式，至少我是第一次见到，真想跟他了解，为什么以这种方式来出书。

《湖北省图书馆建馆八十周年》，这是三十年前的一本旧书，从扉页题赠来看，是湖北省馆赠送给武汉建材学院图书馆者。此书乃是武汉周启壮先生所赠。陈琦先生向我介绍说，周先生乃当地收藏老地图最有成就者，为此陈琦专门带着我去参观周先生的店铺，在那里，我不但饱览他的珍藏，

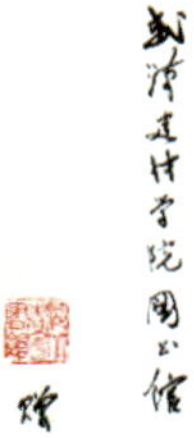

还吃到周夫人所做的清水粽。虽然那种粽子我吃不出北方粽的感觉，然而却意外地得到这本书。周先生告诉我，此书里面有一些湖北省馆的老照片，估计能对我有用处，我对他的细心很是感谢。

《六桂堂读书记》，方交良撰。前两天收到胡同先生所寄快递，里面竟然有这样一本书。我跟方先生不相识，不知何故得到他的馈赠。去电胡同问之，他说该书确实是方先生让他转寄者。我请胡同向方先生转达自己的谢意。翻阅该书，从文字中感受到方先生的爱书之情，看来他也是一位喜爱藏旧书的朋友，而他藏书视角却与他人有不同之处。

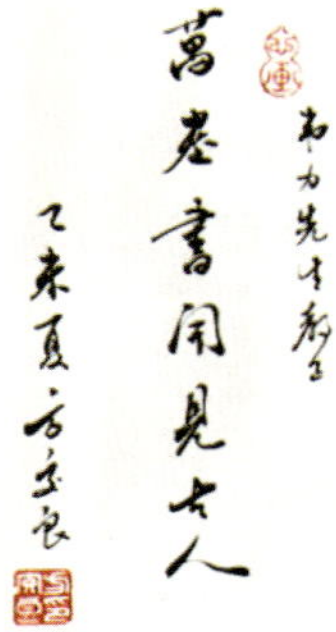

《传统》，陈琦主编。跟陈琦先生相识有年，我还不知道他编有这么一份刊物。这次到武汉，全凭他操劳，才让我认识那么多新朋友。跟陈琦先生在一起聊天，我对他的认识变得更加立体。他对一些书的认识，迥异于他人，而他那独特性格也同样成就他的收藏。

我初知陈琦之名，乃缘于他所编**《武汉图书馆馆藏古籍善本书志》第一辑，该辑内容是此馆所藏经部之**书。从署名上看，这是集体劳动成果，但业界都在传这部书的主要作者是陈琦。这部书志有许多地方涉及到考证，其认真态度受到版本界同仁的肯定，而几年之后，陈先生到北京做了某家拍卖行古籍部主管，于是就有相识的机会，而后交往中，我对他过往经历也就了解到更深一层。

《文献收藏与鉴赏》，此书乃武汉肖琴学先生所赠。武汉有个收藏品市场，以纸制品闻名于业界，我来到武汉，当然想到此一看，在陈琦先生带领下，我走入这个人山人海的纸制品市场中。在此前，陈琦已经联系好几位店主，以便我能在短时间内做到有效率的采访，而肖琴学先生是约好中的第一位，他店铺内堆起的旧书与旧物，已经让人无法走进，肖先生为让我看到几件感兴趣的物品，侧着身在旧纸堆内艰难挪动，以致我担心书垛倒下来会把他夹在其中。

肖先生为人爽快，我们坐在门口小凳上，采访之时，他能直言不讳告诉我一些行业内的事情。跟肖先生聊天，让我懂得一个经营者应当以怎样的姿态面对历史留下来的纸制品，又以怎样的方式能够超迈同侪，而让自己得到最大收获。看来，无论做什么事都要讲求方法论。

2015 年 7 月

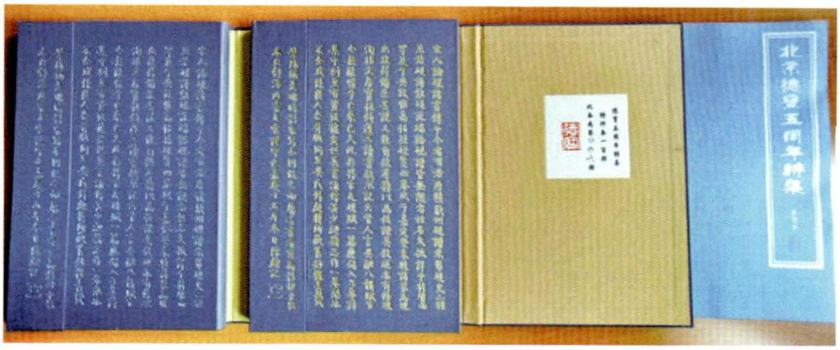

《北京德宝五周年特集》。月初德宝公司副总宫学军女史来电，说五年前德宝公司为庆祝成立五周年，制作了一个特集专场图录。我说知道这件事，因为其中一篇文章即为我所写，当时给了我一本这样的纪念图录。宫总说，五年前所发图录是平装本，其实当时还制作了精装本，但还没来得及发放，总经理陈东先生就去世了，所以这个特装本一直放在仓库，而今整理仓库时，发现这些图录，想寄一本给我。

第二天我就收到这个快件。特装本图录，果真用心制作，并且在扉页上印有编号签。该图录制作 100 本，送给我第 6 号。去电宫总感谢此事，问她前几号在哪里。宫总说，前 1 号和 2 号在陈总父亲手里，本来想给我第 3 号，但因为编号签上的钤章有些模糊，故给我选择了第 6 号。我赞叹此书的烫金工艺，做得很用心。宫总无意中告诉我，还有烫银。闻此，当然我要再索要一册，她说，烫银者没有编号，当时制作了700册。而今我把这三种不同的装帧特集摆放在一起，看着这种用心制作的纪念册，就又让我想起当年陈东为这一切所下的功夫。

我所认识的书友中，以达观度来论，陈东先生名列前茅，他的藏书过程也应当是他去芜存菁的选择历程。这种藏书方式当然很优秀，有意思的是，他所售出之书，很多都钤有他多方藏书印。虽然说，爱书人喜欢在自己的藏书上留下印记很是正常，但有朋友告诉我，陈东那几方藏书印，有些是在这些书将出手时才钤上，这又是怎样的心理呢？以我私解，算是雁过留声吧。但这需要勇气，因为别人会通过所见之本，来评价某人藏书质量的高与低。

钤盖藏印之后再出售，其实还有一个弊端，这弊端在陈东干起德宝拍卖行后，马上就感受到了。因为他鉴定版本的眼光绝属上乘，想从他卖出之书中捡漏基本不可能，但拍卖会在某些成分上，是要靠幻想来构成，这取决于假想敌的藏书偏爱以及购买实力，以及他们的抢书方略。如果某拍场中有不少书都是该拍卖行老板的旧藏，而尤其这位老板鉴定眼光还很高，就会让人减少跟他一比高下的勇气，从心里放弃，也就减少了现场的竞争激烈程度，当然也就不会创造好的市场效果。陈东也明白了这一点，所以每在拍卖会预展时，都会不断向朋友们解释，这些书是他早年出让者，而今又重新征回来上拍，并不是刚刚从书架上拿下来者。

我想当陈东不断向客人解释这些书并非他的拍品时，他应当后悔当年在那么多书上钤盖藏印。其实这一点，恰恰证明他是位真正的爱书人，如果他对书没有这么深的感情，完全可以用刀片将书上的钤章划掉，因为有这种恶劣行为的人并不在少数，甚至包括一些大名人，而我藏的古籍中，就有不少被划掉藏印者。虽然说，有人称这种破坏也是不得已，比如偷来的善本总要销赃灭迹。我一部藏书中，就有多种这样焚琴煮鹤之举，这位煞风景者在书内写了一段题记，在题记中坦然表明，这件事就是我干的，这样的人，这样的脸皮，确实令人叹服。然而他这种行为跟陈东比起来，这让我更觉得陈东为人的可爱。尤其他在制作这五周年纪念册时，所下的功夫与心血，今日想来，宛在眼前。

《萧山记忆》、《来新夏随笔自选集》、《忆弢盦：来新夏先生纪念文集》，这三部书均是由焦静宜老师所赠。来先生故去后，朋友们都很是怀念这位知识渊博、和蔼可亲的老人，至少我时时在脑海中会显现跟来老交往的片断，尤其来老那种达观的人生态度，对我影响很深。我印象最深的几句话，是他跟我说：“狗咬你一口，你不能反咬狗一口。”“笑骂由人笑骂，好官我自为之。”尤其我受伤之后，来老给我

寄来许多营养品，他有几次打电话，劝我把一切看淡，尤其他说，一定要好好活着，只要活得久，就是胜利。来老每有新作，均会题赠给我，而今老先生已到天国，焦老仍然有书赐下。我心中的感动，难以言表。

来老给我留下最深刻印象是他为人达观。我跟他交往这么多年，从未见他对某事发过怒、生过愁，我每次见到他，他都是乐呵呵一副慈祥面容，而他夫人焦静宜老师对他的体贴与照顾，看着让人生羡。

《古文献学讲义》，这是黄永年先生在目录版本学方面的重要著作之一，黄先生在生前即有馈赠，而今这个新版本我是第一次见到。此书为黄寿成老师所赠。前一段我到西安去黄府拜访，看到黄老先生生前工作场景，也看到了他珍藏的那么多宝贝。让我更加感慨，像黄老先生那一辈人，他们所具备的学问，会让我想起那本《钢铁是怎样炼成的》。

我能结识永年师，是经过杨成凯老师介绍。记得多年前，永年师到中央民族大学来讲课，杨老师带我去朝拜这位目录版本学的权威。其实，那次我去见老先生的目的很简单，是想求他一副墨宝，给我的芷兰斋写个堂号。在此前，听过太多人讲述永年师对人很是认真，我很惧怕那种名师的威严，然而见面后，他却对我客气有加，这应当是出于对晚辈的慈爱吧。后来听多位朋友跟我说，永年师跟他同辈人在学术争论方面绝不留情，而对于晚辈，他一向都是和蔼可亲的。

永年师对我最大的影响，就是他的善本观。他对鉴赏家追求的初刻、初印、纸白、版新等兴趣不大，他更为关心者，是该书的学术价值。他当年跟贾二强先生共同出版的《清代版刻图录》一书，在每一篇提要中，都会画龙点睛提到该书价值所在，而我当年为学习清刻本的奥秘所在，就是将他书中这些提要和有关版本者一一摘录出来，编成我的藏书秘要。在民国年间，孙殿起曾经专门列出清刻本中的稀见版本，将此两厢对照着看，使我对清刻本有更为清晰的认识。

《关中旧歌谣》、《长安节令与旧俗》、《西安旧事》、《汉代文字考释与欣赏》，这四部书均为宗鸣安先生大作。在此之前，我仅拜读过宗先生研究碑帖学方面的专著，这次在西安见面，方才知道，近些年他很大精力下在对乡邦文学的挖掘上。宗先生的著作，我读来的感觉是有一种严肃面目下的诙谐，这种书让人读之不倦。

我跟宗先生交往较晚，然而他的名声我却早已得闻。当年张晓东先生在任古籍书店经理时，我在他的办公室内看到宗先生所出一本关于碑帖的大著，那厚厚一大本研究成果，颇令我叹服，而该书序言也是我所熟识的拓晓堂先生所写，于是我立即打电话给拓兄，问他为何从来不介绍这位懂碑帖的宗先生，拓兄说话极其直率："你们都是拍卖行的重要客人，如果你们都成朋友，那拍卖行吃啥？但你放心，等我退休，肯定介绍你们相识。"

我当然等不到拓先生退休，以他那旺盛的精力，谁知道他干到哪一年。好在收藏圈子总能找到相识的朋友，某次我偶尔跟李欣宇聊天时提到宗先生，他吃惊地告诉我："难道我没跟您说过，宗先生是我的老师？"我暂且认定他说的是

实话，而后经过李兄介绍，我得以到宗府上拜访，才一见面，我就想起来，其实在此多年之前，我就见过宗先生，而他也说，曾经跟我见过面，于是接下来的聊天就像老熟人般，少了许多激情。

但宗先生对碑帖的理解确实与众不同，我感觉到他最关注者还是陕西一地的石刻拓片，这应当是乡邦情节，因为每到聊到这方面的刻石，他说话就能明显地提高语调，他尤叹陕西本应当成为碑帖收藏大省，而今这个地位却落在后面。言谈举止中，我能感受到他有种强烈的意识，就是想要恢复陕西碑帖拓片在中国收藏界本有的突出地位。

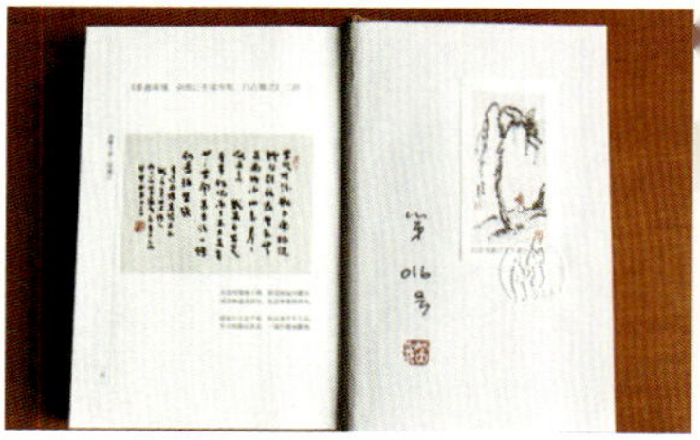

《药窗词画》，此书是范笑我先生所编吴藕汀画集。自费出版物能制作如此精致，近些年不多见。听说此书制作了 1000 本，全部编号发行。上千册的编号本也很少见，我所得为第 16 号，扉页上还贴有藏书票。这种通用印刷的藏书票，是十几年前范笑我经常制作的把玩之物，后来《秀州书局简讯》停刊，这种藏书卡片也成绝响，而今又见炊烟，且改为彩印，且还在裱贴处压上钢印，不知道这算不算升级换代。

我每去嘉兴，必定会到范笑我兄办公室一坐，而我最近一次前往，发现他又多一项才能，那就是变为书法家。我在他办公室里遇到多位朋友，那些人几乎都是向他索墨宝者，这让我也开始关注他在这方面的成就，细看之下，果有笑我之风。我听说，书法家最不喜欢欠太多笔债，于是我忍住向他索要墨宝的欲望。

严格意义上说，笑我兄所写大多是一些拓片的题记与跋语，而今能够写题跋之人已然不多见，因为这不但需要书法过得去，更为重要者是要对所跋之品必须有见地，发前人所未发，可谓戛戛乎难哉。他如此年轻竟然独擅此道，这是何等的令我钦服。

《蛾术轩藏书题跋真迹》为吴格老师所编，线装彩印，制作的确漂亮。七八年前，我跟吴格老师在北京开古籍定级会议，晚上我到他房间聊天时，无意中提到我手里也藏有王大隆的旧藏20余部，这些旧藏都著录于《蛾术轩箧存善本书录》中。吴老师很有兴趣，他告诉我，王大隆旧藏大部分都在复旦大学图书馆里，他现在正将这些书整理出来，如果能把我的所藏汇在一起，就又能增加一些品种。我说自己的书正在整理编目过程中，只要遇到王大隆旧藏，一定会单独选出来，汇在一起，一并奉上。而今我的书目还未整完，吴格先生

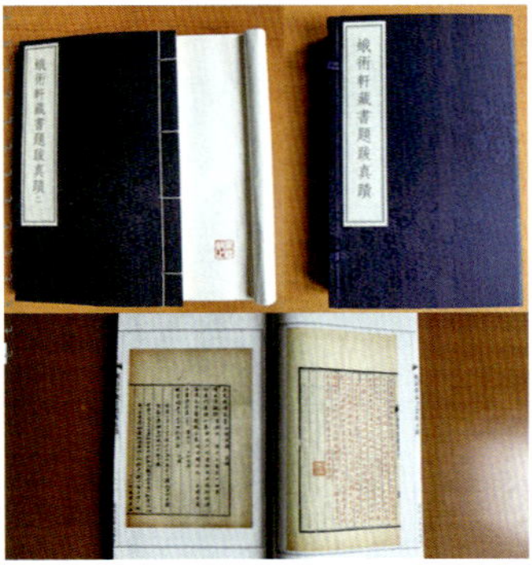

的著作已然出版，这让我既惭愧又佩服。

这些年来，我跟吴格老师的交往主要是在一些会议上，而会外的交往，我印象最深者，是他在加拿大某图书馆朋友所托，因为加拿大那家图书馆收到某家人捐赠的一批中国古籍碑帖拓片，虽然是捐赠，但图书馆也要搞清楚这批书的市场价值，于是这位朋友就托到了吴格老师这里，而吴格老师又将这份长长的目录转给了我，让我按当今的市场价格来做一下标注，我曷敢不从命，于是尽我所能一一标出而今的市场参考价，整理呈上后，竟然收到吴老师的表扬。

从去年开始，我忝列复旦大学中华古籍保护研究院的特聘研究员，而恰好吴老师也在此任职，我跟他的交往变得频繁起来，于是借机向他请教了太多的问题，而他在目录学上的独特眼光给我以太多启迪。

《南长街 54 号梁氏档案》，该书为匡时国际拍卖公司刘鹏先生所赠。梁启超这些旧藏，原本放在嘉德拍卖公司，不知什么原因转到了匡时。而匡时公司为这份重要收藏能够拍得应有的价钱，下了很大功夫。当时为这些拍品印制的图录，就比寻常所见要精美许多。后来我听说匡时公司不但为此批拍品特制了图录，还将所有资料放在中华书局正式出版，而这个出版物，我却未曾见到过。某次跟刘鹏先生偶然提及此书，他说库里还存有几部，于是我得到这其中一部的馈赠。

我跟刘先生也是先交往后见面者，我也记不得是何人的介绍，但总之我们有了短信与电话的联系，从此也就让我得知他对古籍善本有着特殊的偏好，但可惜的是，匡时拍卖公司虽然很有名气，却没有常年的古籍善本专场。然该公司举办过几场很有影响力的古籍拍卖，与我有关者，一是那批过云楼旧藏，当年那批书在嘉德以两千万元底价成交，几年过后，那批旧藏又整批出现在匡时的拍场中。匡时公司为这批书的宣传下了很大的功夫，不但搞研讨会，还在各大媒体予以广泛宣传，这些功夫当然不会白费，果真，这批藏书以超过当年嘉德成交价的十倍，被江苏凤凰集团拍得。刘鹏先生也为这批书的顺利成交付出了很多心血。

前几年，江西抚州出了一本宋刻本《礼部韵略》，这部书的书主本欲500万元卖给某图书馆，但诸多原因未能

成交，而后该书也出现在匡时的拍场中，其成交价则超过2000万元。而该书出现后不久，我就参与过相应的鉴定，因此这部书买与卖的全过程，对我而言，可谓看了个满眼，这也让我更加感慨匡时公司确实能让乌鸡变成彩凤凰。当然，能够成就这一切者，是背后有多位工作人员的努力付出，这也正是我佩服刘鹏先生的地方。

《过云楼日记》，该书为王稼句先生所赠。无论我怎样达观，过云楼那批旧藏，每每想起，依然是一个隐痛。我一直想搞清楚，在过云楼的几代楼主心中，究竟怎样看待字画和古籍的分量，我很担心自己是一厢情愿来解读过云楼主对待古书的看重程度。但他们在行为处事方面那些异于寻常的举措，更加勾起我一探隐私的好奇心。而王稼句先生这本馈赠，应该能从中找到些想要的答案。

其实我没有问过稼句先生，他为什么要赠送这样一本书给我，也许我见诸笔端的抱怨被他的细心所捕捉到，他以此想让我得到一个圆满的答案也未可知。此后不久，我恰好前往苏州，到达的当晚，他正在跟一帮朋友于某家歌厅内喝酒纵歌，我本不想打扰他的雅兴，但他坚持让我必到，为了能够动员我前往，他竟然走出歌厅，顺着我所住酒店的方向一路前行，然后在深夜宽阔的大马路上，我看到前方有一个晃

晃悠悠的人影，站在马路的正中间，迎着我走过来，这时路上既无车也无行人，我快步走上前，赶快扶住他，那一刻让我想到历史上著名的一场大会师。

然而，他拉着我的手前往歌厅的路上时，还没有走到地方，就已经迷了路，我能看出来他当天灌进肚里的迷魂汤已然超出他的能力，然而他却坚称自己没问题，只是迷路而已。于是，几经打电话，在朋友的迎接下，终于再次走进歌厅。甫一落座，他就得意地跟我说：怎么样，我没喝多吧？我知道，他对自己的酒量一向有信心，于是我诚恳地跟他讲，确实如此。同时，我又想起自己那个疑问，问他为什么要寄给我这本《过云楼日记》，他看了我一眼说，你说呢，我觉得这个答案足够标准，于是闭上了嘴，跟着众人嗨了起来。

《经野规略》、《越览》，这些书均为周音莹女史所赠。《越览》本是周老师所编的一份民刊，因为此刊是全彩印刷，被民刊界称之为奢侈品种。某天，王稼句先生来电话，说他在诸暨周音莹处。周老师前一段寄来几本书给我，请我签字，可是她却一直没有得到回音，正巧，稼句兄在那办事，周老师就请他找我问下情况。我告诉她，自己没有收到这些书。周老师接过电话，念给我听快递单上的地址与我的号码。结果，两项无一正确者。我问她从哪里得到我的这些十几年前的地址与电话，周老师称，是范笑我发给她三个不同的地址和电话，她就挑选了其中的两个。这样的寄书方式，我还是第一次听到。上一期的“书友赠书录”中我提到方俞明先生所赠的《经野规略》，周老师见到来电话说，她有该书的线装本，于是赠给我一部。

对于周音莹老师，我有两件事觉得对她有歉疚。一是上次她来北京时，因为我赶上有事，只在咖啡厅内匆忙跟她见了一面，没聊多久我就匆匆离去，这样的不礼貌于我的经历而言，也颇为罕见。第二件事则是我在杭州附近寻访时，她得了消息，于是给我发短信，请我到诸暨图书馆办一场讲座，而我推托说自己此程全部是由浙图的许馆长所安排，周老师竟然让诸暨市图书馆馆长打电话给许馆，其实那天我的安排是要参加当地一位重要朋友儿子的婚礼，而此事在半年前就与我约定，我实在不好推辞，故而听到周老师的要求，只好将前往诸暨的日期推后一天。可是当天晚上，天气预报

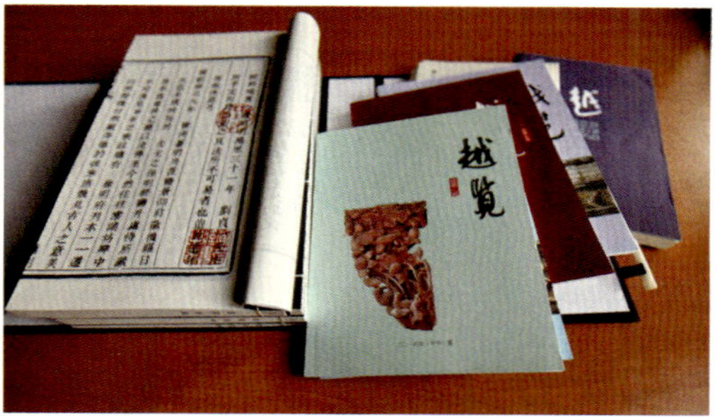

称浙江地区有大寒流，各方面交通都受到限制，而我曾经有过被堵在外面几天几夜的经历，故特别害怕这种状况，于是立即去电周老师，告诉她面对此天况，我必须迅速返京。周老师表示特别能够理解。

虽然我知道这是她的涵养与大度，但我的失约让我每每想起时，依然觉得对不起她。希望有一天能够弥补上我的愧疚，也能够当面向她表达我的歉意。

《中国宗教藏书》、《中国书院藏书》。近一段我在写这两方面藏书楼的寻访文章，到处找这一类相关资料，偶然知道肖东发老师主编过这样一套书，于是打电话给中国书店。店员告诉我早已脱销。只好给肖老师去电话，向其索要。肖老师告诉我，他正在兰州开会，过几天回京寄给我。几天后，收到这套书其中的两本，他在短信中告诉我，他手中该部书

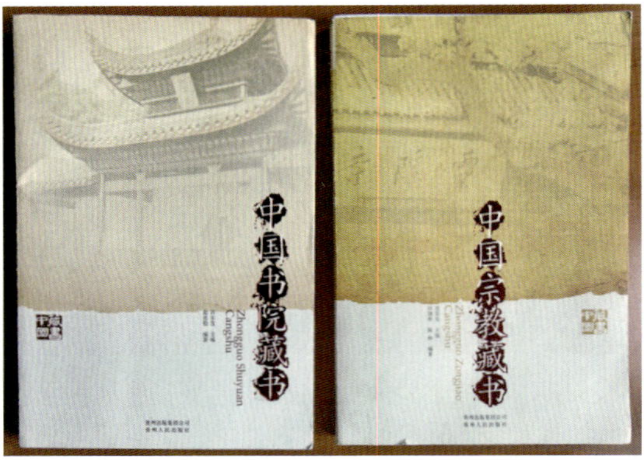

早已送完，看到我索要此书，他到处去寻找，找到之书是别人所读过者，所以在品相方面不太完美。看到这个短信，我才知道，为这么两册书给他添了多大的麻烦。

《版本目录学研究第六辑》为沈乃文先生所编。这个刊物虽然仅出到第六辑，却已然成为版本目录学行业很是重要的学术刊物。我的文章能够在上面发表，当然是很高兴的一件事，而今收到样刊。令我意外，随样刊一同寄来者，还有拙文的“抽印本”十几册。我的印象中，给作者抽印本，是民国年间办刊者给作者的一种福利待遇。二十年来，我的这些烂文章，在很多刊物上发表，却从未见到过还有抽印本这么个概念，由此可见，沈乃文先生诙谐的谈吐下面，是何等的严肃认真。

沈老师原本在北京大学图书馆善本部担任主任一职，我曾经到他办公室去核对自己所藏一部宋刻递修本《皇朝文鉴》。按照以往著录，北大所藏的这部颇具特色，于是我带上自己的书来到北大馆，而沈先生也从库内调出该书，一番比勘，我的所藏与北大的该部，各具特色。而沈先生看了几眼后，跟我说，还是你藏的那部更好。以他那爱馆如家的性格，他能说出这样的话，颇让我以为是调侃，但他的脸上又是那样的一本正经，于是我就半信半疑地感谢了他的夸赞。

沈先生还夸赞过我一次。某次我跟沈先生共同地到南方鉴定古籍，当地接待者与我二人都是相熟多年的朋友，晚餐时受到这位朋友的接待，因为聊得痛快，朋友不顾我二人的推辞，坚持把我们拉到一个歌厅，在那里沈老师坚决不肯开

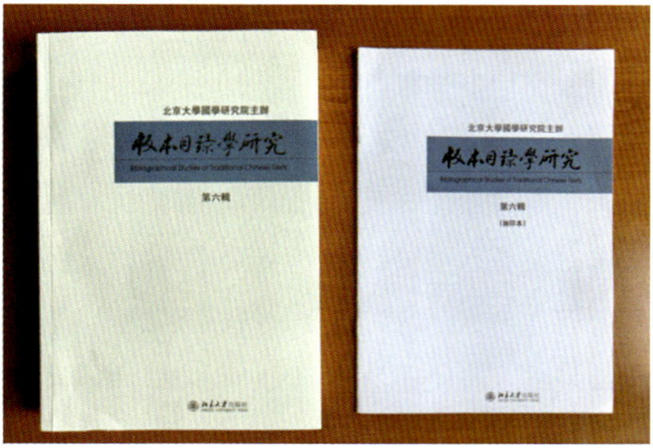

口唱歌，而我为应景拿起了话筒，“呕哑嘲哳难为听”一番，唱完之后，沈老师严肃地对我说：你是咱们目录版本界唱歌最好的人。

《五里山房捐让山左珍贵文献特展图录》，五里山房乃周晶先生堂号。年初，我到他府上采访时，看到他要把书捐让给山东图书馆的目录。这种及身而散的达观，确是非常人所易

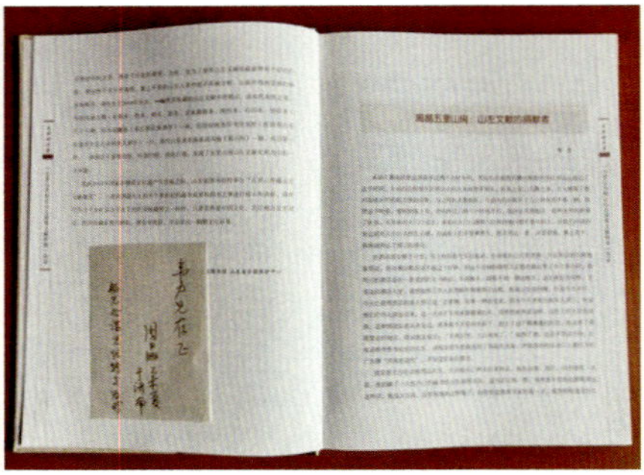

做到者，周老师用自己的行动诠释了何谓“曾经拥有”。后来我到山东省图去翻看他的捐赠之物，当时省图领导同意给周老师出一本纪念图录。周老师要求把我写的那篇文章做为序言，放在书前。这虽然有佛头着粪之嫌，但我还是愉快应命，而今，我得到这本图录的平装本、精装本和毛边本各一

册，算是我写序言得到的奖励吧。

我曾跟周晶先生请教过他的堂号为何名为“五里”，他笑着说，其实没有什么深意，因为他府上就处在济南五里山麓。以所处地望来命名堂号，这也倒是古人起堂号的常用手法，而我也有幸来此山房多次，在那里看到过周晶老师大多数所藏。从他言谈中，我能够感受到他对书籍是刻在骨头上的爱。这样的人，却还能够把书捐出去，这需要有何等的毅力才能做到这样的达观。翻看这本图录，我又看到了自己当年在他府上看到原书时的情境，这使我的感慨又增多几分。

《黄裳纪念集》，此为胡同先生所作《布衣文丛》第二部。从制作精细程度上看，比该文丛的第一部在质量有较大提高，同时还附有一个专用手提袋，只是这个提袋的尺寸似乎跟书不很匹配。黄裳先生仙逝后第二年，陆灏先生跟上海图书公司共同举办了纪念活动。陆兄邀我前往一会。在赴会之前，我给杨成凯先生打过电话。杨先生说，自己因为身体原因不能参会，但写了一篇纪念黄裳先生的文章，请我带到会上。

那个纪念会，去的人较多，其中需要发言者，就在 30 人以上。我把杨先生的纪念文章仅宣读了三分之二，即已超时，而我自己原本也写有一篇发言稿，在这样的会上就再也不好意思念出来，我对黄裳先生的思念之情，也只好默默埋在心底。而今见到这个纪念集，看到该集前面的序言，为吕浩先生所写，多少感到一丝欣慰。当时吕浩先生也是与会者，他对黄裳先生著作的收集与研究及这份专注，让我佩服。

这个纪念会是我第二次见到吕浩先生，在此之前我们有过通信交往，而我从李欣宇先生那里，也听到过不少吕浩的故事，欣宇告诉我，吕浩的藏书观对他也很有影响，不过吕先生对书的关注点更多是现当代，尤其对黄裳先生著作特别痴迷。我跟他第一次相见，也是在某次会议上，当时陈子善先生在上海华东师大给黄裳举办了一场研读会，我在参加此会时，上海的朋友告诉我，坐在侧旁的人就是吕浩，我没想到他这等年轻。而那时，黄裳先生仍然健在，子善老师本请他来与会，而黄裳却把这称之为对他作品的批判会，坚决不来。

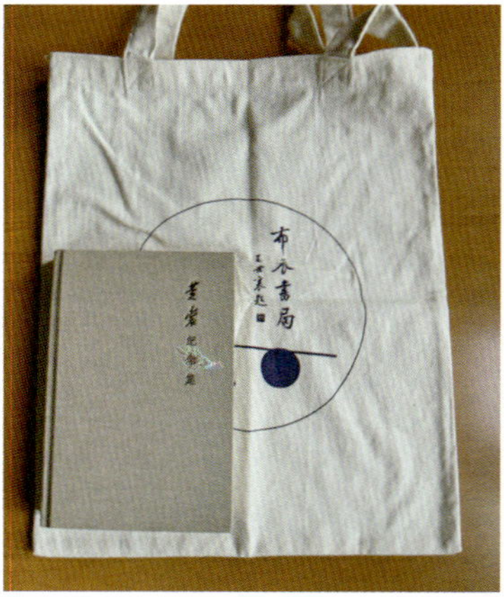

当天晚上，我因为要参加另一场聚会，而后就听说，黄裳出现在了席间。

在以后的交往中，我听说黄裳对吕浩多有称赞，而吕浩也几乎收全了黄裳著作的所有版本。听说他请黄裳将他的这些著作都写上了题记，这样的待遇让天下的黄迷很是欣羡。而黄裳故去后，吕浩兄多次编纂黄裳的文章，可见他对这位老先生确实有着真情厚意。

《宋版六经图》、《叶公超传》、《文学艺事外交》、《叶公超其人其事》，这几部书均为袁芳荣先生所赠。两年前的春节，在吴兴文先生安排下，我前往台北书展去讲座。一同讲座的几位人士中就有袁芳荣先生。那是我第一次跟他见面。本月月初，袁先生因事来北京，吴先生带他来我书房看书。袁先生看到其中一部书，就是天禄琳琅旧藏《六经图》。他说看了很眼熟，我笑着告诉他，因为这部书就是来自台湾，并且台湾在几十年前，曾经将该书影印出版过，袁先生马上想起他自己就藏有这部书的影印本。

他很好奇这部书的原本如何到了我手里，我向他讲述这部书在民国期间离奇的递传故事，几十年过去，又是如何到了我的手中，这些故事让袁芳荣先生听来大呼过瘾，他建议我把这些故事写成文章发表出来，一定会让许多爱书人读

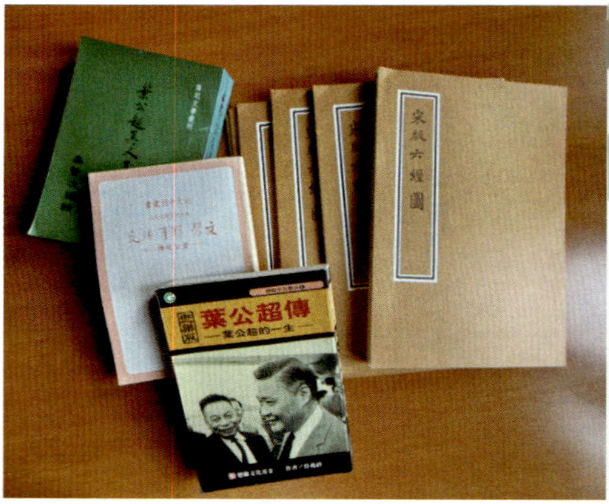

来大呼过瘾。更为重要者，这部《六经图》当年在台湾影印出版，也是颇具影响的一件事，故该书前有台湾界的多位大佬写过序言，只是该书的下落在台湾无人知晓，我能够写出来，也让很多人把这个故事了解得更为完整。

袁先生在我书房中看到明内府彩绘本的《列国志传》，这部书也同样有着离奇的故事，这个故事跟叶公超有很大关系，而我跟袁先生的话题又自然转到叶公超身上，显然我对叶公超的所知要比袁先生差得很远，而他讲出的趣闻，也是我从未听闻者，他跟我说，他回到台北之后，会给我寄一些资料来，以便让我对叶公超有个完整的认识。那次见面后不久，我收到袁芳荣先生这些馈赠之书。我们无意中的聊天，他却如此认真，这样的书友，想一想，都会让自己心里觉得温暖。

《天禄琳琅书目》。我收到这一箱书，快递单上所写寄件人名称，我却看着很陌生。拆箱细看，里面这部书制作精美，尤其函套和每册书的封面，均为古色古香的织锦。这是故宫内“天禄琳琅”所藏之书特有的装帧方式。为了复制该书，却专门去做织锦，成本之高，可想而知。

我在书内没有翻出任何信件与便条，给快递单上的陌生人打电话，那个人只说是领导安排，他也不了解任何情形。于是我又分别给几个可能寄给我这部书的人打电话，大家一律否认。隔了两天，我才渐渐想起来，在国图的书展上曾遇到过江英老师，她似乎说过要送给我一部书，那部书我肯定喜欢。只是展览现场人声嘈杂，我根本没有听清楚她要送给我一部什么样的书。去电江老师问之，果真是她所赐。她说这部书的制作，虽然下了很大功夫，但她的满意度，只有八成。这份认真令我佩服。

江英老师是紫禁城出版社某编辑部主任，几十年的工作经历，使得她在故宫内人缘特好，因此我在故宫内要想办一些事，有时觉得去麻烦领导还不如找江老师更为便捷。她在

做书时，有着严肃认真的态度，有一度有位朋友想刷印故宫所藏《四体楞言经》，因为这些经版已然文物，故申报手续颇为复杂，经过江老师在其中穿针引线，终于促成该事，而这件事我也参与其间，从此领略了江老师活动能力之强。

她曾经告诉我，多年前故宫用旧版刷印了藏文《大藏经》，因为时代的递延，原经版已经有了残缺，但内地又找不到当年刷印的原经，而该经则在西藏的布达拉宫有藏，为了能够使得这部刷印之经原汁原味，江老师跟另一位同事前往拉萨。她们住在布达拉宫附近，因为高原反应，那位同事完全下不了床，江老师每天步行走进布达拉宫，将那部大经一页页地翻看查对，最终将所缺之页，全部补了回来。重新刷印的这部藏文《大藏经》终于得以圆满。我不能想象，这样一位弱女子，在那么长时间内，一趟趟往返布达拉宫与住处，这是何等的坚强毅力，以这样的性格制作出的书，当然会很完美。

《买书记历》为艾俊川先生所赠。该书编者乃陈晓维先生。陈先生编此书之时，曾给我来过电话，约我也能写上一篇。当时我忙着完成另外两部书稿，没有精力另写一文，于是以一篇书跋应命。可能那篇书跋实在不符合本书体例，最终弃而无用。想到这一层，总让我感觉到有些对不住朋友的盛情。后来一想，去掉那一篇，该书正好是三十九位，正应了那部著名的电影《三十九级台阶》，如果是四十，好像听来不顺耳。这么想想，也让我觉得陈晓维先生确实有着正确的编辑思路。

艾先生是我的朋友，这句话听来有点像炫耀，这犹如在说“我的朋友胡适之”，但我跟艾先生的交往确实称得上实实在在。我跟他相识跟布衣书局有关，某天谢其章老师把我带入该局，而此局办公地点是在北京老城区内一座名人小洋楼。把旧书店开在这寸土寸金之地，其奢侈程度令人咋舌，以我的想象，这家书店所售之书怎么也应当是宋元善本，哪怕是明刻本或清刻本，也应当部部有说法。然而浏览一番后，看到者基本是寻常所言的旧平装。出售这样的书，却在这种昂贵之地，我不了解其中的由头，只能以情怀来揣度之。

我不记得当时自己是否提到喜欢古书这个概念，总之，布衣书局的股东之一胡同先生就请来对古书颇有研究的艾俊川先生。第一次见面，艾兄的谦虚与礼貌给我留下特别好的印象，谈了些什么我全然忘记，但他那有些标志性举止却让我记忆深刻。自此之后，我有太多的问题跟他讨教，后来我渐渐得知，他是正统科班出身，毕业于北大图书馆系，而后留校在图书馆善本部工作。他的同事兼同学姚伯岳先生也曾跟我讲起许多艾俊川当年的趣事，由此让我得知他也是极具个性之人。

俗话说，朋友是用来利用的，因此我在写《芷兰斋书跋》系列时，充分地利用他，以至于这系列到结集之时，每一部都请他来审核。搞到最后，连我这种厚脸皮的人都觉得不好意思了，于是我找该书出版社责编王燕来先生商议，请他在书的版权页上添加一个

特约编辑，一定要列上艾先生大名。当然，我这么做倒并不是想让他跟着我一同丢人，文责自负，这是惯例，所以文内错误都归于我，但在繁忙工作之余，来让艾先生校读全稿，这样的友人之情不可忘，于是，我的书跋系列版权页上就有了他的大名。

巧合的是，这部《买书记历》的编者陈晓维先生也是布衣书局的股东，当然，这已经是过去式，这就有如某人衬衫前面印着“我是处女”，而当他走过时，转身一看，后面还写着“那是过去的事”。但是他的爱书情结却让我印象深刻，他跟胡同当年在那栋小洋楼内经营了一段时间，可能是成本原因，他们的书局又搬到东二环边上一座现代化大厦之内，而我每次去这座大厦内的书局时，都会感到氛围上的冲突，据说大厦内这间房屋正是陈晓维先生的物业。

《陈根远篆刻集》，根远老师在西安碑林工作，眼界之古，由此可见一斑，也正因为如此，根远老师刻印风格，是高古的秦汉印。他对印学理解及把握程度，在我跟他交谈时，都能从各个细节体会得到。

在此之前，我仅知道根远兄在西安著名的《收藏》杂志做编辑，我跟他初次见面，就是该杂志前主编杨才玉先生带来者，后来我方得知，他在《收藏》的这份工作，仅是兼职

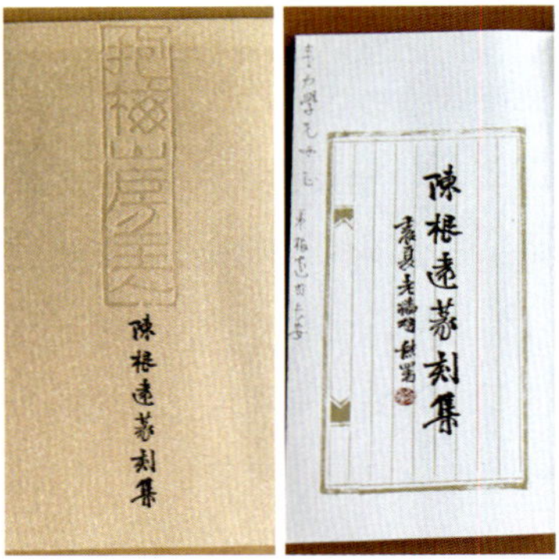

的业余爱好，而他的正业则是在西安碑林搞碑帖研究，他的收藏也以碑帖为主。我曾在他府上欣赏他所藏珍品。而其擅长篆刻，我是新近方知。不仅如此，陈兄还告诉我，西安有个著名的“长安印社”，该印社中的灵魂人物就是黄永年先生。

黄先生擅长篆刻，这我早就得闻，并且我在黄先生的藏书印中，已经领略到他的功底，黄先生所制之印，特别适合钤盖在线装书上，可惜的是，我认识黄先生的时候，他说自己的眼和手都已不适合篆刻了，故而，我的几百方藏书印中，却没有一方是黄先生所刻者。这对我来说是个大遗憾。

根远先生所刻之印，有着长安古文字的质朴，有很强的表现力，可惜这样的印却不适合钤盖在线装书上。真盼望着他在篆刻方面也广开艺路，在铁线篆、细朱文上有所拓展。这将给我提供机会，以便能够得到他所篆刻的藏书印。

《饥不择食》，薛冰先生著。初得此书，就本能地以为这是薛老师又一本关于书话之书。以我的理解，饥不择食当然是指古旧书源匮乏的今天，爱书人为抢书，在不断地延展着自己的收藏专题。翻看内容，才觉得我是如此的想当然，因为这部书就是实实在在谈吃。虽然这多少让我有点儿失落，但我还是佩服薛冰老师眼界之宽、研究之广。其实不仅如此，薛老师的视野确实很开阔，他研究历史，研究古城，当然也研究文献，但这一切基本都是围绕南京做文章，以他的话来说，这样一座金陵城，有着一辈子也说不完的话题。

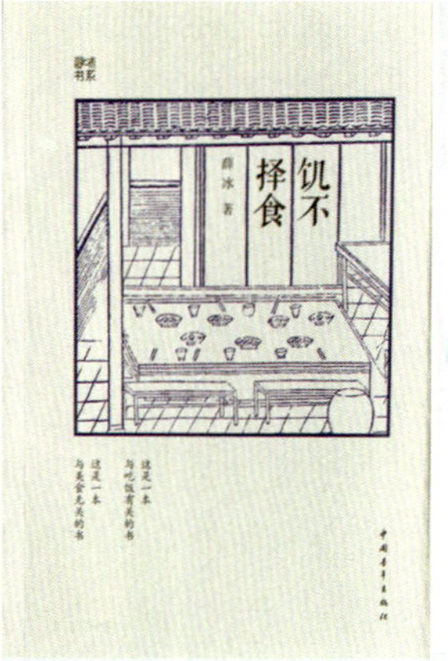

《罗福苌生平及其学术述论》，王旭梁著。本书的作者我不认识。该书乃胡同先生所赠，他认为这本书我能用得着。此书我的确喜欢，因为罗振玉家族有多位曾在学术方面做出较大成就，而除罗振玉，余外他人，都很少看到相关研究专著。胡同告诉我，该书作者为写此书，下了几年功夫。这份对著作的严肃认真，让我觉得应当好好的学一学。

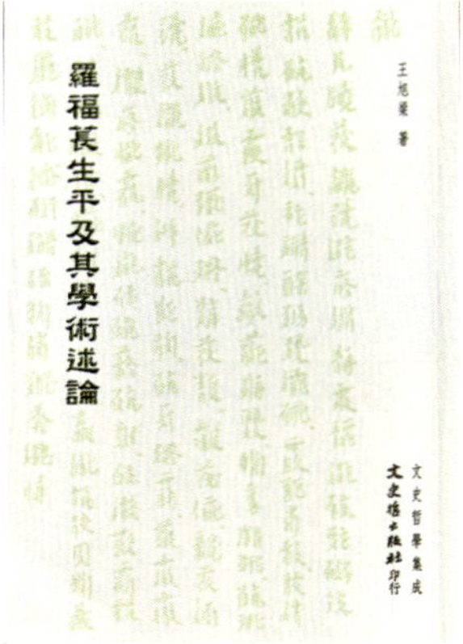

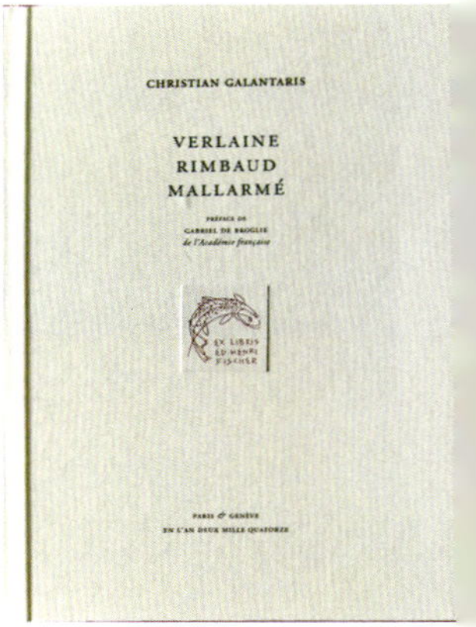

《VERLAINE RIMBAUD MALLARMÉ》是一部法文著作，我一个字也不认识，包括书名。此书是法国书史研究家齐正航先生所赠。齐先生是纯法国洋人，他的中国话，至少我还能听得懂。他告诉我，这本书是法国一位大藏书家自己编写的藏书目录，尽管我看不懂，他认为送给我还是有意义。于是我半推半就地接下来，感谢齐先生从万里之外，给我带回来这么沉重的一本书。

2015 年 8 月

晋砖砚。前几天去参观上海书展，在博古斋展柜里看到不少砖砚，猛然让我想起范笑我兄曾经赠送给我一方，当时我并不识宝，只是觉得好玩，放在书架中，而今看到博古斋所标的价格，原来这么值钱，回来后马上摸抚范兄所赠，顿觉其可爱度增加十倍，为此特在赠书录中出而表之，感谢范兄厚爱。

对于晋砖为什么会在江南地区有着大量出土，而这些砖中带年款者还特别多，其中的缘故我未能搞清楚。十余年前，扬州一位朋友专门制作书的楠木匣，跟书有关的装备，我都有一定的兴趣，于是我给自己的一些善本量好尺寸，兴冲冲跑到扬州去参观他的工厂，而他在让我参观原料时，却让我感到了意外，因为这些原料都是江南地区挖古墓时被抛弃的棺材板。这位朋友告诉我，这种楠木埋在地下千年不坏，这也正说明这种材质经久耐用。但从颜色上看，这楠木跟我所珍藏的古人制作的楠木匣有一定差异，因为古代的楠木匣有着一种温润的栗子色，且有着淡淡的丝光感，不知道美女在度假时于海外晒出的小麦色是否能有一比，总之，这种色泽看上去既舒服又养眼。然用棺木制作的楠木匣却发出一种幽幽的黯青绿色。这位朋友跟我说，这种楠木有着专用名词，称为“水楠”。我不确定水楠是不是比金丝楠更加经久耐用，但我觉得那种黯青总会唤起我小时候看《西游记》电影里所演出的妖怪的面色。我觉得这个色泽跟古书配在一起并不符贴，于是放弃了这种搭配。

但江南出土的古砖应该没这个问题，用土烧成的砖属于非有机物，恐怕万年也是这个面目。前一度我到陈真先生的店里谈事，无意间也看到他收到的几百块带款的古砖。陈兄告诉我，古砖带款者其实是少数，而完整者且有特殊意义的年款者，均不多见，由此更让我想起了笑我先生的美意，因为他送我的那块砖砚就有清晰的年款在。

陆灏书《圣教序》。这件墨宝我觊觎已久，以往所见陆灏墨宝基本是精细小楷，而中等大字者，这是我看到的第一幅。两年前在其府上，就看到他正在写这一类大字，数米长卷一

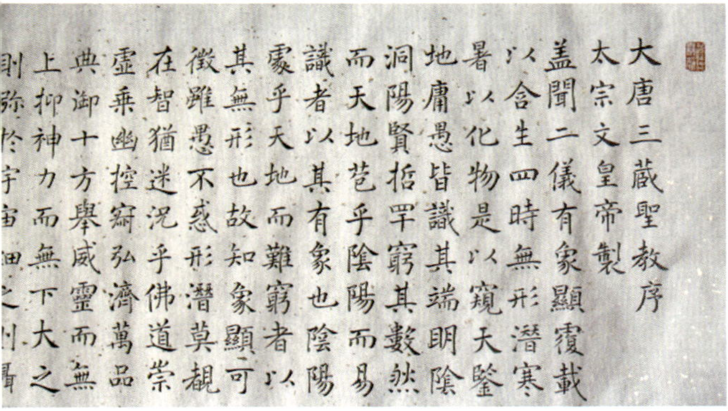

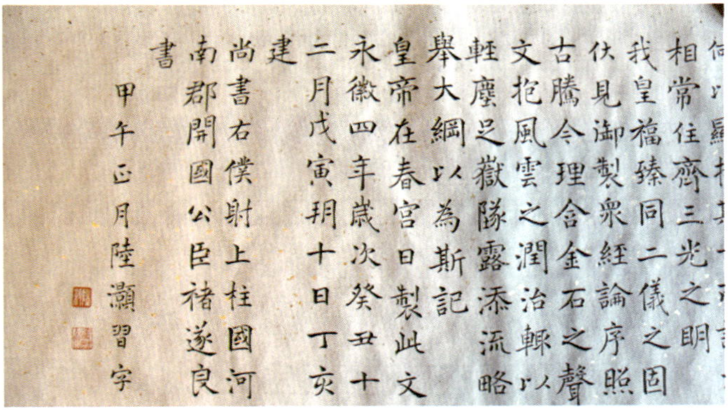

笔不苟，这份平心静气，让我看不到世上一丝红尘，几次想将其攫为己有，但碍于假斯文未曾张口，于是多次狠夸此件之美，然而陆灏兄假装没听懂，看来我与这件墨宝无缘。但没想到的是，我再次去上海，跟陆灏兄同去参加一个聚会，

他在这个小聚会上突然出示此件法书，称要送给我，这个意外让我欢喜一场，我不清楚是我以往不断念叨起作用，还是他临时起意，发了慈悲，总之，这件《圣教序》终于成了我的珍藏。

《书缘琐记》，吴兴文著。得到吴兄这本赐书，看到封面的第一反应是春色满园，果真内文也是红杏遍地。在我印象中，吴先生以往主要精力放在西洋藏书票的研究上，后来他经过几次华丽转身，笔触渐涉他域。我喜欢他文章中有遗老气味，这一本拜读之后，感到他的文风仍然在变化之中，真不知道他的未来研究方向又会冲到哪个我所不知道的领域。

对于中国的藏书票，我一贯印象是制作得普遍粗陋，也许这是我缺乏审美情趣的一句断语，但的确是我的真实感受。多年之前，兴文兄把我带到他在北京的居所，我在那里看到他所珍藏的一部分西洋藏书票。我对早期的铜版书票最为喜欢，那样的细腻，纤毫毕现，甚至在一些细节上超过仿伪度极高的纸币。而兴文兄向我讲解这种藏书票制作的难度，让我对这样的书票留下深刻记忆。

之后隔了几年，我记不得是参加怎样一个会议，而这个会议的举办地在中央美院。我早就听闻中央美院版画系全国闻名，于是我想利用这个机会去实现自己的一个小梦想。我跑到兴文兄的寓所，在他那里挑选了多款精美的铜版藏书票，而后带着这些书票来到了中央美院，待正事办完之后，我在朋友的介绍下来到版画系铜版制作中心，在那里看到许多以铜为材基制作的原版，也在那里得以结识几位相关专业的师生，而后我向他们出示了这些书票，跟他们说想制作一款或几款铜版书票，制作水准希望能达到我所带来的这种，他们仔细观摩一番，而后告诉我说，这些书票的制作工艺远远比人民币的某些雕版部位还要精细，他们根本制作不出这种水准。

这个结果让我大感泄气，看来今不如昔，在某些程度上，不是一句感叹词。也正因为如此，我更加欣赏兴文兄的这些珍藏。他可能看出我的觊觎之心，多次向我索要，无奈，我只好把这些宝贝归还给他。而今，他却转向了其他方面的研究，这让我又起了贼念。我跟他讲，你若有了新欢，我愿做这些旧爱的接盘侠。

《百年斯文》，赵珩著。到上海之前就听陆灏兄讲，赵珩先生出了本新书，将在上海书展举行首发式的签售活动。赵先生是我尊重的前辈，既然来到上海，当然要前去捧个人场，但上海人民对书的热情超乎我想象，书展之内人海如潮，我竟然没能找到中华书局，打电话给陆灏兄，陆兄却告诉我别找了，赵珩等几位先生已经坐在饭桌前，我立即赶往聚会地点，得到先生这本新作。可能是上午赵先生给人签了太多的字，给我的赐书中也是签了个穷款，那我当然不干，只好恭请他将贱名写上。

记得第一次与赵先生见面，是在王瑞智先生召集的饭局上，那天晚上同见面者还有汪家明等几位先生。在这场聚会中，我们都聊了些什么，已然不能忆起，我只记得过了一段

时间，赵先生给我来电话，说他将有江南一游，想去参观嘉业堂等几处名楼，因为他点的几个楼名都是我以往所访过者，我猜测他可能翻看了《书楼寻踪》，于是我将有熟人的地方一一打过招

呼。而后过了不久，赵先生又来电，告诉我他的江南之行很顺利，受到了朋友们的热情接待，为表示感谢，他给我写了件书法作品，并称若有空时，欢迎我到其家作客。

此后不久赶上春节，我觉得应该借这个机会去给赵先生拜年，而后来到他府上。他拿给我者，是一个长长的条幅，内容是他用小楷抄录《藏书纪事诗》的一个段落，他认为那段描写很符合我的爱书之情。给一位朋友写书法，竟然如此用心，这样的古风让我很受感动，而难得之处是他将这件法书已经装裱完毕，这也是少有书法家能够做到者。因为名人书法求者甚众，来不及装裱也是常情。但赵先生却说，我对朋友之托是那样的认真，因为他的江南之行就深切感受到了，所以他觉得不如此，就不能表达他的感谢之情。而今我收到他这本《百年斯文》，我觉得这个书名也正是他的家族内在血脉的传承。

《八道湾十一号》，黄乔生著。黄先生乃是北京鲁迅博物馆馆长，却能研究周作人，看来他的思想活跃度超过了人们对体制内领导的固有认定。虽然说，这八道湾十一号也曾经是鲁迅的居所，但相比较而言，周作人住得更长久，故而这里反而成了周作人居所的代号。我对周作人很感兴趣，这倒不是赶时髦，因为我觉得今人几乎都能站在理论的最前沿，

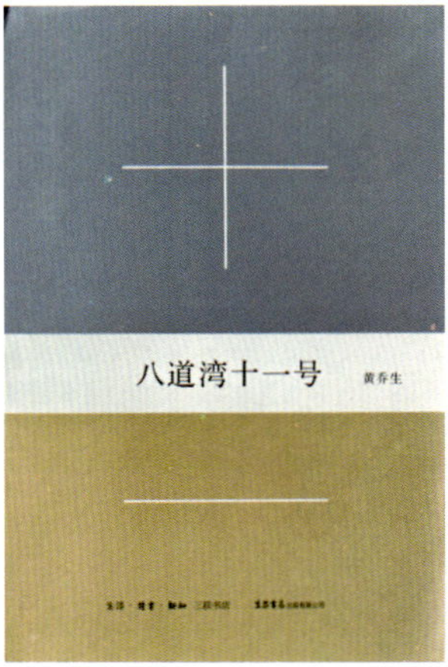

以民族大义来鄙视周的为人，这当然是政治观点的高大上，而我作为一个底层百姓，更希望能够真实的知道，真实后面的真实。黄乔生这部大作写出不少我所未曾了解到的真实，这正是我受益之处。

巧合的是，华宝斋举办一次会议，地点在某中学内，当时参加会议者都暂时先到该校贵宾室喝茶等候，我透过这间贵宾室的窗户，看到有一片仿古建筑，我问黄馆那是什么去处，他吃惊地看着我说，那就是八道湾十一号啊。

这句话让我立即站起身，好在我随身带着单反相机，于是走入那片故居一通狂拍。在此之前，我已经收藏到周作人两部手稿，故对他的资料有所留意，也曾经看到过他人所拍这所故居的老照片，当时那些照片中的残破形象，跟今天我所见到者，有较大的反差，显然这里恢复起来的周氏兄弟故居已然做了彻底的改建，但根据旁边的说明牌，可知这样的改建仍然是在原址之上。看到这一点，我觉得已经足够了。我回到贵宾室，跟黄馆讲到刚才所见，他的回答是一连声的叹息。

《鲁迅与他的北京》，萧振鸣著。跟萧先生相识二十余年，因为先入为主的概念，我将萧兄一直目之为鲁博书屋的老板，他对图书经营是一种漫不经心的自由态度，似乎从十余年前开始，突然搞起了研究。当然我所说的突然，是基于我对他以往治学方向的不了解，此后我就看到一部又一部成果呈现在世人面前，我也由此得到一部又一部赠书，他的笔头之快、研究方面之独特，均能从历史的缝隙里观察到别人所没有注意到的细节。

《书带芊芊》，王雅军著。二十年前我到上海时，陈克希先生请到数位书友跟我在一起搞联欢，地点就在陈克希先生办公室内，因为陈先生当时主办《学林》，还有一个读书会，可能是这个原因，他请来的这些朋友均是此刊作者，其中就有王雅军先生。那场聚会时，王先生话语不多，能在热闹场合中静听别人高谈阔论，这样的涵养给我留下较深印象。此后每过几年，均见其著作问世，而我也陆续拜读了不少。这部大作中有几篇提到贱名，谈到他对我那些胡乱所写之书的评价，这样的厚爱让我感念。

《不惑》，吾斋著。吾斋是许赟先生的笔名，其实也有可能是堂号。这本书是他的书法和绘画集，我是通过蔡卫东先生得以结识吾斋先生，许先生很有个性，我们初次相见，他并没有带我去他的画室或者工作室，而是约在他所办的一家私房菜馆。艺术家自己装修一间餐厅，里面的艺术气息扑面而来。记得自己当时问他，为什么要到这样一个偏远之处来办餐馆，毕竟我觉得搞经营闹市中的人流才是最大客源。许先生对我的话不以为忤，只是在出门的时候带我到一棵体量巨大的银杏树旁，然后跟我说，这是无锡古木中排名第十，你不觉得我在这棵树下办餐馆，会令人感得何等的满足？这一瞬间，我感到自己思想中的庸俗。那晚上有月，月光下的参天大树照下来的影子，几乎完全遮盖了他所办的私家菜馆。

《茶艳》，嵇东明、卢葳著。每次得到卢葳的赠书，第一就是看她的签名，我问过她这个签名究竟是什么字，她似乎跟我解释过，好像是古埃及文。她不是一般的才女，本书简介中印着她的特长：“通晓英语、法语、拉丁语、古希腊语、古埃及文”。

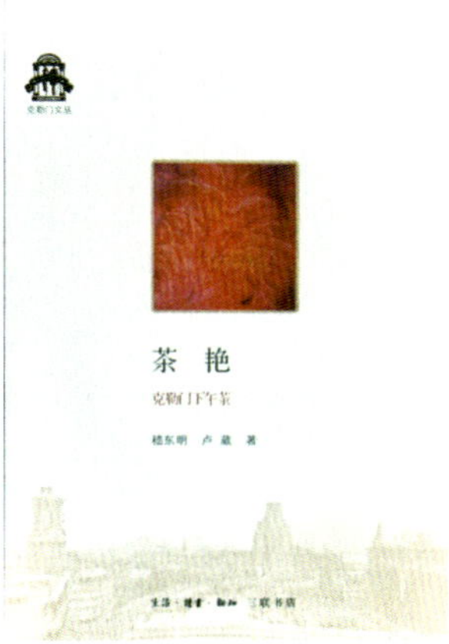

跟卢葳相识于十余年前，她当时在《中国收藏》当记者，给我做了一个专访，此后每过几年就能看到她的新作问世，而她赠我的这本《茶艳》，是我从未见她谈到过的领域，于是将此书浏览一过，竟然整本都是写上海的下午茶，我最为佩服者，她能用一大堆的形容词，完全不重复地描述每一种茶给她的体验。她这份细腻也正是我的短处，因为我的喝茶水准属于牛饮派，喝茶就是浪费，何况还要讲那么多仪式，天底下还有喝比白开水更解渴的妙物吗？但是，我不反对卢葳的精致，因为这个世界的不同，才让人觉得缤纷。

《盛清的世界》，这是谢晓冬先生主编的一本大画册，内容是康雍乾三朝的宫廷艺术，也就是龙美术馆举办这场盛展的图册。在策展时，我就听谢总谈到这场展览的整体构思，尤其他把这个展览用哲学思想来做统筹，这等高度是艺术展中少有的独特观点。图册里也收录了我所送展的十几种典籍，看到自己的藏品印在别人的书上，那种别样感受难以用语言形容。

　　这件事的缘起，是某天李东溟先生给我来电话。他说上海龙美术馆准备搞一场盛大的专题展，而匡时拍卖公司会做相应配合，东溟向我讲解了这个展览的重要意义，而后提出希望能借我的一些藏品去参展。东溟先生做事沉稳，他联系的事情我当然要支持。此后不久，东溟告诉我，匡时拍卖公司的副总谢晓冬先生约我见面，于是某晚我们坐在了一起，谢总向我讲解他的策划方案。尤其让我印象深者，他称康熙帝玄烨为哲学王，并向我讲述他对康熙帝文治武功的理解，这让我感受到谢总不但是一位成功的商人，更多者他有着自己的理想与情怀，而他对一些事情的见解，不盲从于他人，有着自己独立的价值观，把展品交给这样的人，当然很是放心。

而后，我们就聊到他所需要的，我向他请问究竟需要哪些相关的古籍，谢总说出了十部书名，可见他对典籍也同样了解，更为巧合的是，他所提到的这十部书，竟然有八部是寒斋所有者，而后我又提到自己的不同意见，凑齐十部书，参加了那场展览。正是在这个展览上，谢总策划出这样一本大画册，因此说，这种画册所展现者，正是谢总对于盛清的了解。

《华绎之旧藏文物捐赠图录》，此书为无锡博物院蔡卫东院长所赐，他告诉我说，这是本院四五年前接受的一整批捐赠文物，而后出成这么一本图录。翻看这本图录，里面有太多难得一见的珍品，以庸俗的眼光看，如果这本图录内的珍品放在某场艺术品拍卖会中，不但能拍得一个好价钱，并且定然能够引起一场轰动。然而这么好的东西，却全部捐献了出来，这让我有着何等的感慨。看来还是国家有力量，人们捐赠仍然是以公馆做为首选，怎么没有人把文物捐给我呢。

我承认，自己这个心态充满着醋意。按照古人的态度：曾经我眼即我有，按理说，我也应当有所满足，因为我在无锡博物院时，蔡院长曾经毫不吝啬将这部图册中的珍品原件从库房内调出，一一向我展示。当然看原件要比看图录更加

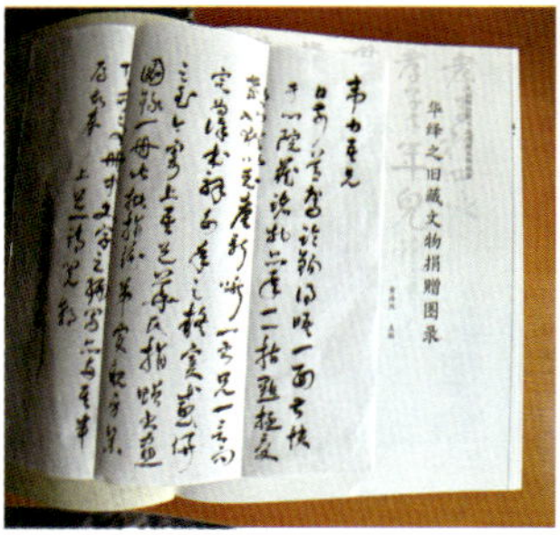

惬意，既然有了这种惬意，也就应当有着既为我有的心态。然而当我翻看图录时，依然压抑不住心底诞生出的贪念，不要告诉我，神马都是浮云，就算这样，我也愿意当一位曾经拥有者。

随着此书，蔡院长还附来大札一封，竟然是墨笔行草，当然是不是行草我也不能确定，总之可以视之为书法作品，我突然明白，他为什么对鉴定墨迹如此在行。

多少年来我得朋友们厚爱，一直有各种刊物和报纸赠送，其实我早想在微信中予以鸣谢，可是微信如果图片太多，则会侵占读者手机流量，于是微信中始终所提及者均是友人著作，细想之下，这确实无法表达我对赠送杂志的朋友的感激之情，因为我的愚钝，到昨天我才突然醒过味来：可以将这些图片合并为一张照片，自然也就解决了流量问题。但在下面的文字里，我会一一表达自己的感谢之情。此外，每年在各种刊物上都会发表一些我的乱七八糟文章，还有一些是不同刊物对我的采访，考虑到雁过留痕，我决定将这些刊载的信息也列在此，以表示我对采访者的感谢。

◎《澳门信息文献学刊》总第十期，邓骏捷主编。我是通过北大潘建国教授认识邓先生者，几年前澳门图书馆举办了目录学研讨会，经潘教授推荐，邓先生邀我与会。此后的几年，每期均得能到这个刊物，可惜我对此刊却无所贡献，颇负邓先生厚爱。

◎《问津》第二十七期至第三十期，王振良主编。在各地所办民刊中，此刊有着自己独特风格，每期一个主题，尤其里面谈到的津门掌故，大多为我所不了解，故而我将此刊视为一种特殊的工具书。

◎《开卷》，2015 年第三至第六期。该刊主要是董宁文兄所主持，几经变换仍然能够定期出刊，这份坚持让我佩服，而今该刊跟天津问津书院联办，在保持自己特色的同时，又注入了新的观念。

◎《文笔》为江西进贤县邹农耕先生所办，邹先生开有笔庄，在他所寄来的刊物中时常看到友人们将历代的古笔赠送给他，以支持他开办毛笔博物馆。我长期受赠此刊，却没能有毛笔送上，这源于我的收藏中从无古笔这一项。

◎《瓯风》第九集，方韶毅主编。方先生乃神交之友，至今未曾谋面，然其刊物我却能定期得之，尤其上次他赐下该

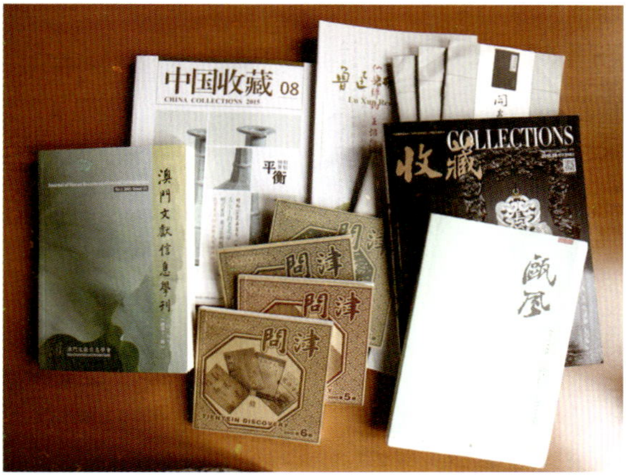

刊，因为邮路原因未曾收到，于是方先生将在布衣书局代卖的毛边本请胡同先生转寄一册给我，这份认真，让我感动。

◎《中国收藏》，此刊编者中相熟者除上面提到已经离职的卢葳女史，另外就是主编徐舰先生，而今该刊社长陈念及主编方晓却未曾结识，该刊所赠者应该是刘礼福老师。

◎《收藏》，李毅民先生任该刊主编时，蒙其厚爱把我列为该刊专家咨询委员会委员，近期陈根远先生连续刊载我的书楼和书房文章，本期刊出者，则是我所写周叔弢旧居。

◎《书都》创刊号，前一段陈新建先生命我将微信中几篇文章给他发过去，说深圳将创刊一本新的读书类刊物，他推荐我的稿件刊登在这本刊物之上，几个月后就收到了样刊，故在此感谢陈先生厚爱之情。

◎《东方早报 · 艺术评论》，顾村言主编。顾先生长期赠送该刊，而近几期的一组大文章是他所写关于敦煌艺术调查。该专刊每过一段都会组织一个专题，而关于敦煌的报道我则看到了顾村言兄的身影，看来他不仅仅是组织刊发，同时也亲自操刀地冲到现场最前沿。

◎《书法报》总第 1576 期，此期刊出我所写关于北京匡时 2015 春拍时印谱专场综述，刊于第 39 版，题目改为《集古范世，技精千载》。

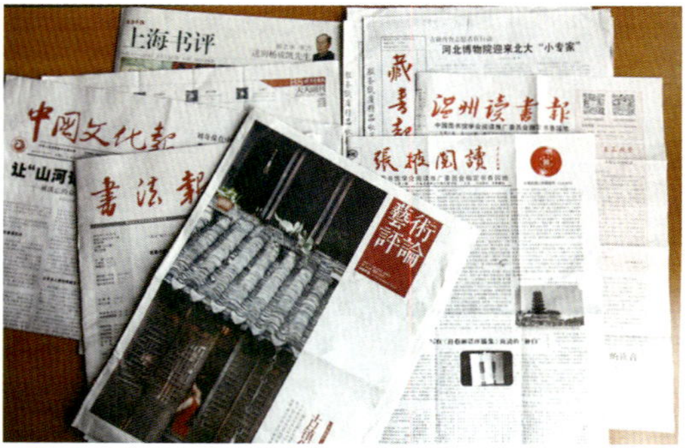

◎《中国文化报》第 7089 期第四版，刊出《民间珍藏汇聚国图，公藏私藏共促保护》，副题为《民间珍贵古籍保护研讨会在京举办》，里面列出我的发言，该文所配书影为我所藏的宋刻孤本《纂图互注尚书》。

◎《人民政协报》7 月 27 号第 12 版文化周刊，刊出我的小文，题目为《寻访北大图书馆藏书》。

◎《北京青年报》7 月 23 号“星期学术”版，此版用第六、第七两个版面刊登出陆昕、艾俊川与我三人的对谈。

◎《东方早报 · 上海书评》8 月 23 日第 344 期，此期刊出我所写纪念杨成凯的文章，题目被改为《这么好的书都被你放过了——杨成凯指点我买古书》，同时本版还刊出扬之水老师纪念杨成凯的文章，题目为《因折柔条过千尺——送别杨成凯》。

我在某程的寻访途中，收到上图倪捷老师发来的短信，说杨成凯老师去世了，问我是否了解详情。这段话吓我一跳，虽然我知道近几年来杨老师身体一直欠安，但他突然离去我却没有思想准备，因为此前一个多月，我刚刚收到他的赠书，见此短信，我立即了解情况，这个噩耗得到证实。很快，我就收到陆灏兄电话，命我写一篇纪念杨成凯先生的文章。我告诉他人在旅途，思绪纷乱，回京后再理出思路来写之。放下陆兄电话，我在无锡高铁站候车室内，心绪不能平静，于是掏出笔纸，立即动手写纪念文章，因为精神集中，差点误了火车，上车之后继续写之，到达目的地的酒店，晚上就把这篇六千多字的纪念文章呈给了陆灏兄。

◎《张掖阅读》第一期、第二期，该刊主编为黄岳年先生，现任张掖市某区图书馆馆长，为了能够给读书人多一个交流的园地，于是办起此刊。

我跟黄馆长未曾谋面，只是在各种民刊中看到他许多文章，而尤让我感动者，是几年前他给《包商时报》所写一文，该文是夸赞此报上连载的拙作《琅嬛墨痕》。

◎《温州读书报》总第 219 期，卢礼阳主编，长期收到此刊，从未见有附信，估计是卢先生所赐者，在此表示谢意。

◎《藏书报》，王雪霞女史主编，这些年来长期受赠此刊，让我了解到许多藏书界的动向与信息，这当然要感谢王雪霞女史。

以上所收的刊物与报纸并不齐全，赠我以刊，而未曾提到的朋友，我先在这里表示歉意，只能在今后得书录中予以鸣谢。

附：2015年8月出版新书录

本月出版了三种新书，其中两种是以我的所藏为底本影印出版者，另一种则是我在《东方早报·书评周刊》和《南方都市报》上连载的文章结集。

《萋香轩文稿》，此书由国图出版社影印出版，线装本，限量编号三百部，一函两册。该书作者裕瑞还有另一部著作，名叫《枣窗闲笔》，因为裕瑞是第一位、也是惟一一位描写曹雪芹长相的人，所以他的作品很受红学界关注，关于他著作的真与伪，也是红学界争论焦点之一。而这部《萋香轩文稿》原为红学专家潘重规先生旧藏，他在上世纪六十年代得到此书后，大为兴奋，认为是裕瑞笔体的标准器，于是将该书在香港中文大学影印出版，当年的印本至少已经过了五十年，更何况出版于香港，致使国内相关学者专家难以觅得，而今这部稿本到了寒斋，不敢私密，再次将其影印出版，以供相关学者作为资料参考。

该书在发行之前，雷天先生给我做了专访，我详细谈到该书的来龙去脉，以及我对过去那些公案的态度，这篇采访发出后，受到《中华读书报》记者的关注，经过删改后，文章再次刊发在该报上，为此引起了相关学者的关注与争论，于我而言，有这样的学术争论本是一件好事，这也正说明我的一些观点以及这部《萋香轩文稿》的价值，受到人们的关注，这也更加证明我将书影印出来，是一个正确决定。

《云根山馆诗集》，此书为国图社影印出版的芷兰斋稿钞校本第五部，该稿本特殊之处在于书内收录了多位袁枚女弟子的题诗与题款。在乾隆年间，袁枚敢于大胆广招女弟子，在

他那个时候堪称惊世骇俗，他有多少个女弟子，这也是后世研究的话题，至今尚无定论。这些女弟子的墨迹虽然也有留下者，但能将多人汇集在一本书内，则以这部《云根山馆诗

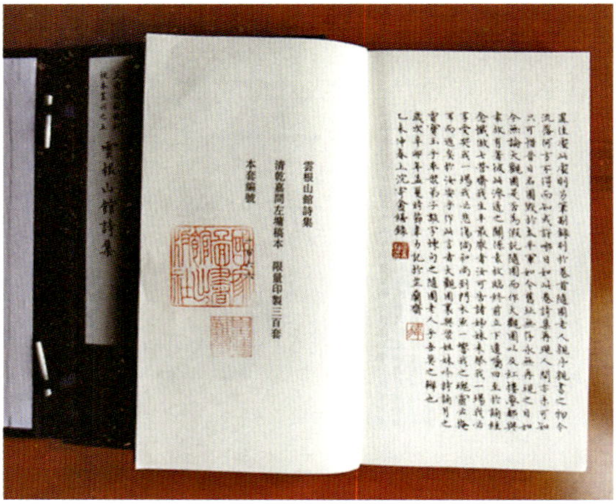

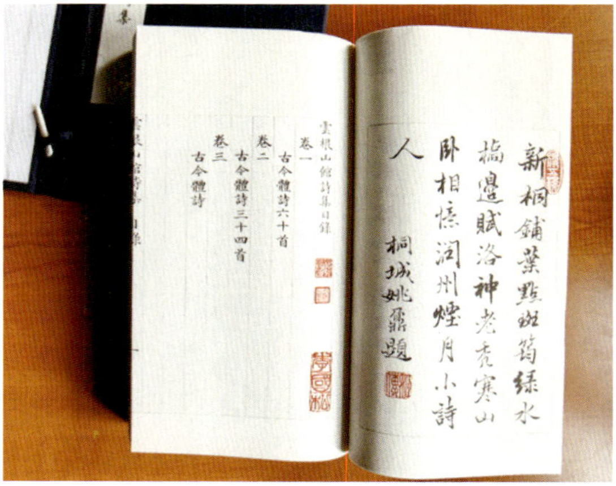

集》为仅见。因此这部书成为见证袁枚特立独行的证物，也是中国诗学史上一件特殊现象的汇集品，这正是该书的价值所在。

此书买得有年，一直无暇细细翻看，某天北大教授陈平原、夏晓虹伉俪来寒斋看书，夏老师对这本书大感兴趣，她认为此书能探究出乾隆时代妇女的交往细节。闻听她的讲解，让我对这本书有了新的认识，这也就是该书拿出来影印出版的主要原因。

以上这两部书均是由袁鸿蕙和崔冬梅两位女史操作完成者，为了能够原汁原味体现出原书风采，她们从选纸到印刷，甚至函套所用之布等等，都进行反复比较和试验，才使得这两部印刷物能够完全表现出原书细微之处，为此我表达自己的感谢之情。

《得书记》、《失书记》，广西师大理想国出版。该书一套两册，分别为得书与失书，虽然里面所谈得与失都是我个人经历，但我试图通过这些来反映近二十余年来藏书界的过往故事，以及这些故事所代表的现象。此书蒙栾伟平老师费心校对，指出我不少记忆上的不确之处，以及叙述上的不严谨，在此表示我深深的谢意。责编曹凌志先生为此书的装帧也下了不少功夫，尤其封面所选这些图案，跟书的内容相得

益彰，看似简单的图案，里面所包含的寓意，却跟拙文极为相符，可见曹先生为此书付出的心血。该书首发于布衣书局，胡同先生定购该书一千套，为了纪念这个创纪录之事，理想国与布衣书局定制了专用卡片，因此我在这里也要感谢胡同先生所付出的辛劳。

严格说来，这是我写过的最轻松的一部书，因为受伤之后，腿脚不便，我回家大多喜欢趴在床上看书写字，这部书稿基本上就是以这样的姿势写在纸上者，记忆的不牢靠，得有不少错漏，这给栾老师增添不少麻烦，然而她却极有耐性一篇篇与我核对。每一篇她都能提出不少疑问，以至让我只要看到她发来邮件，都不敢轻易点开。也正是栾老师严格把关，再加上曹先生苦心经营，这部写来最轻松的书意外地获得业界所看重的文津奖。得到这样的大奖，当然令我很兴奋，而我获奖感言，也没能忘记栾老师所做出的贡献，故特意在会议现场宣读了我对她的感谢。

然而这件事也让我有着别样的感慨：因为我发现一个小规律，就是我写得越认真的书，市场的反应度越低，真希望哪天能够打破这样的魔咒。

2015年10月

《五里山房珍本藏书录》，这部丛书是以周晶先生珍藏的山东文献而影印出版者。周先生是山东著名藏书家，他曾经任齐鲁书社副总编，因此，在出版方面也有自己独特视角，以出版家身份来搞收藏，使得他的藏品中有许多难得一见的罕传之本。我从这部丛书目录中，就可以窥得他区别于一般藏书家的视角。

我曾经给周晶先生做过一个专访，在与他对谈中，我听到许多未曾听闻过的往事，原来每一位爱书人，在其幼年阶段都有着不同他人的特殊心绪，而这个心绪成为他走入藏书行列的精神支点。周晶老师的故事，更让我想起某首歌中一段歌词：“我想去桂林呀，我想去桂林，可是有时间的时候我却没有钱；我想去桂林呀，我想去桂林，可是有了钱的时候我却没时间。”其实我想说的是，人们都是在没钱的时候，才能接触到许多善本，而当自己咬牙立志，终于有一天有了

钱，而那些善本却不见了踪影。周晶老师也是这样的经历，他有着太多的机会，可惜那时候财力有限。但即便如此，这些回忆直到今天讲述起来，除了遗憾，更多的是幸福。

《慈溪市志》，这两册书体量足够大，有300多万字，该书为童银舫先生所赐，他在信中说，我们上次在慈溪见面时，聊到路工先生，因为时间匆忙，童先生跟路工的交往并没有谈透，而该书内收录有童先生所写跟路工的交往。路工作为一位藏书家，不知什么原因，后世少有提及者，正是由于童银舫先生的努力发掘，才让业界渐渐了解到一些以往鲜为人知的历史史实。

《近思录专辑》。去年丁小明先生给我来电话，他说华东师大古籍所正在集中收集整理《近思录》一书的不同版本，他问我是否藏有该书的稀见版本，也希望能加入这个专辑之中。近两年，我忙着完成早已计划好的几本书，确实无暇应对朋友所托，因为我的藏书之处跟我的住处相距较远，因此也没来得及前往书库查看，故而有负朋友之托，而今该书已出，并得丁小明先生所赐，看到这部新的出版物，既高兴又惭愧。

《蛾术》创刊号，此刊为吴格老师所赐。得到这册创刊号，让我感到特别高兴，说明现在的学生，尤其复旦的学生，依然没有忘记王大隆这位前贤，并且以此为标榜，因为吴老师告诉我，这

錢坫篆書蛾術軒扁額

个内部刊物就是他的学生们所办。王大隆是我极其崇拜的前辈，他对版本学的研究，尤其对于稿抄校本的关注，给我以很多启迪，而今这个内部刊物，正是以王大隆的堂号而起名者，尤其书内所收之文，都为我所喜欢，而吴格老师恰是目录版本学方面的专家，在他的指导下，这个刊物上发表的文章，一定有许多是藏书家所未曾留意者。

《御制金刚般若波罗蜜经集注》，该书为杨光辉馆长所赐。此书底本为复旦大学图书馆所藏者，我对该书最感兴趣的地方，并不是其版本之珍罕，而是影印该书所用的纸张。自从复旦大学成立古籍保护发展研究院之后，此院有一项重要工作，就是对古纸的检测，杨馆长向我详细地描述他们测定古纸的特殊方法，这是用理科的观念来研究文科的问题，其能有效地避免文科思维所固有的盲目，这部《金刚经》显然能够感觉到是用一种特殊的染纸方式，在我看来，这也是一种有益探讨。

杨光辉先生不仅是复旦大学图书馆副馆长，同时也是复

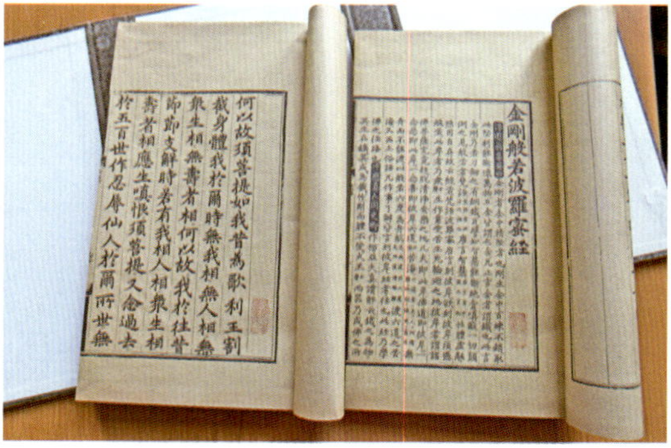

旦大学古籍保护研究院常务副院长，因我被该
院聘为特聘研究员，故与杨院长有着较多交往，
他做事认真给我留下深刻印象。近期他正主抓开化纸的研究项目，为此他带着多位师生到来我的书房，对一些线装书进行检测以及数据收集。我看到这些人为了能够得到更多的数据，几乎连喝水的时间都难以抽出，而吃饭也同样是匆匆忙忙。为搞科研，如此尽心尽力，这种专注精神给我以启迪。

《沈下贤文集》，该书也是杨光辉馆长所赠者，然在纸张方面，却是用本色手工纸。我对这部书感兴趣的地方，首先该书的底本为谢在杭小草斋抄本。谢氏抄本广为后世流传，学界和藏书家广为关注，能将其影印和出版，这等于给业界多

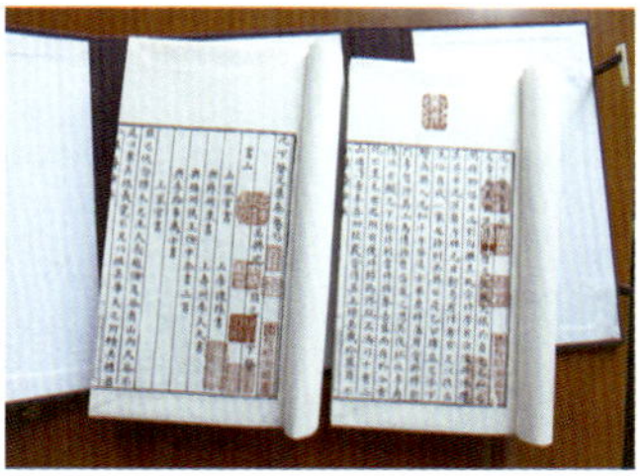

了一个鉴定标本。谢在杭抄本所用有两种，一种是在书口下面刻有“小草斋抄本”字样，而另一种则是将此五字刻在书口的上方，复旦影印的这部为后者。该书为名家递藏之物，后归王大隆，而王大隆所藏珍本，大部分存在复旦图书馆，能将他的书影印出版，对我来说，能部分满足自己的偏爱。

《邓之诚诗集三种》，该书为泰和嘉诚拍卖公司影印出版。泰和公司近些年，几乎每年都会将所藏珍本之一制作成精装限量本，以赠送朋友之用。该书影印350部，我所得者为第109号，刘禹先生所赐。此书制作颇为精美，尤让我喜欢者，是书内收录多张邓之诚不同时期照片，这些照片我以往

未曾得见，对于写历史故事而言，最为难得者就是寻觅到文中所提人物未曾得见的照片。

我对邓之诚感兴趣，主要是缘于我的收藏。可能是邓之诚旧藏有一部分出售给了中国书店，故近三十年来，我在中国书店中时常能够遇到他的旧藏之本。邓先生很喜欢抄书，

因这个缘故，他的抄本大多入了中国书店善本库，让书界津津乐道的文化遗产书店开业，确实是藏书人的饕餮大餐，我在当时的书架上选得近二十部邓之诚所抄及所跋之书，这是我得到五石斋旧藏最多的一次。而其中的一部谈迁的名著《北游录》也是邓之诚用他那特有的蝇头小楷，一丝不苟地抄录下来者。后来我无意中发现，中华书局曾经影印出版过《北游录》，而前面所配的底本书影，恰好就是我所得到的这部五石斋抄本。这个发现让我喜出望外，看来邓之诚所抄该书必有名堂在，待得暇时再进行细细的比勘。

《闽学脉——从朱熹到严复》，此书为林怡老师所赐。大约10年前，徐雁老师主编一套书话类的文丛，为这套书的出版，北大图书馆举办了一场研讨会，而我正是在这个会上跟

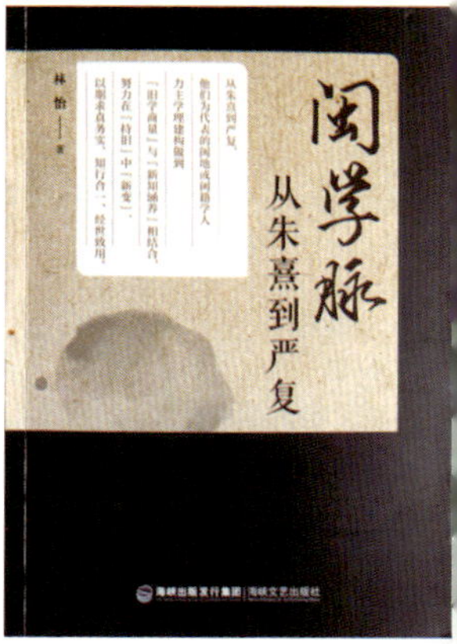

林怡老师得以相识，再后就未曾有过联系。今日得到这部学术著作，很是让我高兴，一者是因为我近期正在写一本关于理学的书，为此搜集了大量相关资料，然却未曾得到林怡老师这本专著；二者自那次北大会议后，我跟林老师再没有过联系。然林老师所寄快递单字迹模糊，我无法看清上面的电话及地址，无从向林怡老师回信回电表示谢意，故而看到这篇微信的朋友，若知林怡老师的电话，盼能示下，在此先表示我的谢意。

《雨滴在卡夫卡墓碑上》，这是李辉先生最新力作。十几年来，读过李辉先生著作多本，他那开阔的视野，以及切入角度之独特，都非常人所及者，尤其他那种敢说敢为的性格，特别让我敬佩。他的这部书内容所写，是他在国外旅行时，寻访到的国外名人墓及故居，我于此也有偏好，然我的视角仅限于国内文化遗迹的寻访，远不如李辉那样把目光放眼于全世界。

近两年，我接触到微信，方得知李辉先生与绿茶兄等六人共同办起一个名为“六根”的公微号，我奇怪于这个名称，经绿茶兄的解释，始知六根乃是“六个人”的谐音，同时也表明他们六根清净。是否真的清净我不了解，但六条好汉所发的文章，我却很欣赏。

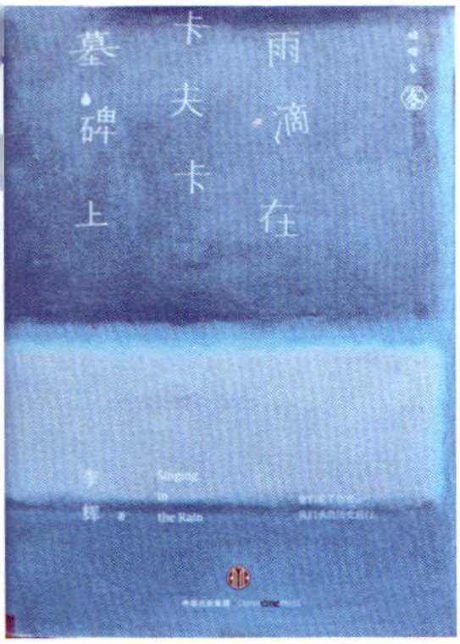

近期李辉先生又搞起了一个微信圈，此圈子的名称叫“地名古今作者群”，其实我并没搞清楚何为“地名古今”，直到有一天，这个作者群中发出了一篇介绍郦道元遗迹的文章，这篇文章让我大感兴趣，因为我曾访到郦道元旧居遗址，而这篇文章中，却未曾提及这一段。于是我给李辉兄发短信，讲到这个掌故，他说希望把我那篇文章也一并发出，让读者们对着看，而后，那篇小文章经过李辉兄的修改刊发出来。自此后，我也就对这个“地名古今”有了新的认识，于是又把我的寻访之文，选出多篇呈送给李辉兄，以供其选用。从刊发出的情况看，我所写的寻访之文，他都做了一定的修改，而在配图方面也做了补充，我知道他是位高产作家，而今却为我的文章费这等心力，故我借这篇小文章表达对他所付出辛劳的谢意。

《在书中小站片刻》，绿茶著。某天，绿茶先生给我来电话，命我给此书写一篇序言，但我觉得自己首先要先看到书的内容，才能有的放矢，于是他把书稿发给我。浏览之后，我就写出一篇自己对该书的感受，但那时并不知道他会将这部著作起为这样一个独特的名称。

绿茶兄的这部大作出版之后，他在单向街书店举行了大型的新书发布会，我也被邀请前往与会，这应该算是我生平第一次正式的参加朋友的新书发布会。对于我的这个失身，绿茶兄表示了特别的感谢，在那场发布会上，我终于得见了“六根”中另外四位我不相识者，而这六条好汉也每人出了一本书，并且在这个发布会上一一讲述了自己的心路历程。

在发布会上，绿茶兄解释说，因为他写书评，

所以会收到许多的赠书，也让他了解到了书界的各种动态，所以他觉得自己是介于藏书人和做书人之间的一种状态，因此他谦称，自己的这个状态，只能算是在书的海洋中站立了片刻，而不像藏书者把自己的身心全部放在这上面。其实我很喜欢他的这种洒脱，这才是真正的“留一半清醒，留一半醉”，遗憾的是，我学不来，也做不到，但虽不能至，至少可以心向往之。

《可以论》，叶匡政著。叶先生是“六根”之一，以我的冷眼旁观，他应当是六条好汉中颜值最高的一位。这样的说法显然会出现《伊利亚特》中引起特洛亚战争的那个金苹果，不管怎么说，叶匡政先生无论形象与气质，特别像电视里文化频道的主持人。他对事物的观察确有着一种独特的悲悯情怀，我虽然跟他没有交往，但拜读此书之后，还是能从他的视角来重新审视眼前红尘的底色，我感觉自己特别缺乏这种犀利。

《生如逆旅》，武云溥著。武云溥也是“六根”之一，在短短的接触中，武先生给我留下的印象，是敏于事而慎于言。他言谈不多，但所言都有着本色式的真挚，这种素面做人的姿态，至少在当今的作家圈儿内稀见难得。他这本书，尤其是书名，让我有着别样的偏爱，从书中的内容，可以读到他对当今社会各种现象的所思所想。

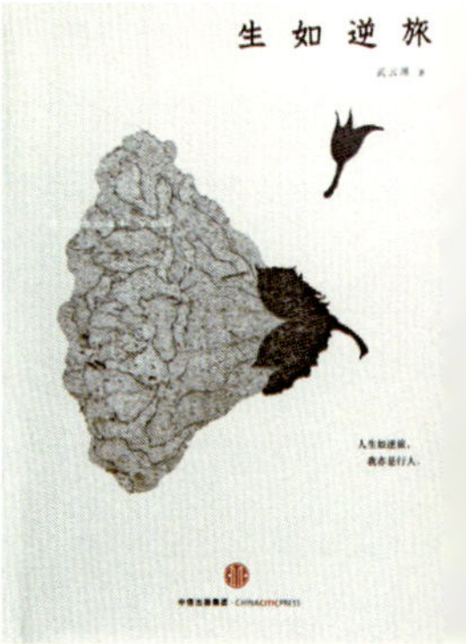

《十字街骑士》，潘采夫著。潘先生也是“六根”之一，他是位直率的人，曾供职于许多著名的纸媒，并且为多家媒体撰写专栏。他性格独特之处，从该书的简介即可窥一斑：“不唱赞歌，勤于梦幻，惰于行动，身材丰满，著作低产……”以这种姿态来面对世事，如果没见过本人，读到这段介绍，会认为这位潘先生是很难接触之人，然而在新书赏鉴会上，他却能直抒胸臆，但并不缺乏温柔。

《错认他乡》，韩浩月著。韩先生同样是“六根”之一。这场

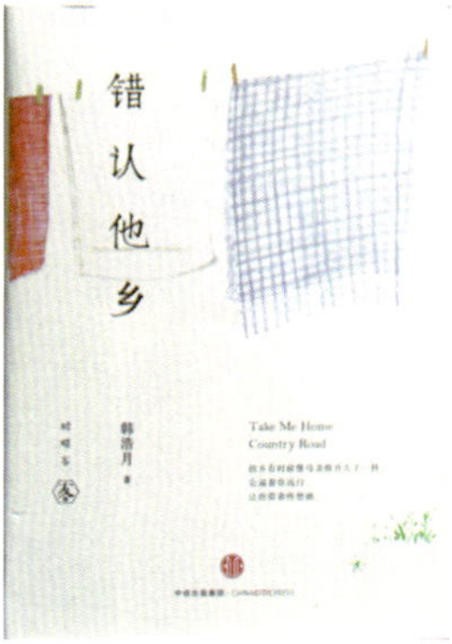

赏鉴会的主题之一，就是谈故乡在每个人心中所占的位置，所以，那场赏鉴会就是以韩先生的这部著作为由头而展开话题者，我听到他对家乡的怀念，以及“反认他乡是故乡”的无奈与感慨，只有我自己则历来缺乏故乡情结，所以我难以体味到对故乡的爱与恨，然而，他的这个话题却勾起了我的沉思，又让我的思绪进入了“我是谁”这个无解的怪圈。

《藏书纪事诗》，这是芷兰斋“稿抄校本丛刊”影印出版的第六部。叶昌炽《藏书纪事诗》是业界名著，在藏书界有着极其广泛的影响，该书是为藏书家系统立传的开山之作，当年有六卷本和七卷本之分，六卷本出版在前，然而该书出版之时，并未征得作者叶昌炽的同意，故在出版内容上，有一定

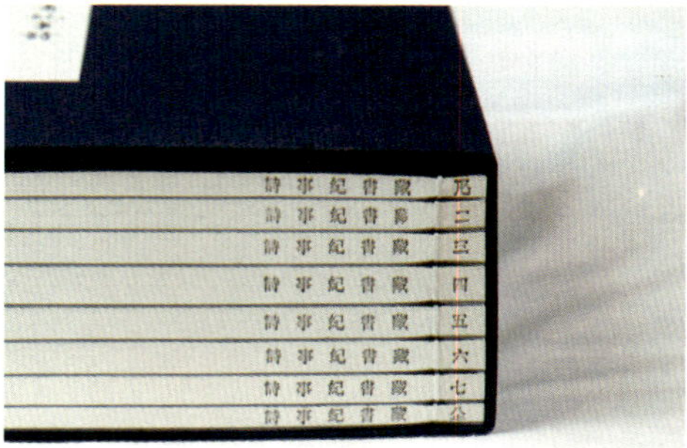

疏漏，而后作者本人又对六卷本进行修订和补充，使之成为该书的定本，也就是惯常所说的七卷本。

但是，按照藏书界的固有认定，会本能地追求某一书的初刻之本。其实从实用角度而言，七卷本所收内容较六卷本更为完善，也更为准确，更何况我所藏的底本还增加了葛昌楹先生对该书的补充与评价，这也正是该书的价值所在，因此这部书被国图社相关专家所选中，将其影印出版，印数仍然是固定的 300 部，也同样按照藏书圈儿内所喜闻乐见的方式，将其编号发行。

2015年11月

《许多张脸，许多种情绪》，戴新伟著。从书名看上去，像是一本抒情的诗集，然而内容却纯属典型的书话体，而关涉到的书人书事则古今中外皆有涉猎，至少我在近几年特别喜欢这种跨界式的写法，能启迪我找到界与界之间的肯綮点，戴兄这本书满足了我当下的偏食。从版本而言，是一种素颜的精装册。戴先生在电话中告诉我，这是特装本，当时仅制作了八册，而今我得其一，可谓快慰何如。

补记：我与戴兄相识，缘于他在《南方都市报》副刊时。南都报的这个栏目颇受读书人所喜，我也不能免俗，将自己所写《得书记》在这张报纸上连载，当时找的就是戴兄。大概一年前，我到广州市中山图书馆去搞讲座，此程另一个计划则是去采访王贵忱老先生，并想借此机来表达我对戴兄的谢意。他问到了我在广州的日程安排，闻听我要到王老家，他说自己也跟王老是很熟的朋友，故在此与我见面。

看到戴兄的第一眼，就有些出乎意料，因为他太年轻，我实在无法将跟我通信的老成持重的那个人，跟面前这位靓仔叠合在一起。他慎重声明自己是正牌的戴新伟。采访过后，承大文兄美意，带我等到一酒楼共同用餐，我借此机马上说，这顿饭我请客，就算我对戴兄的感谢，当时在座者还有多位朋友，因为见面时聊得很快乐，饭局结束后，我去买单，没想到服务员告诉我已有人结账，一打听原来是戴兄，看来，他不想让我还他这个人情。

前一度，我写完《觅诗记》一书，这本书内容所讲乃是对历代诗人遗迹的寻访，我对这本书写得颇感满意，于是仍然想在南都连载，与戴兄联系时，他告诉我他已经离开该报，前往广州一家拍卖行履新，他这个变化我一点都不惊讶，以他的才气，无论做什么工作，都会干得一样漂亮。虽然如此，他还是帮我联系了该副刊的继任者，其做事之有始有终，对朋友情谊之看重，这些所为都给我留下很好的印象。

《漫游诗歌花园》，顾军编著。前些年，顾军女史改名为顾隽饴。说是改名，其实我不能确定这是她的笔名，还是更改为真名，我觉得“隽饴”二字读起来确实比那男性化的“军”字更有柔情味在。她制作的这部书一如她的新名字，有一种别样的隽秀。尤其该书的装帧，更是别出心裁，可惜我拍不出本书的特别之处。但我拍书的技术之烂并不影响该书得到专家的青睐，此书获得了“2014 年中国最美的书”，且这个特殊的版本仅制作了 300 册。一册在手，我将其放在手边细细把玩，想由此窥得专家的评奖是怎样的着眼点。

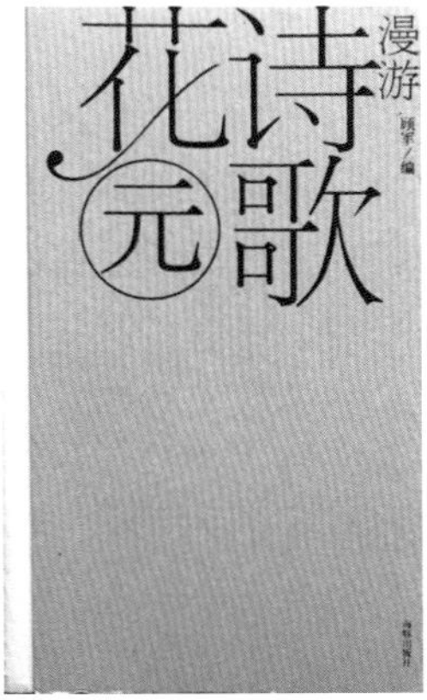

隽饴老师原本也是著名读书类刊物的编辑，她在《文汇读书周报》工作。多年以前，她通过电话与我联络，要写一篇对我的专访，一番交谈之后，她写出一篇采访稿，而后发给我校改，不巧的是，那个阶段我赶上了一些烦心之事，故我对她在采访稿中对我的夸赞特别不能接受，于是跟她讲，这篇稿子不要再发了。我的这个不识抬举大出她的意料，她看我态度坚决，就跟主编商量后，同意不再刊发，但她对我的恨也由此而埋下。

其实过了不久，我就已然后悔自己的鲁莽态度，为了弥补这个歉疚，我将此后出版的几本拙作一一奉上请其指教。她显然不领我这个情，批评我的文章写得如何之差，这让我明白她依然没有忘记我对她的那种伤害。但不知为什么，在此后的交往中，似乎渐渐彼此都不再提当年的那个过节，再后来，又成为了能够聊到一起的朋友。我渐渐地知道，她的生活观要比我豁达许多，尤让我惊奇者，她还是某歌唱团的成员之一，每次到欧洲演出时，她都会买几张当地的邮票，或者明信片寄给我，这种朋友的时时惦念，使我感到自己在为人上的差劲。

几年前，在上海图书公司组织的一场会议中，我们又见面了，她问我之前所约稿件是否写好，因为稿件问题我跟隽饴的交往起头就没有打好基础，故投稿给她，我便有了一个心结，这个心结使我难以写出满意的稿件呈给她。我明白，她的催促是一种美意，而在座的范笑我兄当然听不懂我们之间这种没头没脑的话。我向范兄做了简要解释，其听后竟然觉得很是有趣。

回来后不久，我正准备将一篇稿子发给隽饴时，她却意外地告诉我，自己已经调离《文汇读书周报》，想通过投稿来弥补自己当年的歉意，显然这个想法已无法实施，看来天下之事，能做就尽快做，说不定哪天就会有一个新变化。其实转念细想，变化也并非都不好，比如隽饴，不再做报纸编辑，却能做出这样美的书，是金子到哪里都能发亮，这的的确确是真理。

《金刚般若波罗蜜经》，该书底本是广东中山图书馆所购得的宋本书，该馆将其原模原样影印出版，以此作为本馆的馈赠佳品，而我有幸得到该馆倪俊明馆长的馈赠。这次到中山图书馆，总计有两个目的，一是承倪馆长美意，给我在本馆安排了一次讲座；二者我也想借此机拍照他们馆的善本库。在倪馆安排下，我受到善本特藏部各位老师热情接待，但入库之前，我特意带上了倪馆赠送给我的这本《金刚经》，我想拿此影印件跟原本做一下比较。两书比较的结果，以我的眼光来看，影印件确实做到了下真迹一等。这样的影印本可谓做功德，一是能将孤本不孤，化身千百而让各界专家得以研究，也能让爱书人得到一本新的藏品，尤其这种原汁原味儿不做任何修饰的影印方式，对于搞目录版本学研究者极为重要。

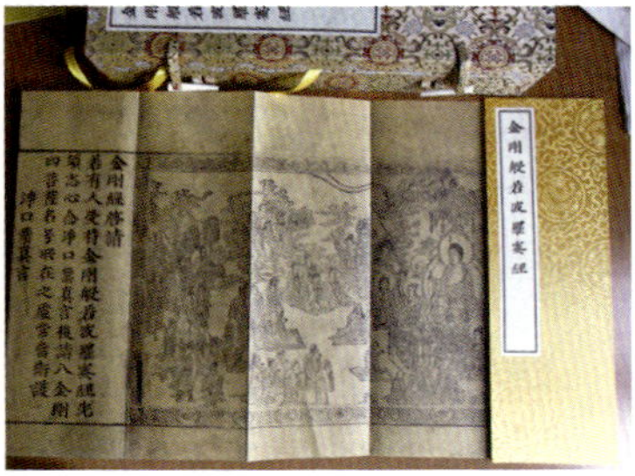

《慈溪家谱》、《甬城藏书楼》，这两书均为童银舫先生所赠。我在此之前并不知道童先生还专门研究过慈溪之家谱，几个月前我到其府上看书之时，也未曾听他谈起过此事，即此可知，他的确是一位敏于事而慎于言的学者型藏书人。能将慈溪一地的家谱写成一本专著，可见其有着专家治学的谨严态度。而《甬城藏书楼》一书却给我的寻访带来些许便利，虽然书中的藏书楼之文是出自多人之手，有些也并未实地勘察过，但还是给我以线索以提醒。

《吕留良诗笺释》，俞国林撰。我每次见到俞先生，都能感受到他那种传统文人气息，但他这些气息中却包含着一种与时俱进的名士派儿。今年上半年，我到中华书局拍摄图书馆时，我们见面又聊了许多书人书事，我向他炫耀着近两年来自己的写作成就，他却丝毫未曾提到自己正在编这么一部大书，而他跟我谈得更多的是我所点校的潘景郑诗文稿。这个点校稿正是交到他手中，然而俞先生是位谨慎的人，他让我一定拿到潘家后人授权，巧合的是，我在前几天深圳之行，

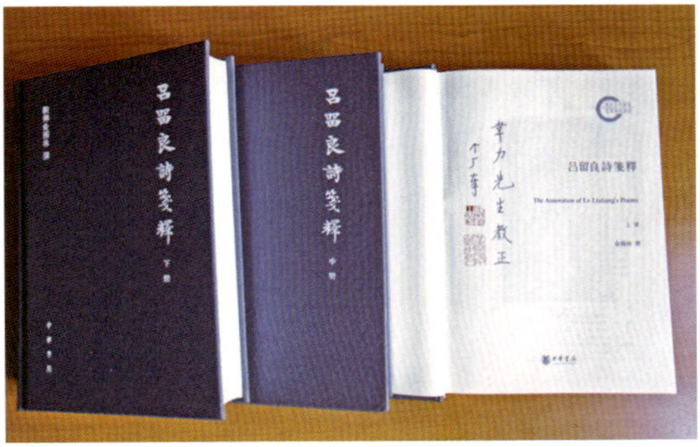

幸运地遇到北京的荣先生。他听完我的叙述，斩钉截铁地告诉我，这种类型的诗文稿完全不用授权即可出版。兴奋之余，立即去电俞先生，没想到赶上他关机，回来之后又收到他这三件大作。这种巧合应当预示着我所点校之书，看来能够顺利出版。

吕留良是我特别留意的古人，不但因为他是历史文化名人，并且跟一场著名的文字狱有很大关连，更为重要者，他

还是一位著名的出版家，我特别希望能从这个角度对他的研究有所拓展，而今收到俞兄这部大作，觉得自己对吕留良的研究可以休矣，因为他做得太谨严了，在我看来如果能在他的基础之上出新，恐怕不是件容易的事。我觉得俞兄对吕留良的一系列研究成果，足以让他成为研究吕留良专家。

《北宋刻本西湖结莲社集学术研讨会论文集》，这部论文集是卓德拍卖公司古籍部经理丁德朝先生所赠。丁先生有着自己执着的运作能力，在他努力下，把这册佛教经典卖出了好价钱。他的用心不仅仅是组织相应的研讨会，在此之前他还寻求科研机构对该书做纸张年代上的科学鉴定，而后将专家们的意见汇在一起，出了这册精装论文集，且集中复制了一页本书中的碑铭。这样的做书姿态，不仅仅是对书主负责，更重要者，他让爱书人可以站在不同角度，共同争鸣一部难得的善本。

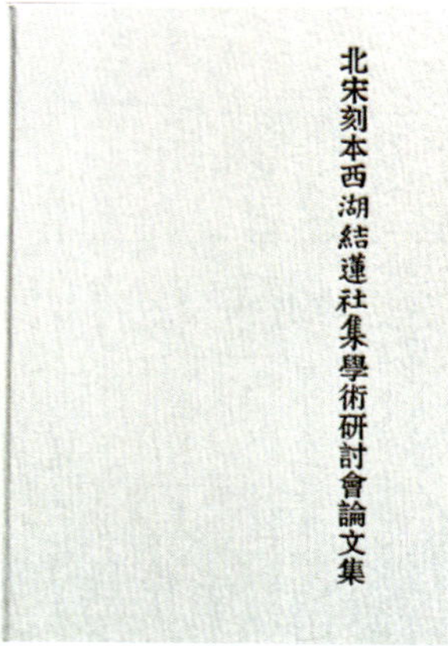

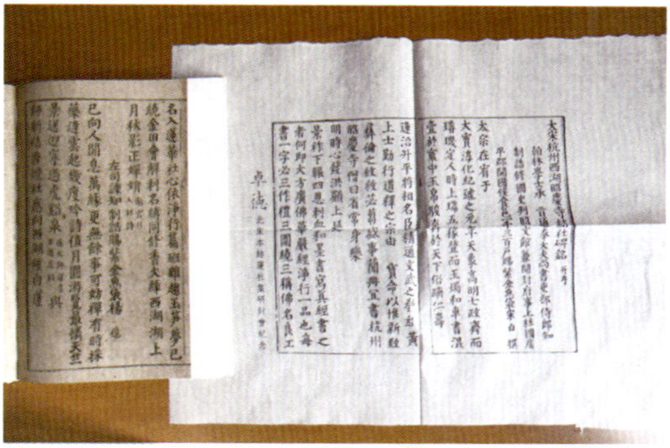

这部书的一波三折，于我而言，看了个满眼。我已经把这个故事写入我的《失书记》中，虽然说那篇文章所记并非该事情的全貌，但仅那个片段，已经足令人唏嘘。而这部书竟然以千万元以上的价格成交，这是让所有明眼人都未曾想到过的结果。真应了那句话，没有做不到，只有想不到。这部书能有这样的好结果，我真替李嘉坡先生高兴，而我对他这种坚忍不拔的精神也更加佩服。因此，这部论文集基本上可以视之为我所写那篇小文的续集，而这个续集却很能符合中国人的审美情趣，那就是结局大团圆。

《凌烟阁功臣图》，此书为复旦大学古籍保护研究院所赠。上星期正赶上该院成立一周年的大喜日子，研究院组织盛大

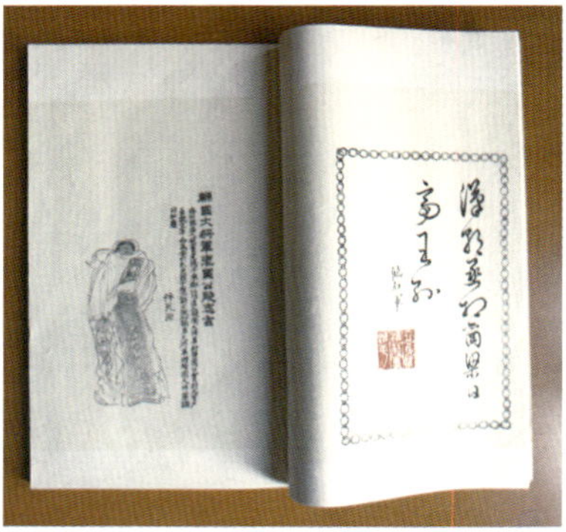

周年庆典会，这是本会礼品之一。该书印制颇为用心，基本上原汁原味儿地反映出原书的固有风貌。

以我私见，复旦大学古籍保护研究院可谓是业界奇迹，它成立时间仅短短一年，却在业界引起广泛关注，并且在学科建设和专业探讨方面，该院也做了许多突破。我侧身其间，最大收获是很多事情要突破学科限制，比如对于传统印刷的研究，该院从制墨的成分下手，特意安排师生到徽州去考察墨的制作过程，而后，从分子结构的角度来研究刷印出来的书本墨色。同时又从纸张下手，发明出独特的检测手段，以无损的方式来确定不同古纸在原料上的差异与比例。而这样的科学手段是我的藏书生涯中都未曾经历过者。这些研究让我感到，随着学科专业化，对于古代印刷术，尤其古籍版本鉴定，逐渐带来颠覆性变化，我对这种变化既兴奋又恐惧，我不知道它能够走到哪里，也不知道它是否需要让旧有的鉴定经验彻底清零，但不管怎样，这是一个好的变化，因为它将传统的观风望气进行科学化分析。

《可居鉴赏大自在山房古砖六十品》，该书所收 60 种古砖拓片，为实物原拓本，而非印刷之物。此书开本很是阔大，

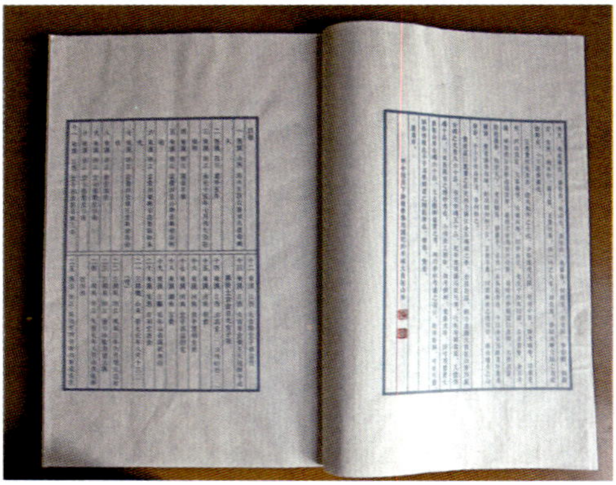

超过大八开。此拓本为广东文史大家王贵忱先生所赐，制作者则是王贵老的大公子王大文先生。大文先生告诉我，这些古砖收藏于广州的黎旭先生处。王贵老从万品古砖中精选60种，请人捶拓后，由大文兄制作成，书前序言做成丝网印刷，将板取回来后自己刷印。他告诉我说，这些古砖拓片仅制作了20余份，其中将10份制作成书，故该书仅出版了10部，而赠送给我者，为第四部。这等情意令我深感幸运。本月《师友赠书记》中，竟然得到了几种限量本，看来至少今年的 11 月，算是我的幸运月。

《李宗颢日记手稿》，这部日记原稿也是王贵忱先生的藏品，王老将其影印出版，以此能让相关学者得以使用。而后我在广东中山图书馆善本部，又看到多部王贵老所赠之书，我向老先生请教，何以能将自己的所爱赠送出去，而不让自己牵肠挂肚？王老告诉我，书总是要让人读的，完全封闭到自己这里，能有多大意思。他说自己这些年来赠书无数，而后他又叹口气说，自己淘得这些珍本不容易，把书赠出去时，怎么能不思念呢。

王老虽然不是广州人，但他在这里生活了几十年，

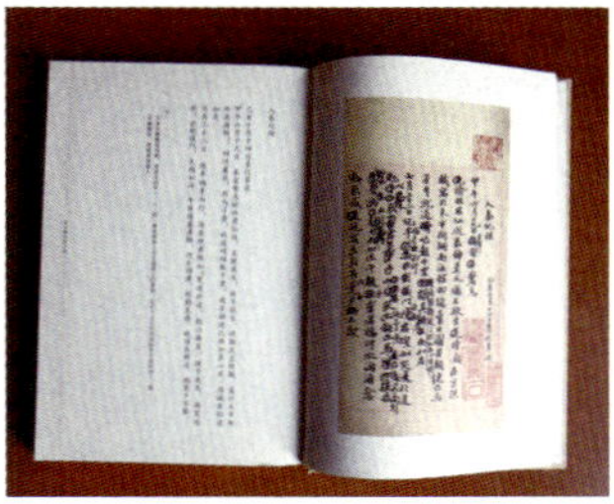

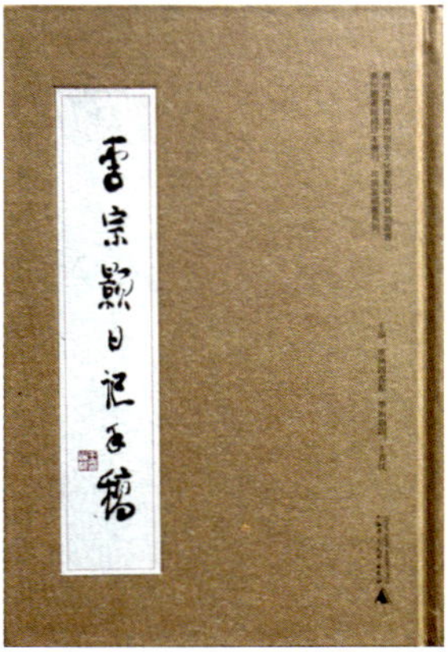

俨然以当地人自居，因此也将广东文献当作一个专题来收藏，这是传统收藏乡邦文献的路数，我觉得这本李宗颢日记，也是以这种心态将其收归邺架者，因为这位李宗颢本就是广州人。此人是清末小有名气的藏书家，而他的偏重点在于碑帖，可惜的是，中国有价值的古碑基本都在中原一带，广东一地实在没有几块值得称道者。然这位李宗颢却有个好机会，因他曾经在西安任职，而那里堪称中国名碑最集中之地，于是此人在西安到处拓碑，同时还收藏古代石刻原石，而后将其镶嵌在自己住处的墙壁上。他经过认真的考察研究，更正了孙星衍那著名的《寰宇访碑录》中不少错讹，更为难得者，是这位李宗颢跟当时许多版本目录学家都有密切交往，而这些交往细节，他都记录在自己的日记中，这也是该日记的重要价值所在。王老能将这部手稿影印出版，真是一件功德无量的好事，这让许多专家从不同角度来研究不为人知的一段收藏故事。

《王贵忱与各界名家通信集》。这次跟王贵忱先生见面，我们所聊最多者，也是我最大的疑问之一，那就是，他为什么得到那么多名家来信？当然，这里面的客观原因，是那个时代没有今天这么多的便利沟通方式，但我觉得更多的原因，则是王老有着传统的文人习惯，通过通信来达到学术交流。

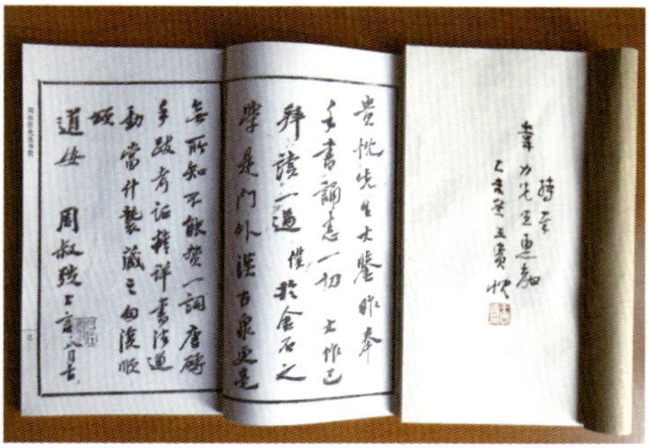

他直率地告诉我，有些通信是情感交流，但也有一些通信是希望于此得到对方的墨迹。如此想来，这个办法很好，可惜的是，这种交往方式已变得日渐式微，各种便捷的沟通方式已少有人会提笔写长信，而这也正突显出名人通信的价值所在。王贵老一次性送给我他制作的多本影印本通信集，让我很是感谢。

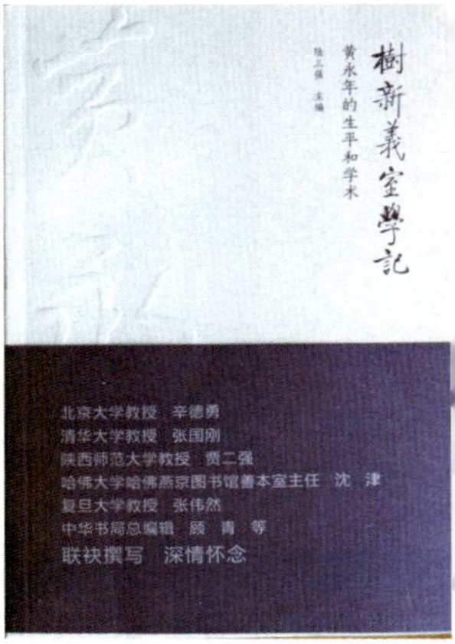

《广东省立中山图书馆志》。广东省图书馆和广州市图书馆，“合久必分，分久必合”在历史上折腾了好几回，我特别想搞清楚其中的内在原因，这次在广州见到了倪俊明馆长，我又不厌其烦地向他请教这些陈年旧事，倪馆予此书相赠，告诉我，原因都收在文中。这给我的写作带来了便利。

《树新义室学记》，陆三强主编。前一段收到陈根远先生短信，其告吾，有人有书相送，索吾邮寄地址。此后不久，就收到该书。书内所收文章，均是关于黄永年先生的生平与学术，这些文章让我读来特别感到亲切。黄永年先生教我版本知识的神态，立即显现在自己眼前，我对黄先生博闻强识不仅仅是用“佩服”二字可以形容。尤其他从学术史角度来解读版本价值，这样的理念极大更改了我对古书的偏好。

《诚轩拍卖十周年精品图录》。诚轩拍卖公司是中国现有的艺术品拍卖公司中，颇具个性者，其从公司筹建之始，就有着不同他家的拍卖路数，尤其在拍品征集方面跟国内其他艺术品拍卖公司有着较大不同，我在该公司得到多件自己喜爱之物。印象最深者有两件：一是原本挂在张大千书

房里的一幅书法作品，那件作品背后故事关涉张大千从巴西回到台北之后一些境遇和曲折。而另一件，则是北宋木版的清代拓本，用版本术语来解读，这应当算是宋刻递修本。这册裱本里面有许多位名家的题记和跋语，比如有黄宾虹、王国维等等，因此，我特别奇怪他们从哪里来征集到这么多奇特之物？而今这十周年的精品图录也同样制作得很是奇特，除图录之外，里面还制作一枚纪念银币。艺术品拍卖公司的庆典能够以这种方式与人分享，让我觉得，得到这些礼品有着一种别样的惊喜。

《故宫日历》。因为在故宫挂职的原因，同时我也忝列故宫出版社的编委之一，因此每年都能得到这种别样的故宫日

历。因为来得容易，说实话，以往也没有太多珍惜，每年所得几册都分送朋友，但今年，这册日历突然大销于天下，据说“双 11”这一天就卖出去 5 万本，这个销量顿时让我对这册小小的日历刮目再刮目，而巧合的是，正当我要撰写此文之时，无意间看到了 12 月 5 日《新京报》书评周刊，其中用半版篇幅来谈“《故宫日历》一本日历畅销的秘密”，这篇文章正挠到我的痒处，于是立即拜读此文。

文中历数该日历出版六年来持续升温的过程，同时也分析了其中的原因。我读到的文中所说原因，是说这部日历有形式上的连续性，更有着内容上的连续性，正是这种连续性给《故宫日历》带来源源不断的读者。该文作者徐海认为，这种特性是其他畅销书少有者，一旦读者喜欢上《故宫日历》，就会连续不断地收藏下去，这等于把畅销书做成了常销书，并由此带动一个市场。

《芷兰斋书跋四集》。关于《故宫日历》，通过徐海之文，让我得到启发，那就是连续之书会受到相关人士的追捧，而我这《芷兰斋书跋》正巧今日印出第四集，真盼着自己也能复制《故宫日历》的销售奇迹。当然，我心里很清楚，这是一种梦想。《故宫日历》的畅销是因为它拥有广泛的读者，并且这些读者也有着怀旧情绪，而我的《芷兰斋书跋》系列

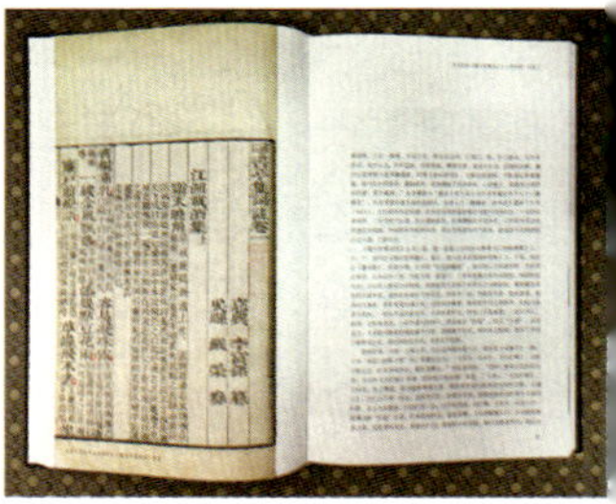

不过就是津津乐道于自己的所得，到今天，喜爱古书之人还远没有达到心中所想的那么多，但人总要有梦想，至少在近几年，我已经看到越来越多的有识之士对传统文化越发有兴趣，真不知道收藏古书之道何时能像《故宫日历》那样人见人爱。

2015年12月

《故宫博物院藏品大系：善本特藏编》，故宫出版社所出之书，一向有着高端大气上档次的豪华风格，我在该社样书室内能够看到几面墙的豪华本。就故宫而言，以藏器物为主，那些精美画册也只能让我有着许多叹羡，但是能将古籍善本也出成大八开精装画册，并且一出就是二十卷一套，这样的气派真让国内各大图书馆自叹弗如。收到王亚民院长所赠这一大套书，让我兴奋不已，这是我所看到、同时也是我

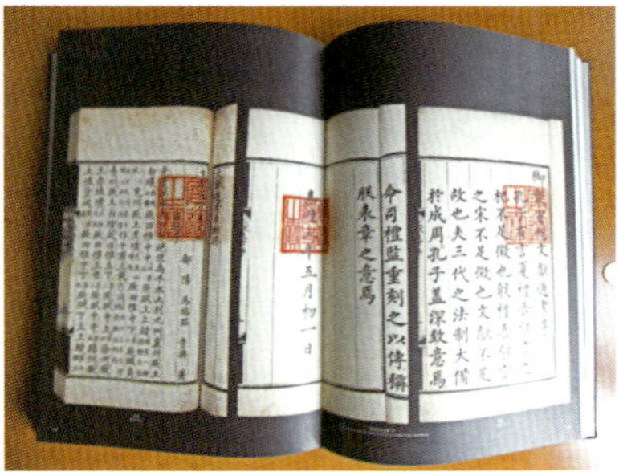

所得到的最大部头的馆藏善本书影。真盼望着自己某天发了大财，也把自己所藏之书印制得如此豪华。

《石渠宝笈》也是一部大部头的豪华本，有50册之多，同样是王亚民院长所赐。这部书搬来时，竟然有八大箱，我还以为是重复的书套，然这八大箱就是完整的一部。拆开细看，其装帧形式也有着故宫博物院的血统，尤其在编排方式上，特别能看出该社的特色。去电王院长表示感谢之时，他告诉我，因为这套书我用得到，所以各送一套。尤其《石渠宝笈》，他说，社里为编此书下了很大功夫，因为该书不仅仅是影印出版乾隆时所编的这部目录，更为重要者，其动用各种关系，在世界范围内去寻找到此书中著录的原件，然后想办法取得电子版，应该说，这是迄今为止，公藏著录书话图录中最全的一部。能够做到这一点，也确实令我羡慕不已。

这些年来，我听到不少有志之士都曾提出一个宏大构想，那就是把藏在全世界公、私手中的中国古籍善本编为一书，不要说把书影或者全书汇为一编，就是仅编出一套目录来也很不容易。前些年，艾斯仁先生在某基金支持下，准备将藏在世界各地的中国古籍善本编出一部目录来，经过多年努力，仍然是功败垂成，而近几年海峡两岸想共同出版当年

乾隆天禄琳琅旧藏之书，我也曾参与此事，并且跟台湾故宫博物院院长冯明珠女史进行过接洽，然出于各种各样的原因，几年过去，仍然没有能得以面世，即此可知，像编这种跨地域的文物著录之书是何等之难，这也正是我对故宫所出这套《石渠宝笈》的看重原因。

《开卷闲话九编》、《寓记》、《纸香墨润》，这三部书均为董宁文先生所赠。董先生主持《开卷》多年，他把《开卷》杂志中跟书友的交往细节汇编在一起，至今竟然已经出到第九本，这份耐性让我佩服。而另外的两部书则也是他参与策划出版者。经过这些年努力，《开卷》出版系列已渐渐形成自己一个独有品牌，能够长期坚持，并且有着不断的运作，才有这样一个结果，可见耐性对于出书也是很重要的一种物质。

《南京城市史》，薛冰著，在我认识的书友中，薛先生出书速度绝属一流，我觉得自己写书已经很努力，但跟他比起来，真是差得太远。而更令我叹服者，是薛冰写书并不仅仅限于跟书话有关的著述，他那种跨领域、跨行业的视角正是

我所缺乏者。这部《南京城市史》对我来说，将是一部工具书，我在写文章时，凡是涉及南京的历史，又可以从此书中放心地引用了。

《初白诗钞》，该书为四川省图书馆王嘉陵馆长所赠。大概两年前，我在珍贵古籍名录评选会上与王馆长相识，因为当时是分组评选，我恰跟王馆长与另外几位老师同组。他在评选会上的谨言慎行，显现出严肃学者的风范，而我的随口评

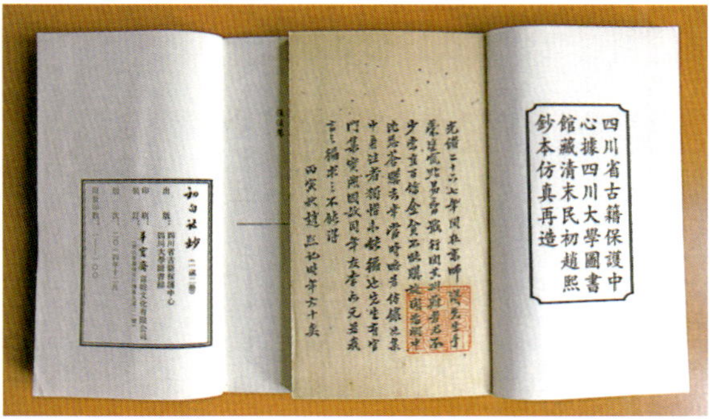

论竟然受到他的赞赏，自此成为朋友，而今他所赠这部仿真影印本是按原本原尺寸制作者，该书仅制作了一百部，能够得到这么一部，也是当今一种珍玩。

台历《丝绸之路》，这件出版物乃是文物出版社李缙云所赠。在我交往的朋友中，李先生身上的那种儒雅特别让我欣赏，他一直主编著名的《文物》杂志，近两年他开始从事古籍影印出版的选题开发，今年却收到他制作精良的台历，看来他的思路绝对够得上视野开阔。尤其此书装帧借助今天的

流行设计方式，那就是书脊外露，这种设计方式看上去并不难，然而这样的装帧却能将书中的内页完全展开，对读者或者使用人来说是一个体贴的设计。

我跟缪云先生的交往缘于要编一套大书。最初起因，是翁连溪先生的联系，文物出版社张社长对这个大选题很感兴趣，而后请出国图目录版本学专家李致忠先生来挂帅，经过一系列探讨，这个项目总算启动，然而在初始阶段，此项目就因故流产。但是在前期筹备过程，使得我跟缪云先生有了密切交往，这让我有机会体会到学术世家子弟的风范。近两年缪云兄的精力转到开发古籍影印出版项目，这使得我们之间又多了一些共同话题，通过这样的交往，让我从他那里学到一些出版选题的视角。我觉得像缪云这样的朋友，就是古人所说“益友”。

《红楼梦日历》，此日历乃是中华书局徐俊社长所赐。近两年，台历大火，不知

道这算不算一种复古潮，而百年老店中华书局也能顺势而为，这样的出版理念当然是与时俱进。将《红楼梦》跟日历结合起来，也是出版商的巧妙。打开内页，里面所选之图均为自古至今所绘跟《红楼梦》有关的图画。

前两天在第二届藏书论坛上还有一位专家提到，某网把《红楼梦》评为最读不下去书中的第一名。这个观念当然受到与会者的一致批判，其实就社会影响力而言，无论你读得下去或读不下去，《红楼梦》的影响力都在那里，将这个广为人知的名著跟台历结合起来，这样的出版当然会受到人们喜爱。尤为难得者，是这本日历之内还附有一张大大的曹雪芹简谱，将其每一年的生平以及发生的大事，简明扼要地排列在下面。这种做法又使得这本日历成为了不错的工具书。

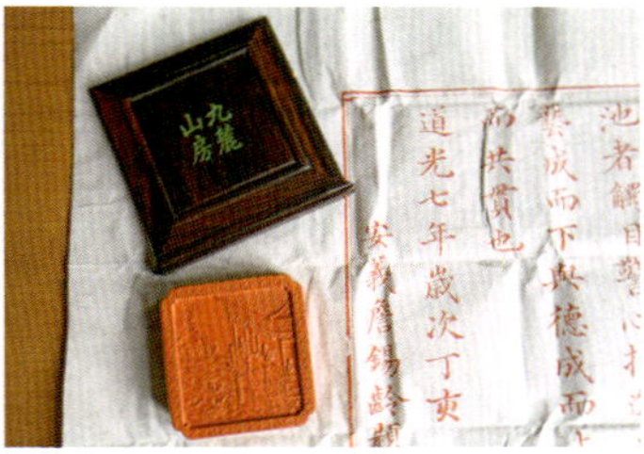

“九麓山房制朱砂墨”，该墨为上海藏书家向澄先生所赠。数年前，我曾对朱砂墨大有兴趣，并通过朋友联络，专门跑到安徽绩溪找到一位刻模名家，请他给我制作自己的专有墨模，然而从交定金到今天已经过了五年，此事再没有音讯，可见做成一件事是何等的不容易。而向澄先生说，他近两年在这方面做了不少的开发，我收到他这个赠物，果真做得很精美，书内还附有一个标签，上面印着“中国首届民间古籍展销会纪念”、“古法精制朱砂墨二百锭之第八号”，将朱砂编号，这我还是头一次看到。他把第八号赠给我，当然我很感念向澄先生的情意，然其制作之用心，从包装纸上就能看到，书中包墨的一张宣纸上面印着道光七年的一个广告。在细节上多做关注，这正是我所缺乏者。

"螺钿封面笔记本"，将螺钿工艺应用到笔记本制作上，这是我所第一次见到者。这两种本制作得足够惊艳，此两本均为袁鸿蕙女士所赠，我很佩服她这种设计理念，她能将两种毫

不搭界的物体结合在一起，并且看上去还是那样的和谐。我收到这两件赠物后，突然来了灵感，想将此设计元素跟贺卡结合起来。今年的贺卡受到朋友们广泛赞誉，但也有些观看我公微号的读者感慨自己不能分一勺羹。说到这一点，我也觉得惭愧，毕竟自己精力有限，无法一一满足朋友们的期

待，当时就想，明年贺卡的发放方式应当有所转变，如果能将其跟出版结合在一起，这至少是一种事半功倍的想法。但这个如意算盘是否能做成，我分别向袁鸿蕙和胡同先生谈及，他们有赞同，有反对，看来我还是多少要吸取一些教训，以改变自己以往那种做好事落埋怨的积习。

对于螺钿这种工艺，其实我以往并不喜欢，多年前我也不能免俗买了一屋子旧家具，其中就有以螺钿做饰物者，我总觉得这样的装饰有着一股小家子俗气，而后我看到真正上等螺钿装饰家具，才明白自己当年所买品级太低，这也就是古玩行内说的，看假东西太多，就把眼睛看瞎了。而真正改变我观念者，是一次扬州之行。

某次我在扬州寻访时，晚上无事，在街边闲逛，踱进一家专卖螺钿的商场，浏览过后，让我大开眼界，终于让我明白，螺钿的魅力究竟在哪里，以致我冲动得要买下一套扇屏背回去。而当袁鸿蕙跟我说，她将以这种方式制作出笔记本时，我首先想到自己在扬州见到的那些昂贵价格，而鸿蕙却告诉我，她对工艺进行了变革，其成本与我想的不同，既能传古，还有创新，这样巧妙结合，绝属奇思妙想。

“十竹斋笺纸”，这也是袁鸿蕙所赠之物。她对我的《十竹斋笺谱》特别感兴趣，总想将其原汁原味儿复制出来，我对

今日的工艺水平一直没有信心，但我这些丧气话丝毫没有影响到袁鸿蕙的信心，她一直屡败屡战地试制着笺谱，今日收到这个成果，无论其饾版，还是拱花，都达到原书水准。我向她表示祝贺，她却谦虚地说，笺谱所用颜色还没有让她完全满意，她仍然希望有所提高。这种精益求精的心态，也正是我所缺乏者。

《邃谷四说》，来新夏著，此书为焦静宜老师所赠。来先生过世后，焦老师出版了多部来先生的遗著，她在这方面的努力令我钦服。来老生前我跟他的交往中，知道他写书的速度远超常人，尤让我佩服者，是他到了耄耋之年依然有着年轻人的心态，我印象最深者，他有一本书的书名就叫“80 后”，

当时他笑着跟我说，自己已经年越80，跟当今的80后也没什么区别。这样的童心令我这晚辈大感惭愧，因为我有时已经跟人自称“老夫”，当我向来老讲到自己的惭愧之时，他仍然笑着跟我说，这也没错，老要张狂，少要稳重，东坡还曾说，老夫聊发少年狂呢。

《非日记》两卷，这是胡洪侠先生的大作。我在深圳跟他见面时，他赠了我几部书，这是其中之一。书的封面望上去红彤彤一片，我本想跟他讲“天一生水”，但我近来渐渐相信了口头忌讳，于是就没说丧气话。其实我很佩服他的这种理念，就是能够打破惯常思想，在“日记”前加“非”，以此来形成自己的独特认识，这种思维方式颇具禅宗特色。

《文雅的疯狂》，这部书是去年书界的热销品，我也买得一件细读，但我能够感到，无论那位写书者，还是该书译者，他们都不是藏书人，因为文字中的冷静与客观虽然读上去很优美，但却未曾有切肤之感，因此我还是喜欢藏书家所写的书话，虽然那样的文章缺乏一种客观，而更多的则是自说自话和自恋，但是这种自恋却深得我心。

胡洪侠兄听闻到我对该书的评论，立即要把这部书收起来，他说，既然这样，那就不给你了。但我突然意识到了此书装帧上的特别，因为这部书不但是个大开本，并且还是精装，大侠这才笑着跟我说，算你有眼！此书是我找到译者单独制作出来的，总计就做二百本，这是非卖品，用来赠送给深圳年度好书的评委。闻其所言，我当然要把这个特装本拿下。他给我的是第 100 号，我以编号太靠后为由，请他写了满满一页纸的题记。我觉得自己的这一本有了这段题记，比那第一号还有价值。

《私人阅读史》，胡洪侠主编。关于何为私人阅读，我在大侠的办公室跟他探讨起来，他说这是自己的一个创见，于是他给我讲解起私人阅读的外延与内涵，而我却认为每一本书都应当是私人阅读。大侠认为我的观念有错误，他说读红宝书当然就不能称为私人阅读。如此说来，我倒是觉得他说的有道理。大侠告诉我，他所编的该书是 1978 年到 2008 年，他想一直上溯到古代，要把这部书编成一个系列。

《装潢志》、《和王世襄先生在一起的日子》，此两书均为文白兄所赠。我跟文兄说，《装潢志》一书林章松先生已经赠送给我，您就不必要再破费了。他说，这一册与其他版本不同。拆开视之，果真里面夹着两张签条，其中之一是“装潢志五十之十六　尚书吧定制”，原来是特制之品；而另一张签条则是印制的古人一方藏书印印文。这样的制作方式颇为新颖，其实我更为关注者，是该书的扉页上钤有一方圭形章：泾县汪六吉造净皮罗纹。

这些年来，我一直对古籍用纸颇感兴趣，这方章明确地表明该书所用纸张。细看之下，虽然与民国时代的罗纹纸还是有一定差距，但是能够制作到这种程度，并且能够显现出所用纸张的名称，这份认真很是难得。而另一本书，文兄说

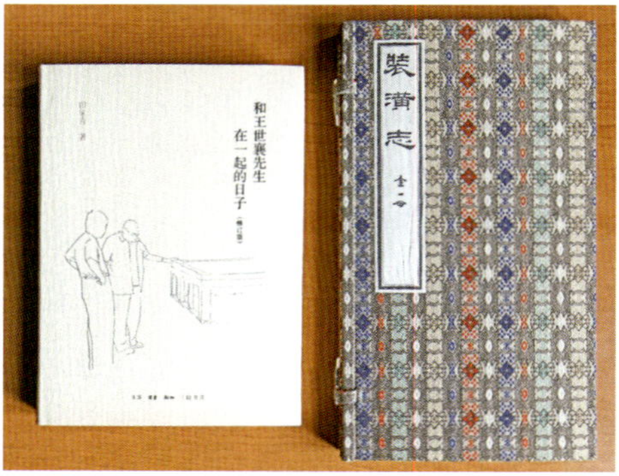

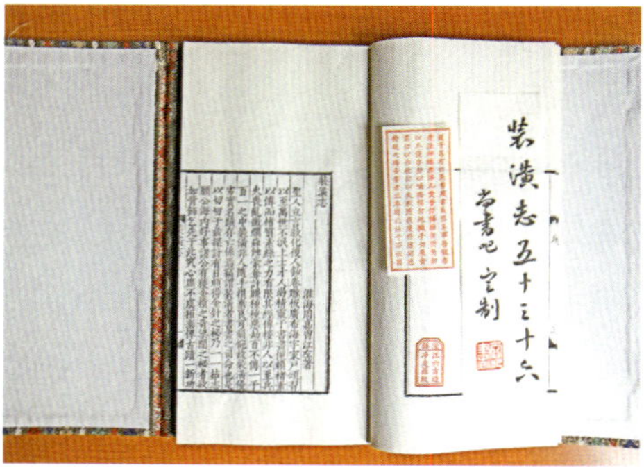

这也是他所特制的精装本，并且告诉我，这些年他一直在制作一些版本上的特殊之物，他的这种求新方式很让我佩服。

文兄是尚书吧老板，而尚书吧已然成为深圳市文人雅聚之地。这些年来承蒙文白兄厚爱，我也曾光顾过数回，印象最深的一次是在这里得以结识胡洪侠先生，那天晚上我等几人一通狂饮，回到酒店后，这些酒精让我的胃痛了一整晚。我很喜欢这里的氛围，文白兄告诉我，尚书吧是由当地一位名家设计，可惜我没记住那位设计家的大名，否则的话，我的藏书楼要能请到这样的人，那书楼的品味恐怕能提调一大截。这次深圳之行，也多蒙文白兄照顾，在他安排下，我此程特别顺利。

《竹墨留青——王世襄致范遥青书翰谈艺录》，该书为荣宏君先生编注。此次前来尚书吧，经文白兄之介，得以跟荣先生相熟，于是得到这本赠书。经聊天，得知荣先生对艺术品拍卖界颇为了解，提到多位我们共同相识之人，而尤为难得者，是他在现场拿出一册张伯驹在下放时期的日记，日记中的字体跟寻常所见张氏笔风绝不相类。荣先生向大家简约地提到他得到这部书的曲折过程。

《碧山》、《寸耕录》、《中国人的家当》，此三书均为绿茶先生所赠。我初得此书，不明其何以将这类书赠我，回来后翻看，方感觉书内所拍图片确实精美，我想，绿茶兄送我这三部书，其内在的用心是希望我能提高眼界，把照片拍得更有艺术性一些。我接受他这种婉转的批评，我也知道自己所拍图片实在太烂，但罗马城也不是一日就能建成者，我总要有一个慢慢进步的过程。

2016年1月

《榖外堂藏赵氏印存》，几个月前我在上海见到赵珩先生时，他说自己请了一位叫景厂的朋友钤盖了一套自家的藏印。他可能是看到了我的眼光瞬间放亮，于是马上解释说，这套仅钤盖了一部，没有办法赠送给我，但是承中华书局徐俊社长的美意，答应将此谱原样影印出版 200 部，其中会有一部归我。虽然这种影印本跟原物相比，还是下真迹一等，但毕竟也是限量出版物，于是忍住了自己的贪念，转年之后终于见到了这本小小的印谱。从制作角度而言，确实是够得上精美，而陆灏先生和扬之水老师给此书的题签，也使该谱增色。赵珩先生短信中称，中华书局给他 50 本样书，他以此来分赠朋友。能得到这五十分之一，我感念赵先生的友情。

《南京博物院藏中国肖像画选集》，某天王燕来兄给我打电话，说他在潘家园看到一本画册，里面收录的都是古人的肖像画，他知道此物对我有用，于是问我是否已有之？得到我否定的回答后，他将此买下来，而后转寄给我。今日出书，号称读图时代，编辑特别喜欢在文章内多配一些相关图片，而在我寻访古代文人遗迹时，也特别想能够配上本主的画像，毕竟我所访的那些人能够接得上摄影这个时代者极少。可能是我无意中跟燕来兄提到过在寻找这一类画册，他就将这句话记在心中，这情意让我感念不已。

《四季访书》乃钟芳玲女史新作。钟小姐可堪称为“书女”，这么多年来她坚持在世界各地拜访旧书店，她的视角恰恰跟我不相重叠：她所访者都是西洋旧书店，而我只对出售中国古旧书的书店感兴趣，因此我在寻访过程中也拜访了国内多家古籍书店。而她的这些寻访过程也比我有耐性许多，她能帮着书店搬书打包干杂务，并且她跟一些旧书店主人的交往，有的竟超过了十年。她有着女性特有的细腻，能够把这些交往过程中一些感人细节描绘出来，中国人，或者说像我这样的中国人其实对国外旧书店的情况了解很少，这么多年来，我通过拜读她这些著作，对国外书界有了感性认识。

钟小姐每出一书，都有赐下，尤为特别者，她每次赠给我的书都是同样的“第369号”。我不知道她固定地把此号之书赠给我有着怎样的寓意，但是如此长久地能把朋友惦记在心，情意令我心暖。

前几天我看到一篇报道，内容讲述中国独立书店的困境，文中引用到万圣书园老板刘苏里先生一段话，他说跟书店有关的著述自己最喜欢者有两本，其中之一就是钟芳玲所写《书店风景》，并且已经翻烂了三本，他如此关注该书的原因，当然不仅仅是书中的内容，刘苏里说，这本书给他打开了一个书店设计的窗口，因为他通过钟芳玲所拍摄的这些照片来分析国外书店是如何装修和摆放书籍。同样是一部书，不同的人看到了不同的风景，不知钟小姐是否想到她所出版的书店系列，竟然能够让中国业界的这位大佬如此感兴趣。

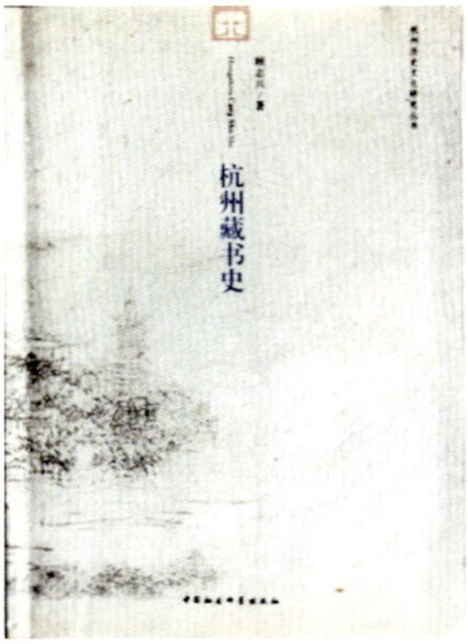

《杭州藏书史》，顾志兴著。十几年前我第一次寻访藏书楼时，所参考的主要资料就是顾志兴先生所撰《浙江藏书家藏书楼》。而后这些年，他又出版了许多大作，这些大作都是关于浙江或杭州历史上的藏书家或者出版史的研究。如此惟精惟一，让我特别佩服，而有意思的是，我跟顾先生交往多年，却一直今天还未曾谋面。前一段我到杭州去寻访时，特别想了解杭州府学和孔庙的藏书情况，于是去电顾先生，向他请教与之相关的史料，而后就收到他这部赠书。顾先生特别细心，他说我想了解的情况在此书内已有描述。他为了让我看着方便，还特意在这个章节用红笔打了勾。如此认真待朋友，仅凭这一点，就值得我好好学习。

《何求老人残稿》，俞国林编。此书新印线装一函 2 册，乃俞国林先生所赠。前一段，俞先生刚刚赠给我他所整理的《吕留良全集》，厚厚三大本，让我感佩不已，而今，其又赐下他所出版吕留良这部书，可见他的研究方法也同样是将一个人尽量地做透。这种治学姿态的确值得我学习。这些

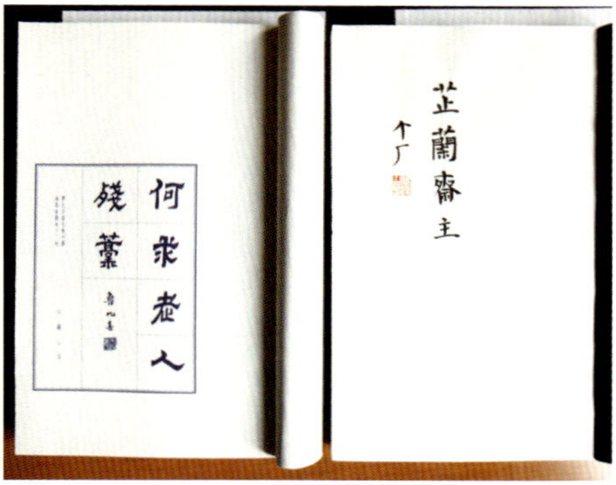

年来，我的读书和写作方式如果用陆灏兄的话来形容，那就是：东写西读，看上去杂乱无章。而我给自己的宽慰话则为：现在只是读书阶段，六十岁之后再由博返约正正经经地

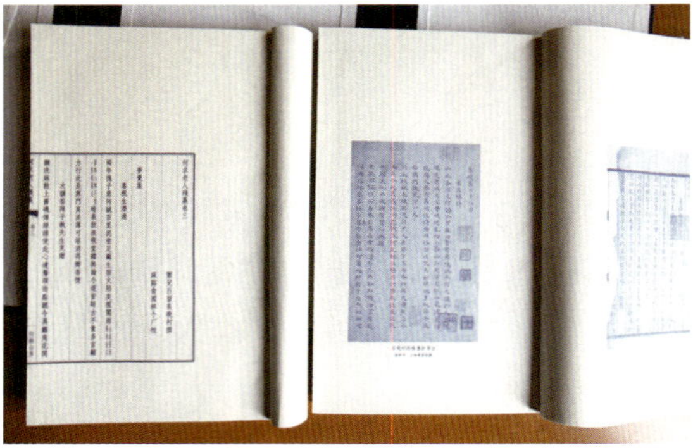

撰写著述。而俞先生如此年轻，却能做出这样专门的学问，这令我特别佩服，但我知道，以自己的性格，能够做到这一点绝非易事。

《吴中词徵》，王稼句著。王稼句先生每年都有多部专著问世，他这种勤勉让我难以望其项背，我每次见到他时，他都在那里快乐地招待朋友，而我为了写书，却尽量地减少应酬，即使如此，都不能像他那样高产。看来才子就是才子，“勤能补拙”这个词至少在他的身上，让我看到了反证。

《藏与跋》，这是李辉先生的新作。从外观来说，装帧设计风格与以往他所出书的那种严肃面孔绝不相类，不知道可否

用侠骨柔情这个俗词予以解释。李辉先生的独特视角及其高产，也是我难以做到者，下次见面时，还是要向他讨教一下如何能做到这一点。虽然这样的本事不是几句话就能学到者，但“虽不能至，心向往焉”总可以吧。

《中国图书史十讲》、《纸》、《东方印迹》、《中国出版史研究》，这四部书均为肖东发老师所赠。前一段，肖老师在北大主办“中韩日雕版印刷国际学术研讨会”，他邀我前去与会，但会议当天正赶上我在上海复旦大学也有同样一个重

要的会，而复旦之会又不能推托，我只能向肖老师表示歉意。但他不以为忤，告诉我也有几位朋友要去参加复旦的会，他事先没有想到这个会期冲突。但他所举办的雕版印刷会因为有国外学者来参加，事先已经定好日程，这使得改变起来不方便，只能存这种遗憾了。肖老师这种替人着想之心，让我感动。然此后不久，我们见面时，他赠我以上四书，并向我描述了那场研讨会的盛况。我虽然也知道那个会很重要，可惜分身乏术，只能从这本论文集中认真地学习了。

《一条开往中国的船》，这是沈迦先生新作。沈先生近两年来把自己学术着眼点放到来华传教士上，这是一个敏感的冷门，我从他的书中学到不少知识。在一篇采访中，我看到记者问他为什么以此作为近些年的研究方向？他说这也是一种偶然，因为他陪同一位老师前往北京五塔寺去看传教士的墓碑，由此决定了近几年的研究方向，而我也曾两度前往五塔寺去拍那些墓碑，却没能写出像他这样有深度的研究文章，这真可谓：各花入各眼。

回来翻看他这部新作，里面有一篇文章题目是“冒广生的温州旧照”，看到这篇文章让我颇感遗憾，因几天之前，我刚在公微号上发出冒广生旧居之文，有读者指出我在描述上不准确。我知道自己作文粗疏，是性格所致，不容易改变，但若能提前读到沈迦先生这篇文章，至少能让我那篇小文多一些线索，也就会写得更为丰满。

《一本书的诞生》、《十年》，当时收到这个快递里还有沈迦先生的《一条开往中国的船》，因不知是何人所寄，再加上邮件较多，这个包裹也就放到一边。沈迦先生几次询问是否收到所寄之书，我坚称未曾看到，直到查清快递号，才发现早已将这个包裹压在下面。拆包视之，除沈先生那部著作，还有这两本，在书里夹有新星出版社黄珊珊编辑的名片，我方知道这两部书系其所赐。

这两部书翻来很有意思，尤其那《一本书的诞生》里面不但配有精美插图，还包括字号的选择等等各种编辑所从事的工作，其实我只是个作者，对书籍的后期制作仅知道皮毛，看到这部书，我更加理解做编辑的不容易。任何事情想做到完美，都需要全副精力地投入，我想黄老师将这两部书寄给我，可能想以此来让我变得客观。

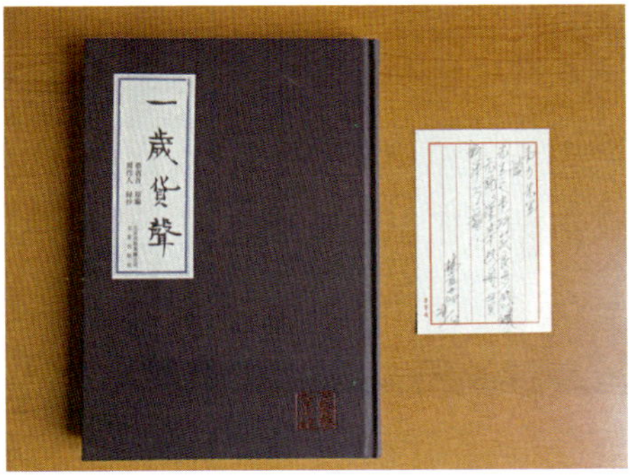

《一岁货声》，此书为北京出版社杨良志老师所赠。杨老师乃该社资深编辑，我在他手中虽然没有出过书，但多年来我们却有着时断时续的交往。几年前，嘉德公司上拍一批周作人手稿，杨老师闻讯后特别高兴，他希望我将其全买下来，然后放到他们社出版，但可惜我力不如人，仅买到其中两件，这显然跟杨先生的期望值相去甚远，而今他所寄《一岁货声》正是周作人手稿的影印件，即此可知，他做事是如此执着，想到之事必定践行。

杨老师是北京出版社的编辑部主任。记得某次谢其章给我来电话，说到现代文学馆的某研究员编了一部唐弢旧藏书影，该书责编就是杨良志。由此让我知道，杨老师对藏书类

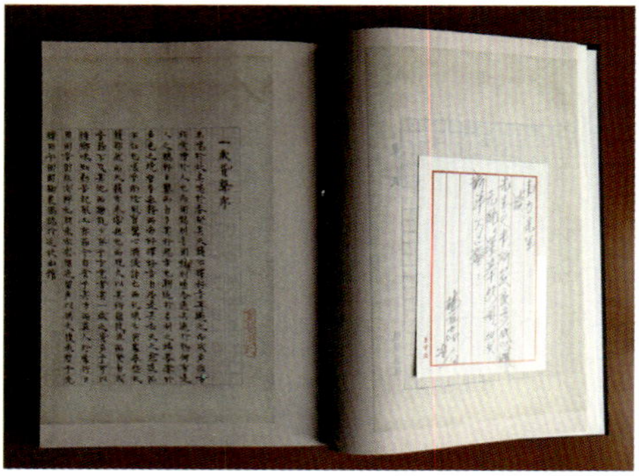

话题也有兴趣。在之后的交往中，让我渐渐了解到，其实杨老师个人收藏爱好乃文人书话类小品，同时也对跟京城有关的藏书史料有兴趣。某次德宝的拍场中出现了一张拓片，我对此并未留意，然杨老师却告诉我，这是崇厚家半亩园的整体平面图。我一向对崇厚也有着浓厚兴趣，在此前也了解到

杨老师正在写一篇从麟庆到崇厚的考证文章，于是乎我告诉他自己不会举牌，杨老师最终得到了这件史料，后来我在一篇杂志上看到他写的这篇极为详实的考证文章。

《承古融今　星汉灿烂》，此书为嘉德公司拍卖二十周年精品展所出的图录。这个展览距今已经有些时间，只是没想到现在这本书方印出。嘉德是拍卖公司，二十年来他们经手了无数珍品，但这些物品都是从这家征来，然后转入下一家，因此这些展品不可能一直存在他们的库房里，要搞这个珍品展就要分别找到当时的买家，而后还要将这些精品借过来，

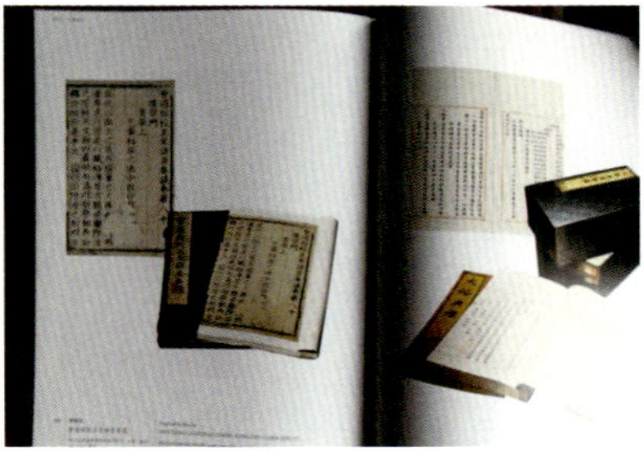

一起放到国家博物馆去展览，因此所有参展之物都是指定索要者。我参展的三部书也是拓先生所点。当然，拓先生自有他的标准和取舍，其中明铜活字本《会通馆校正宋诸臣奏议》，则是中国留存至今最早的铜活字本，这也算是我所藏活字本专题中的重点藏品之一吧。

《古籍导读》、《尚书今注今译》，这两部书均为辞书出版社朱荣所老师所赠。屈万里先生是目录版本学界著名人物，前一段我写到山东图书馆的历史，其中就谈到屈先生等人历经千辛万苦将馆藏辗转几地，最后藏在重庆的事情。这其中的故事读来特别让我感动，而今巧合的是，刚刚写完这篇文章，不足十天，就收到屈先生这两部大作。冥冥中因缘际合，有时还真难用理性解释清楚。

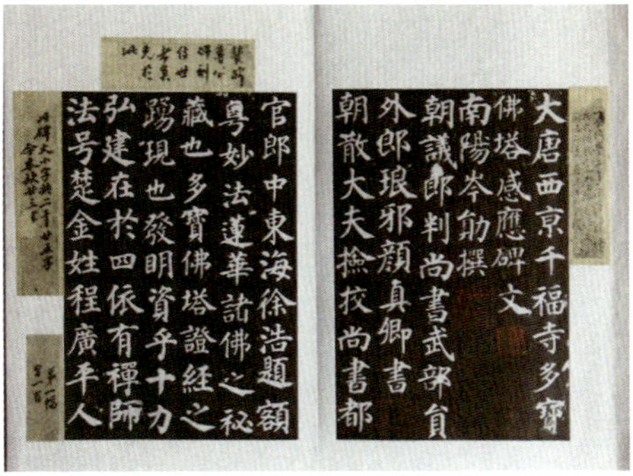

《多宝塔碑》、《玉枕兰亭序玉版十三行合册》，此两书均为经折装，是福建图书馆善本部徐建平主任所赠。这两部书均为高仿真印制，甚至书中的夹条也清晰地用原色影印出来。这种印书方式对碑帖鉴定至关重要。即此可见，专家做

书与市场做书还是有着不同的着眼点，尤其书中残破之处不做电脑修补，这也给后期鉴定留下更多的资讯。

跟徐主任几次交往，都给我留下了很好印象。记得有一次我在福州时，他带我去看当地藏书家林佶的故居，而那个故居的匾额颇为奇特，徐主任问我是否认识匾额上这三个字，仅读最后一字为“居”。我对自己学问浅陋表示歉意，徐主任安慰我说，能读出这一个字已经不错，因为他带着不少领导来此参观时，绝大多数是一个字也读不对。这样的安慰方法搞得我不知道怎样筹措自己的表情，那好吧，我现在把那张匾额图放在这里，让有识君子来瞧瞧我是何等的无知吧。

《赵松雪书心经》、《金刚般若波罗蜜经》，该两书均为浙江径山寺张涛居士所赠。前几天在杭州时，由浙图地方文献部主任刘杭先生带领，我前往径山寺去寻访。经刘主任介绍，得以见到张涛居士。张居士十分热心带我参观寺内各处遗迹，同时还赠我以上两书。张居士对于径山藏历史颇为熟悉，经他讲解，我了解到不少自己事先未闻的资讯，在此一并表示我的谢意。

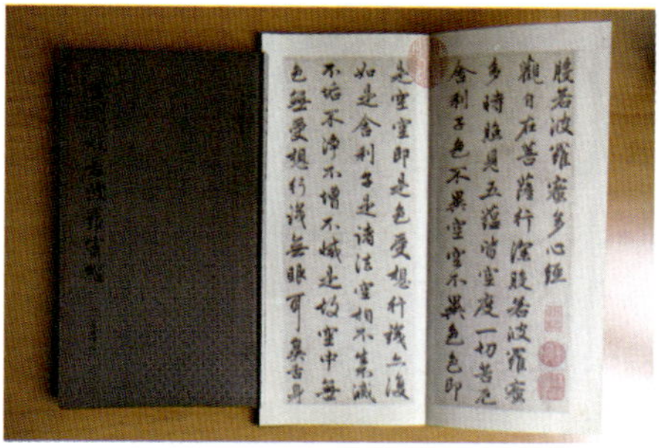

《信步胡同》，杨大洲著。

这部书得来颇为意外。因微信中一位读者的留言，他讲述到我这些文字可以结集出版，如果我愿意的话，他可以帮我做装帧设计。如此热情的读者，当然令我高兴，于是我冒昧地提出可否寄下一册他曾设计过的书，我想以此来了解他的设计风格，而后就得到了这部《信步胡同》，也由此知道这位设计人本名是黄鲁。这部书在设计上颇为典雅，尤其里面的照片比我拍摄水平高许多倍，艺术修养之差让我难以拍出精美照片，因此每当看到他人拍出的照片都让我特别羡慕，而这部书也同样如此。

《福建古塔》、《灵伯居诗文自选集》、《闽词钞 闽词徵》、《天演论》，此四部书均为卢为峰先生所赠。跟卢先生大约已有七八年时间没有见面，当年他给我出了本《古籍善本》，而后我到福州时，承蒙他热情招待，尤其让我看到许多品质上乘的寿山石，那次的观看让我印象深刻。在此之前，我也购买了不少所谓的田黄，而卢先生让我看了他朋友的那些精品之后，我方醒悟自己的眼光是如此之差，自此之后不再涉及这一行。每想到这件事，我都感谢卢兄的这次引见，而今所赠的这部《福建古塔》，则又给我的寻访计划找到一些信息。

《吃情岁月》，冯传友著。冯先生的性格应当算是标准的文人，因为他有着诗、酒情怀，既喜欢藏书、撰文，又喜欢美食、美酒，这才是真正懂生活。冯先生主持《包商时报》

文艺副刊，招揽了一大帮爱书之人给他写文章，足见其人格魅力所在。前一段，此副刊被其领导砍掉，这个结果让一帮爱书人长吁短叹了一番，然而未曾想，没过多久，他又将此恢复起来，可见其有着极其执着的耐性。我是个乏味的人，对吃极其外行，希望能够从他这部大著中学到一些美食的皮毛。

每个月都能收到不少赠刊，因为数量众多，只能选择地在这里予以鸣谢，其中《天一阁文丛》、《鲁迅研究月刊》、《藏书》、《紫禁城》等，我均为编委，然而贡献的文献却很少，可是刊物却得以常年相赠，在此只能感谢主编不弃。

2016年2月

【贺新春】书友墨宝

新年到了，就别坚持不懈地发自己的烂文章了，我歇口气，也让读得很辛苦的朋友过个轻松年。近一个多月，朋友们赐了我一些墨宝，我把它算作朋友送我的新年礼物，选择数幅与朋友们共享，同时也算是我对书者表达谢意。我以得到的时间顺序排列如下：

一、这是扬之水老师手书的贺年帖，好像不能叫贺卡，众所周知，她的蝇头小楷是书界的追捧之物。元旦之前，我给她寄了贺卡，她回短信称，自己不过这个洋节，所以要等春节前再给我寄。我以为她会寄来贺卡，没想到是这样的一张贺年帖。这种精致典雅就不用我再形容了吧。上次，她寄书

给我，让我签名，我无意间发现里面夹着一张别人给她的手札，按说，我不应当去偷窥，但我的窥私癖终于没能忍住，还是拜读了这封信，内容我没记下，但一看见里面的上款儿称呼就乐了：原来别人管她叫水哥。

二、这三张图都是贾建钢先生作品，他的小楷我特别喜欢，一丝不苟，并且我从这些字迹中看出他心静如水的平和，这在红尘滚滚的今天，是极难得的一种品质，可惜我只是心向往焉，无论如何也难以做得到，但我盼望着自己能够新年新气象，让自己变得心态更平和一些。

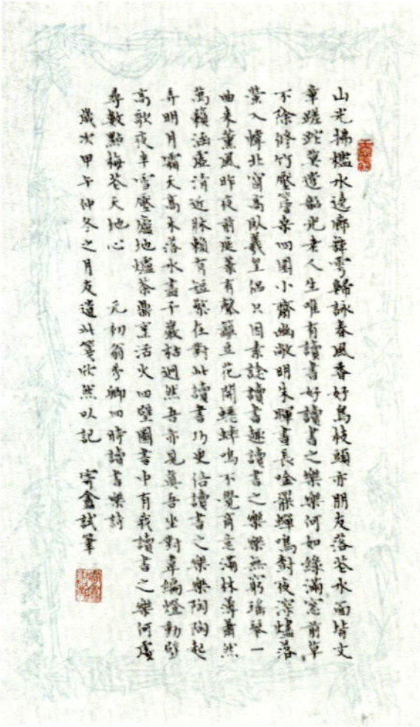

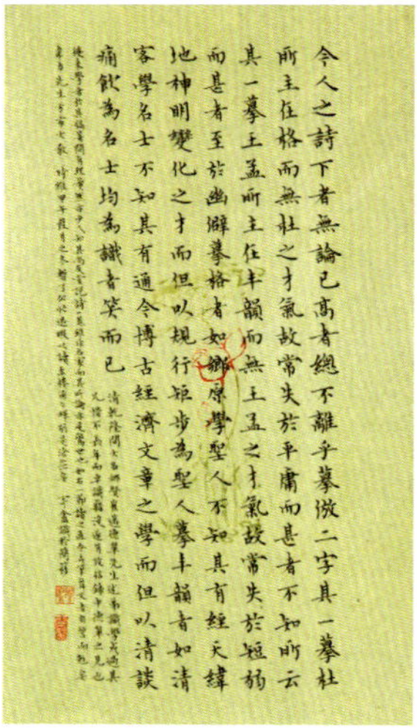

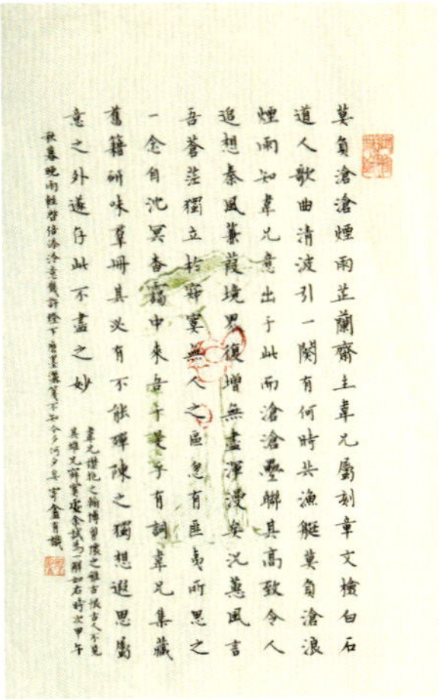

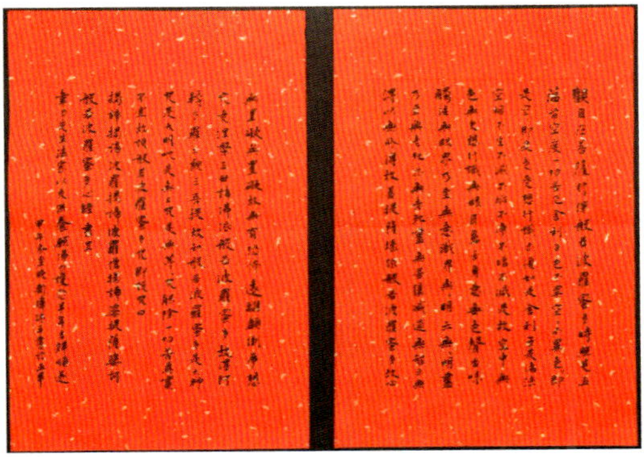

三、这是戴新伟先生的墨宝。戴先生墨宝我得到多件，能写这么漂亮的书法，确实让我佩服。那两张红色的洒金

笺，是他专门给我写的《心经》。而另外一张，其实不是书法作品，而是他给我写的一封信。按理说，这种私人信件未经本人同意不应公示出来，可是我觉得一个人平常写信都能把字写得如此漂亮，这才是一种真本事，我觉得有必要公示在这里，成为大家学习的榜样。

四、这是王汎森先生的书法作品，我不知道他写字竟然如此漂亮，他写的是“家藏独有书，耽书是宿缘”。王先生说，他想起这两句，感觉到像是在说我，于是将此书写下来送给我，算是新年贺词。

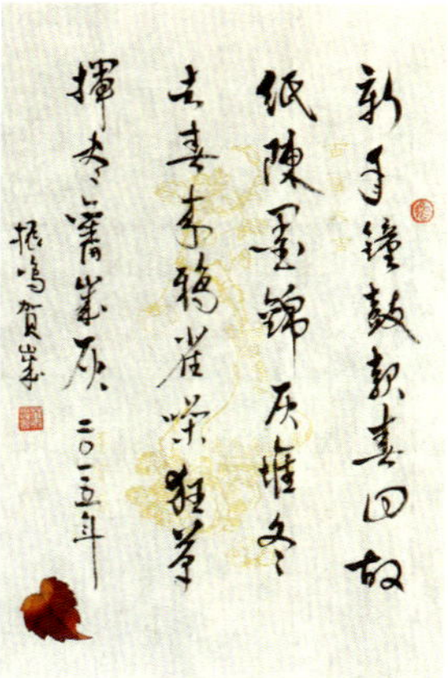

五、这是萧振鸣先生的书法作品。我觉得萧兄属于多面

手，他能写多种字体，能把书法写出花样的人我一向觉得很是佩服。其实我最喜欢他模仿鲁迅的笔体，可惜他给我写的这个新年贺词不是我想看到的鲁迅体，但也能看出朋友的用心。他在这张笺纸上贴上一页很小的枫叶，我还真没有见过如此袖珍者。

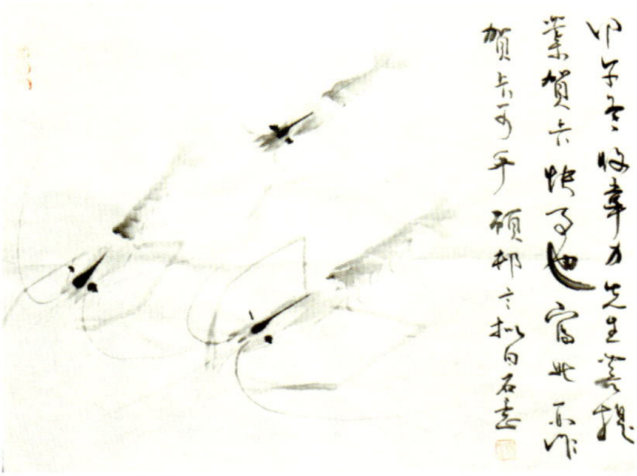

六、此为顾村言兄的作品。近两年，我到上海几乎每次都能见到顾兄，他那种不急不徐的脾气令我特别佩服，但我却从来不知道他还会写字、画画，尤其这张画上的三只虾，颇得白石老人三昧。

七、这是一张给我特制的藏书票，是我自己的藏书票中很独特的一种图案，这个书票得自黄显功先生美意，他主编一部《纸上落英》，里面收录的都是当代藏书家的书票及故事。因我自己的书票不知道压在哪里，于是他请朋友帮我刻制一枚，并让我出题。我想想自己就是一只蠹鱼，请他把图案设计为一个人在故纸堆中的形象。然而，我得到这个书票之后，瞬间就乐了，因为我觉得那个人物像是关云长在读《春秋》，这太高大上了。于是，我打电话给黄兄请他转达我对这位设计者和刻制者的感谢之情。

八、这是拓晓堂先生的墨宝。他效仿古人抄稀见之书，将其中几页送给我。但有意思的是，他这种抄书的笺纸旁却印着“潘重规手写”，这显然不是他的专用纸，我质疑他这种乱人耳目的做法，他竟然告诉我一个有趣的小故事。原

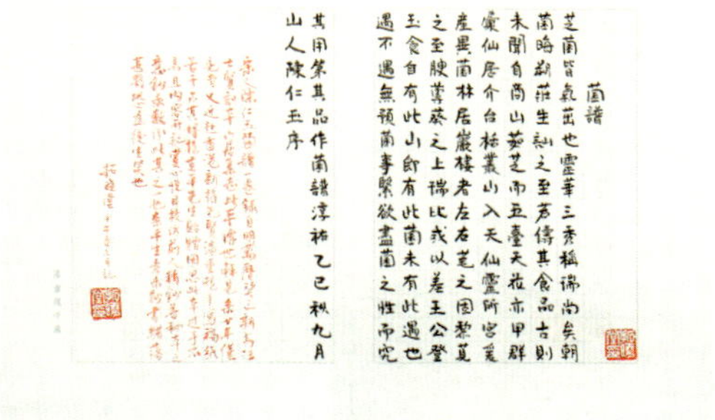
蘭譜
芝蘭皆氣茁也靈華三秀稱禴尚矣朝
蘭晦蔚莊生知之至芳傳其食品古則
未聞自商山茹芝而五臺天花亦甲群
處仙居介台栝叢山入天仙靈所宮爰
產異蘭林居巖棲者左右芝之圃藜莧
之至腴蓴葵之上瑞比我以羞王公登
玉食自有此山即有此蘭未有此遇也
遇不遇無預蘭事聚欲盡蘭之性而究
其用第其品作蘭譜淳祐乙巳秋九月
山人陳仁玉序

来，这批笺纸他果真是从潘重规后人处所得，因为潘先生斯人已逝，留着这些空白纸无用，被拓兄携回，专以用来抄书，我觉得有必要把这段小故事郑重地记在这里，省得五百年后人们为了考证这是不是潘重规的手迹而喋喋不休。

潘重规乃是国学大师黄侃东床，他在国学，尤其在训诂学方面颇有成果，而社会津津乐道者，乃是他对《红楼梦》的研究。他的旧藏前些年出现在嘉德的拍场中，我也得到其中一部分，而最让我欣喜者，则是《萋香轩文稿》。此后潘重规旧藏又有几批出现在嘉德拍场内，我从中把他的藏书目录买了下来，看来将潘重规视为藏书家，由此目即可确立。而今我又得到了他的稿纸，这让我跟潘重规之间的缘分又增加了一条。

九、这不是书法作品，而是一张拓片，其实不应当放到这个栏目里，但友人所赠拓片，这一年多来仅得这么一张，无法将其归类，故在此一并出而表之。此拓片为一峰书店经理常银昌先生所赠。我到他店里时，一峰书店正在搞碑帖展，其中有些摩崖拓片虽为新拓，但制作得较为精良，这是我赞叹之后得到的奖励。

一峰书店是中国古旧书流通行业中的新军，开办在北京著名的古籍流散地琉璃厂，开业之初该公司请到许多业界人士，办了一场较具规范的研讨会，在那个会上，中国书店总经理于华钢先生讲出一番话最受大家关注。于总说，几十年来琉璃厂虽然有多家古籍书店，但这些店全部都是中国书店的门市部，而今突然冒出一峰书店这一家，且与中国书店没有任何血缘关系，这让他很是好奇，于是特意以读者身份进店看了几回，让他做到心中有底。

于总直言不讳引起在座善意的笑声，但这件事换一个角度来看，也正说明一峰书店的出现是北京古旧书流通行业中一个重要事件，它打破几十年来中国书店一统天下的格局。该店的未来我无法预测，但它的诞生有着标志性意义，从这个角度而言，一峰书店必然会在中国当代古书业流通史上雁过留名。而我得到这样一张拓片，也算这个标志事件的一个物证。

十、此为《光明日报》社殷燕召先生所赠贺年之物。我惊异于这个图案上手绘的瓦当残片，很有拓片味道，这应当就是古人所说的颖拓。前些年，我在《光明日报》社承殷先生美意开一专栏，后来他调离那个栏目，使得这个专栏无疾而终，但却时常能够得到殷先生的问候。而我至今未曾跟他谋面，这种君子之风令我感念。

十一、这是徐俊先生所书。我到他办公室，他拿出这副精致的对联送给我，让我有意外惊喜之感。我认识的出版社老总中，徐俊先生当推书法第一。徐总告诉我，这副对

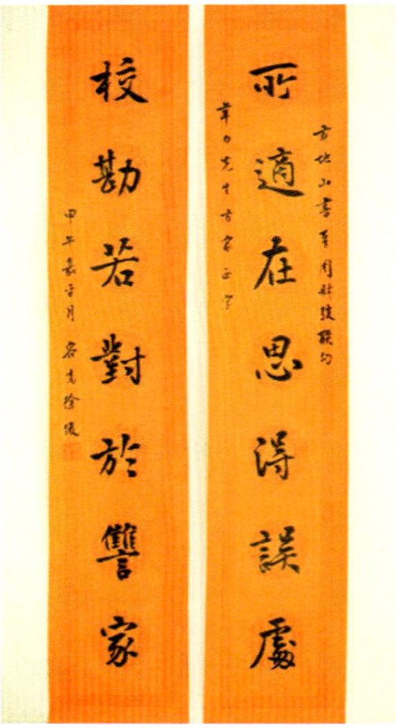

联的内容，是他看我微信中的图案，由此而产生写字的冲动，我也由此得到这件墨宝。

2016年2月

【贺新春】法书狂舞

新的一年到了，想想过去一年，那么多朋友来观看我的公微号，而我自己在上面发了那么多杂七杂八文章，辛苦众位师友们一路读了下来，这让我感到既惭愧又充满着谢意，因此我也学着用领导的口吻向各位师友们高声地喊上一嗓子：同志们辛苦了！

可惜，我未能听到同志们山呼海啸的回声：首长辛苦！即使这样，感觉喊这么一嗓子，果真充满了豪迈之气，那我就用这种豪气向这一年来辛苦读我微信的师友们诚心地再喊上一嗓子：新春快乐！

元旦之后收到不少师友们的贺年之物，有些朋友寄来的是自己的书法作品，用我那个木贺卡换来这样的宝物，我对自己的小伎俩能够得逞颇感自得，也正因此，突然灵光一闪，觉得应当把这些法书公布出来，以此与朋友们分享，同时也把这些精彩的作品作为新年礼物，这也算我的与众之乐，不知各位师友以为然否？不管然不然吧，今天就这么做了，但在此仍然要庸俗一句，那就是：排名不分先后。

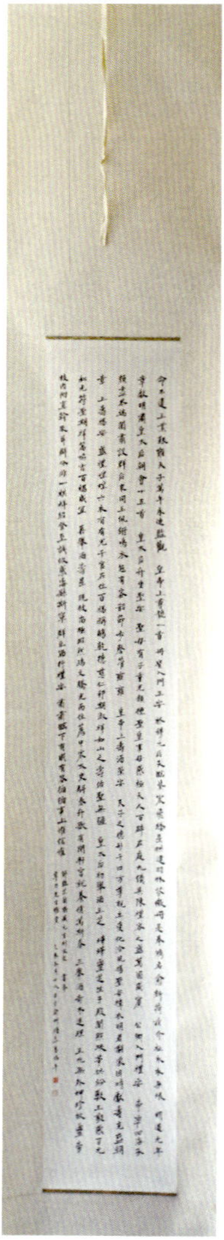

易福平先生所赐这件法书是瘦长的一个字条，我为了能将其挂起来拍照，想了不少办法。这件作品的内容是在展开之后才看明白，原来在落款儿处写明“节录芷兰斋元官刻《宋史》”。起始我没弄明白是从哪里节录者，而后突然想起我所做的那个贺卡，原来这件法书就是抄录了贺卡上的内容。这种做法倒真是巧妙。我一向欣赏易先生的多才多艺，他不但写书法，还搞绘画，同时对篆刻也有研究，近几年收藏的重点则是古印谱。能把每样事都照应得如此完满，这一点至少对我来说，不容易做到。

这是李阳泉先生所赐春联，我以往所见阳泉兄所书均为精美小楷，但他写这么大的字我还是第一次见，李兄号为“不退居士”，可见其有着执著的精进之心。收到这副春联后，我给他打电话，对此联没有落款儿表示异议，他笑着跟我说，这是春联，哪有落款儿者？他同时告诉我，春联下方钤有三方印章。恕我眼拙，事先还真没发现。

这也是一副春联作品，将其打开，我一眼就认出其出自贾建钢兄之手。贾先生近两年来替我代笔了不少文字，这使我对他的字迹变得眼熟能详。

戴新伟先生也是位多才多艺之人，他有着南方人特有的精致，其所赠之物都能看出他那固有的细腻。寄来的这件作品装裱在一张贺卡的右下角，这种不对称感有着别样的美，如果是我，肯定将其裱在卡纸的正中，想想那种感觉，定然有着红日当头照的大俗。

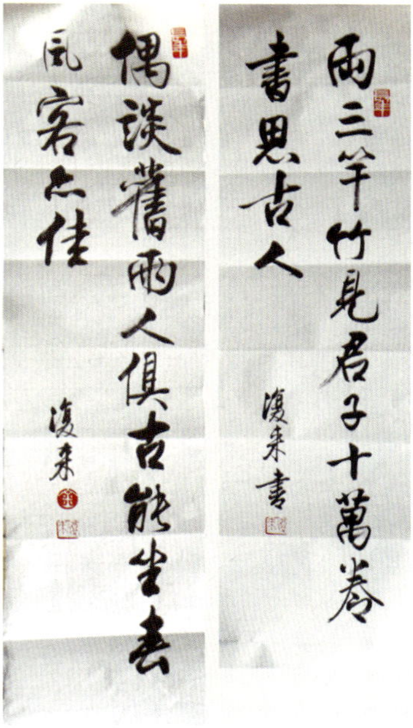

这两件作品均为金光先生所赠。我仅见过金先生一面，前一段我去杭州，其中见到一位两年未曾见面的好友，那天我正忙着寻访，好友来接我时，我提出想找一个雅静之处坐下来说说话，而好友来杭州的时间也不长，他不熟悉附近环境，于是打电话给金光先生，在他的指挥下，果真找到一处闹中取静之点。那是一处西湖边的园林，所设的房间不是宛在水中央，而是就在水中央，而后见到金光先生。见面第一句话，我就赞赏他做人有着别样的情趣，而我赞赏的结果，就是得到了这两件法书，我对自己这个小小的进步表示满意。

金光先生乃是杭州明珠电视台的导播，我此前就听说过金先生特别有文化情怀，拍过一系列为文化而不是为利益的纪录片。见面后他跟我说，早就听过我的名字，故希望在我接下来的寻访过程中由电视台的拍摄人员陪同，以便给这种寻访留下来第一手珍贵资料。他的提议当然不错，但我告诉他，自己有着特殊癖好，也就是不愿意以丑示人，因为实在是颜值太低了，当然这只是句玩笑话。他的提议很有价值，这种专业影像远比我这支秃笔要详细许多，在寻访之前，我也考虑过使用录像的方式，并且实施过一回，可能是水平太业余，总之效果远不如我想象的美好，也因如此，放弃了这种直观的记录方式。而今寻访已接近尾声，剩余者仅是拾遗补缺，到这个次第若接着拍影像，显然已经错失良机。于是我婉拒金光先生美意，然而这并不妨碍我们成为朋友，故而很快，我就得到他这幅墨宝，因此，我也就借这个机会向他表达我的真诚谢意。

邵仄炯先生的绘画我颇为喜爱，因其有一种“夫唯不争，是以不去”的恬淡，这种古风于今而言可谓稀矣，于红尘滚滚中，能依然故我岿然不动，这等定力令我敬佩，然他的书法作品我却是第一次得到，这与以往他那种特殊笔风有着较大差异，这也是我今年所获对联中唯一一副落款儿者。

嘉德公司近两年确实有一些变化，而我有切身感受之处，就是这一年来所得到的各种礼品与以往相比较大。俗话讲：新人新气象，我觉得这应当跟胡妍妍老师荣任嘉德公司总裁有较大关系。比如收到的这封贺年之信，乃是用毛笔书写者，而非统一印制。嘉德公司是中国最负盛名的艺术品拍卖公司，其面对的客户数量之多，我很清楚，即使仅对公司的顾问或者重要客户来书写这种贺卡，也同样不是个小

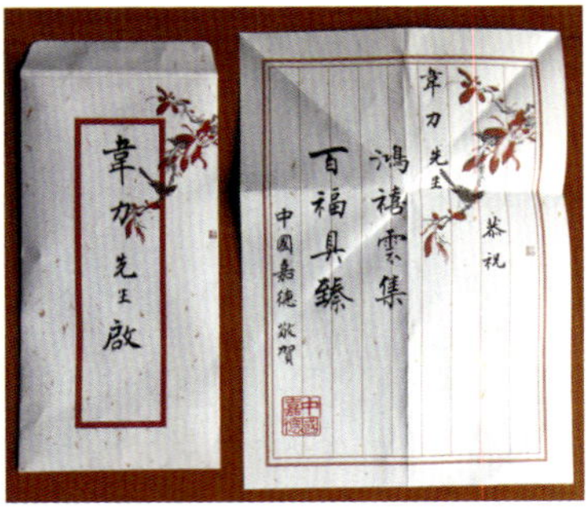

数量，也正因如此，当我得到这件别致的贺年信后，确有一种小惊喜。

我感觉这应当是一张印蜕，我在这里用“应当”二字，就是自己不能确定之意。虽然所刻是一方残石，但下面的边款儿却颇为正式，细看之下，我的贱名是写上去的，其余则是一种印拓。这样巧妙结合，确实是匠心独运，而这件作品的制作人是《光明日报》的殷燕召先生。前几年殷先生约我在《光明日报》某版上发了几篇文章，而后他调到了其他部门，这件事就无疾而终，然殷先生却每年都寄给我一些别致之物。作为编辑，以如此的态度对待作者，这种做法似乎不很常见。

展开这件尺幅很大的作品，看到上面的字迹，第一反应就想到了天津龚望老先生，因为龚老先生书写风格与此相类，而他写出这种字迹所用之笔称为鸡毫。十几年前，我通过天津古籍书店经理彭向阳先生求得龚望先生几幅墨宝，其中之一就是给我的书楼写的堂号。从此让我深深地喜欢上这种用鸡毫写出的隶书。彭经理告诉我，鸡毫极软，故写字难以成型，非腕力极强者难以使用这种笔，而今我看到顾村言先生赠给我这幅书法作品，第一反应就是，他所用的笔很可能也是鸡毫，虽然我不能确认自己的判断，但这件作品所表现出的张力，却能够清晰地感受到。

顾先生主政《东方早报》艺术专版，我在上面时常看到他的文字，即此可见，他的才气也同样光芒四射。

这是我见到过的最小贺卡，其尺寸比两个火柴盒大不了多少，洁净的封面上仅有一支凸出来的孔雀翎，内页则是扬之水老师所书蝇头小楷。古人形容极小的楷书是用苍蝇头来

比喻，但把这个比喻用在水师头上，颇不雅训，然我也杜撰不出更好的形容词来。不过既然这张贺卡封面是孔雀羽毛，那就把这种字形容成凤头吧，虽然凤凰头比苍蝇头大多少倍，我不能确定，因为没人知道凤头有多大，那我就暂且认定除了名称上的雅俗之外，凤头就跟蝇头相仿佛吧。但水师乃书界之凤，这个说法应该不会有人提出异议。

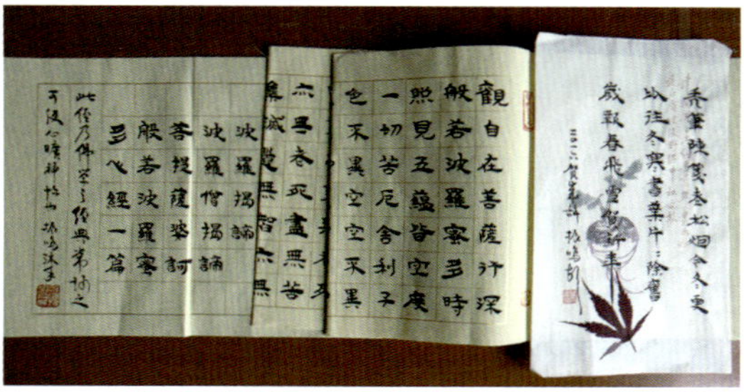

萧振鸣先生的书法我一向喜欢，我对他的佩服之处，是他能书写多种笔体。因为他常年就职于鲁迅博物馆，故有一度他曾仔细地研究鲁迅书风，并能够模仿极其相像，节前他赠给我的这两件书法作品，尤其那件《心经》，是一种变体的魏碑。当年齐白石衰年变法，而今萧振鸣先生正值壮年，却能将自己的书风呈现多样面目，这本事让我佩服。

应凤凰老师我仅在台北见过一面，大概是两年前，在吴兴文兄安排下，我到台北参加国际书展，那个书展上同时举办讲座，我和应凤凰老师都是其中的讲演人。在主办方安排下，也只能是礼貌地寒暄几句，无法进行更多沟通，然回来后不久就收到她所赐大作，其实后来我还是向兴文兄了解了一些凤凰老师的情况。

年前，我给应老师奉上一枚木制贺卡，而后收到她所寄

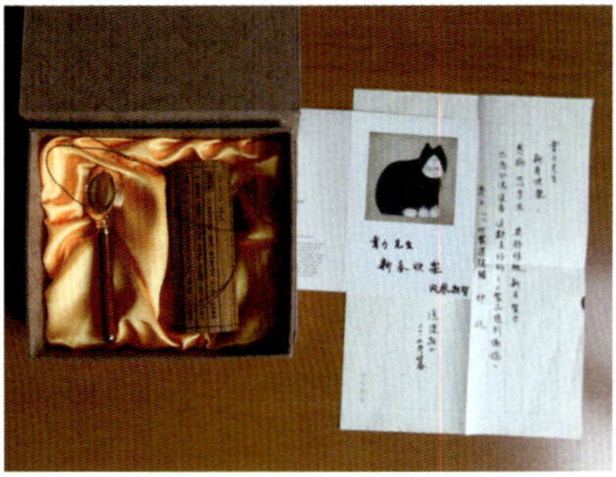

的这件竹刻《道德经》。应老师在信中夸赞我所寄贺卡之美，同时还谦称在台湾难以找到这样的刻工，于是给我寄来这件《道德经》。我觉得她应当是以此来提醒我要更加提高自己的道德水准，我这个解读方式应该跟古代的“举烛”故事有一比。

此笔筒为上海龙美术馆所赠，我把它视为自己参加展览的奖励。这件笔筒是一件高仿品，细看之下，确实仿制手法高超。民营美术馆能够搞到如此声势，这让我对这个行业有了新看法，看来很多事情只要用心，均能取得好的效果。我对刘益谦先生也愈发地佩服，我所佩服之处，是他在面对社会上各种非议时依然故我，这种“举世而非之而不加沮”的强大心理，至少对我而言很难做到，希望自己也能渐渐修炼出他这种成熟。

此物为姜寻先生所赠。收到之时，我不明白这是什么物件：竟然是用铜铸造的一个正方体，里面有一道笔划。于是去电话问姜先生这是什么东西？他告诉我这是一件手把件，寓意为镇小人。我这时才看到贺卡背面果真印着“习汉字 镇小人”的字样，这么个铜画就能镇住小人，那小人也太没本事了

吧。姜兄笑我太过认真，他说这只是一种寓意。这两年来，他每年一个变化，去年又办起了模范书局，他这种本领无论怎样我都学不来。

这三方印章乃贾建钢为我所刻制者，章文内容是我提供，但在刊刻手法上，我请他自由掌握。这次见面他又跟我探讨起关于篆刻的概念，其实我属于眼高手低之辈，只会挑别人毛病，而自己完全不会操作，贾兄以他那贯有谦虚涵养，听任我胡发议论。我向他讲起自己多年前买到一大堆寿山石，自认为选的都很漂亮，而后拿给某位篆刻家时，他却

告诉我，我的所选是如何的外行，好看没有用，好刻才是关键。这个经历打击了我在这方面的强烈追求。

这是个巧妙的组合，一本书夹着两盒茶叶就组成了“江上芸香”，芸香系我所喜爱者，因为这是古人在书籍中所夹放的防虫之物。我的一个书系中就有这两个字，然所寄之人

却回忆不起，好在快递单上能够模糊看到姓名与电话，我担心辜负了朋友的美意，于是试探地问对方自己是否曾与其谋面？而接电话的顾晟楷先生却直言，我们不曾见过。他客气之后告诉我说，是深圳的某位朋友告诉他我的地址与电话，他觉得都是爱书之人，因此寄来与我分享。尤其那本图册，是他在江阴当地举办乡邦文献展的出品物。这样的书当然对我有用，而后翻到版权页，却看到上面印着“公历2016年11月制”，看来这是未来的产品，抑或是个错版，这更增加了收藏趣味。

补记：此事后几个月，我来到江阴市，在那里不但见到晟楷兄，同时还见到他父亲，由此而知顾家父子两代都酷爱藏书，且每人所藏都颇具规模。坐在一起聊天，能明显感受到顾家父子二人性格上的强烈反差，顾老有着个性张扬的一面，属于敢作敢为派，晟楷兄则性格内敛，有着谦逊与儒雅，但他们的爱书之情却并不因性格上的差异而有所分别。

袁鸿蕙女史在做事上的认真特别令我佩服，她不是墨守成规的人，总能想出各种各样的仙招儿以突破线装书业沉闷的腔调，她告诉我今年所做的《西厢记》版画就是杨家埠的木版刷印品。将此结合成挂历，这等于又诞生了一种新的收藏品。袁兄说这种挂历卖得特别好，事实证明这种挂历广受

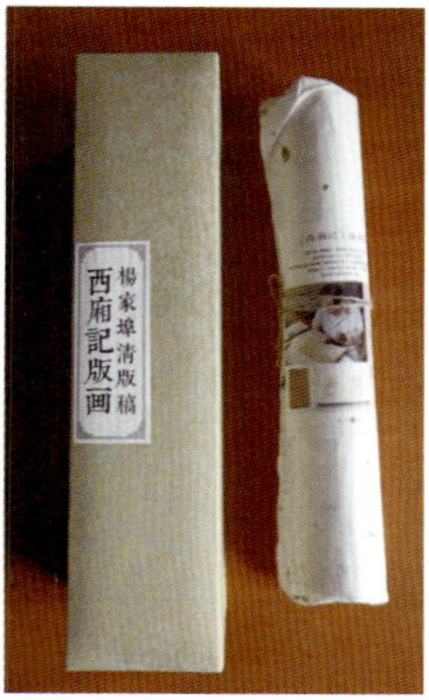

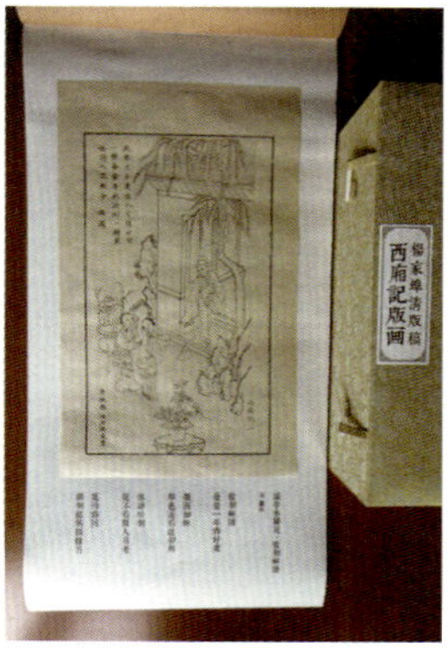

藏家所喜爱，她同时还送我两对儿杨家埠套印版年画，分别是文门神和武门神。大俗就是大雅，由此得到印证。看来想到要比做到更不容易，而突破贯有思维则更难。

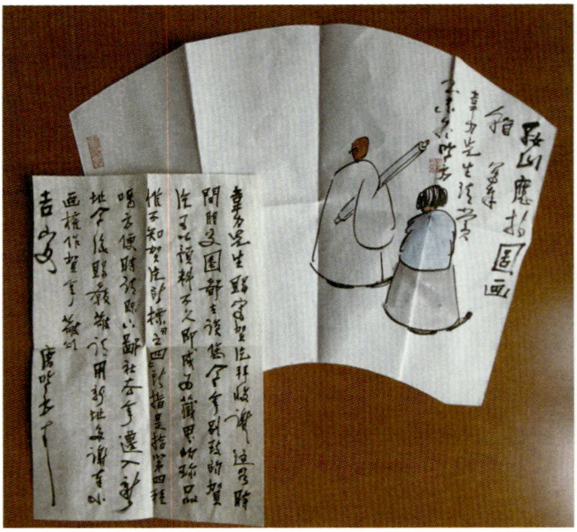

唐吟方先生也是位才气四溢之人，书法、绘画、文章样样在行，他主编《收藏家》多年，我在一些杂志和报纸上时常看到他发表的隽永文章。唐先生所写，文短而韵长，这跟我所写的又臭又长，形成很大反差。能写短文章，那才是真本领。而今他所赐这张扇面，虽然寥寥数笔，但却同样表现出他那种意在言外的特有风格。

2016年3月

《王世襄珍藏文物聚散实录》、《竹墨留青》、《文博大家史树青》和《季羡林说佛遗稿汇编》，这四部书均是荣宏君先生所著。我跟荣先生只见过一面，是在深圳尚书吧，两个北京人跑到南国会面，也是一种缘分吧，回来后竟一次收到他四本大作，如此重朋友情谊，让我佩服其为人。在深圳聊天时，听到许多他讲述的关于书画家的故事，他对一些细节描述得十分详细，由此可知，荣先生跟书画家老前辈有很密切交往，并有着很好的记忆力，再加上勤于著述，才有这么多专著面世。

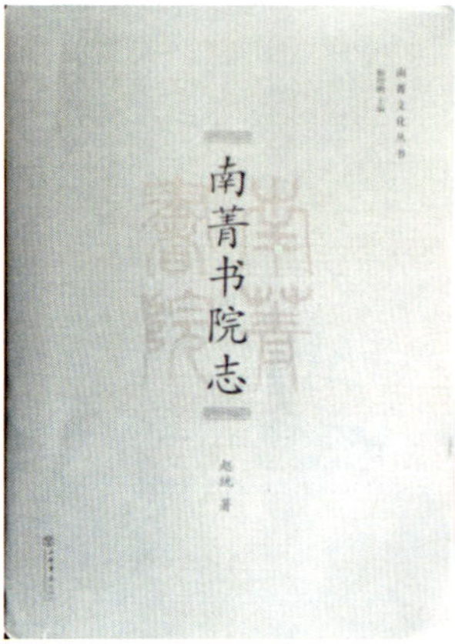

《南菁书院志》，赵统著。得到这册赠书，应当感谢江阴的顾晟楷和陈龙两位书友，我到江阴访古代遗迹，就是得到这两位朋友的帮助，他们不但给我以周全的安排，同时介绍我认识南菁中学校长，因为我到江阴时，正赶上周末，学校里放假，顾兄托朋友专门让校长在学校内等候，而后带我参加校史馆，同时得到这部赠书。当晚顾兄招饮，在席间聊到今日所得，顾兄告诉我，他是通过《南菁书院志》的作者赵统先生，才找到了校长，而赵先生此时正在澳大利亚。他专门为此事给予联络，闻此言令我感动，与赵统先生未曾谋面他不仅给予安排，还赠我大作，只能在此表示我的谢意了。

《装潢志》，陈龙先生所刻。这部书是近几年私人刊刻的木版书中的精品，在此之前我得到林章松先生所赐该书的红印本，因为林先生给该书写了跋语，也算是此书作者之一。而后不久，文白兄又赠给我一部该书的墨印本，因为尚书吧包销了一部分该书，所以那墨印本上有着特殊的印迹。而今见到陈龙先生，才见到了该书的真正制作人。陈先生出示此书时，我告诉他自己已经有之，他直言，知道我已经有了朱印本和墨印本，所以他特意赐我一部蓝印本，这等于将该书的不同刷色集全了。我感谢他的美意，同时也好奇他为何制作此书。陈先生向我讲述之前构思，以及后来曲折经历，看来，把任何一个事情做好，都不是件容易的事情。我对做事精细的人一向佩服，这也正是因为自己性格上的毛糙。

在江阴晚上聚餐时，有幸认识顾晟楷的父亲顾铁林先生，按理来说，我跟晟楷先生以兄弟相称，而顾铁林先生当然就是我的长辈，我至少应当称他为老先生，然而他的性

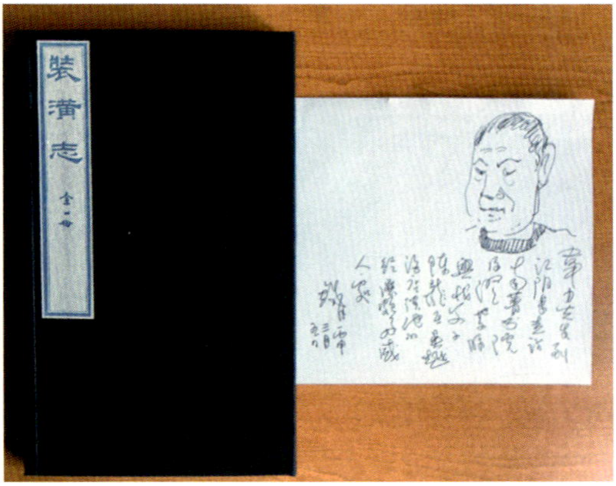

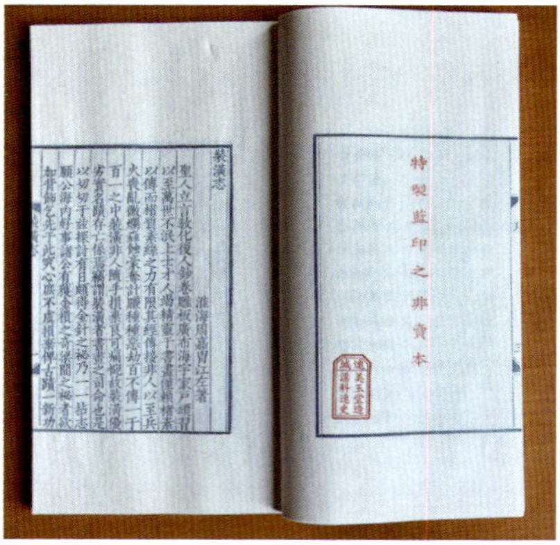

格比年轻人还潮，言谈举止间完全不能将他的大名前按上一个“老”字。铁林先生和我讲起他几十年来的藏书历史，那样的曲折故事足令人唏嘘，但他口吻中，却丝毫听不出那个年代过来人常有的抱怨。他这种精神让我特别受鼓舞，与老先生聊得兴奋，他竟然即兴拿出纸笔给我做人物速写，我很少照镜子，确实对自己的容貌没有什么印象，但看到铁林先生所绘，还是难将图像上的人跟我划上等号。陈龙先生说，铁林先生画得很像，好吧，那我就认定就是长得这个模样吧，不过，我还是认真感谢顾铁林先生的美意。

补记：我这篇师友赠书录在公微号上发出后，有不少书友批评我说，以上这个段落似乎在抱怨铁林先生没把我画美，冤枉乎哉，我绝无此意。因为我在写出上面这段话时，只是觉得好玩有趣，铁林先生有着豪爽的性情，跟他坐在一起吃饭聊天，那不仅仅是如沐春风，还能让对方，哪怕是初次见面者，也没有客套的拘谨感，正因为这种感受，才使得我敢于以如此调侃的口吻来评价他的绘画，我当然知道速写只是一瞬间的印象，而后寥寥数笔，像与不像是个次要，贵在传神，从这个角度而言，铁林先生这幅画像已经完全符合这样的要求，我怎么可能还以怨报德会有不满意情绪呢。特此解释如上，以正视听。

《又梦扬州》、《世界发现扬州》，这两部书都是韦明铧先生的大作。十几年前，我第一次到扬州访藏书楼，就是受到他的接待，此后虽偶有通话，但再未见过面。这次再来扬州，正赶上他参加一个藏友组织的雅集，而明铧兄分身乏术，于是他将接待我与参加书友聚会，合二为一。经明铧先生介绍，在这场聚会上认识了十几位当地的朋友。

虽然十几年没见面，在一起时我们却完全没有生疏之感，他跟我说的第一句话，就是讲起当初他带着我翻入还未整修开放的测海楼。那个时候，这里禁止参观，明铧兄带我走进医院，因为测海楼与这个医院仅一墙之隔，当时找不到可登踩之物，于是他把我搁上墙，而后他站在原地替我望风。倒霉的是，医院里有人恰巧看到了这一幕，我在墙里面

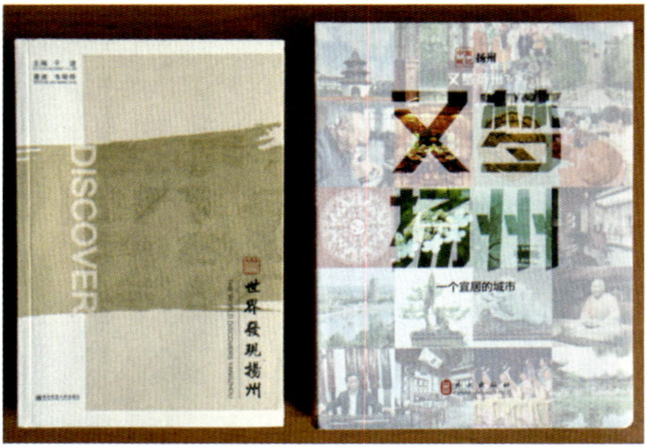

听见他跟管理者机智地应对，这件事总算化险为夷。今日旧话重提，两人都觉得当年那个举措太过有趣。众人闻知，一同哈哈大笑起来。

明铧兄是高产作家，这些年来，我年年看到他有新作问世，他研究重点是扬州文化，他说这里面故事一辈子都写不完，同时他也说，想在题材方面有所突破，他又告诉我一些自己的选题，我佩服他视角如此之广。

《苏州府学志》，杨镜如著。苏州中学的历史真是悠久，里面有不少遗迹，但进学校拍照一向是我寻访的难点，这次麻烦马骥先生，他提前跟校长联系好，使这次寻访很是顺利，而校长安排杨镜如先生陪我参观。老先生的讲解让我获得太多意外信息，并且在校史馆内，看到他的这部大著，难怪他讲起紫阳书院来，如数家珍，原来他对苏州府学有着这样细致的研究。这样的书对我用处很大。可惜，这部书是校史馆的展品，杨先生说不能赠送我，我当然能够理解。

马骥先生却是位有心人，他听到刚才我跟杨镜如先生的谈话，等走出来的时候，他跟我说，自己注意到这部书的出版社名称，恰好我寻访下一站就是到苏州大学内去探寻古代书院遗址。他说到时候会向苏州大学出版社社长索要这部书送给我，我谢过他的美意，同时劝他不必如此，因为这部书的部头有些大，初次见面就向对方要书，似乎不合礼节。但马兄称，他跟该社的社长张建初先生是很好的朋友，他不会介意这么一部书。

接下来我们来到苏州大学，在那里见到该校出版社社长张建初先生，在张社长带领下，我在校园内寻访遗迹，而后张社长带我二人到他办公室去喝茶，坐定之后，张社长拿出几部书，说是赠送给我二人者，其中一部竟然就是《苏州府学志》。我跟马骥兄惊讶地互望一眼，觉得这个事情太巧了，看来这是冥冥之中上帝的安排。

《中国中医药文化遗存》，范玉强、陈景林主编。这部书是陈景林先生的第一部作品，我得到他这本赠书，倍感欣然，因为陈先生明确地说，他的中医药文化寻访之旅就是受我启发。十几年前，我开始了自己第一程的书楼寻踪之旅，而这第一程的陪伴者，就是陈景林先生。那趟行程谈不上顺利，细想起来，也算有着各种情形的悲欢离合，而印象最深的一件事，是我们在一家小旅店内，遇到平生第一次亲历的打劫。

以面积论，那个旅店不算太小，是由一座三层楼的办公场所改建而成，可能是因为偏僻的原因，偌大一座楼，住客仅我们两人，于是我们一人选了一个房间，没想到的是，到了后半夜，外面喧哗起来，透过宽宽的门缝，可以看见走廊里有几个年轻人，每经过一个房间，都在那里狂踹门。好在我跟陈景林所住的房间是在此楼的最内端，于是我把房间内的所有重物，包括床铺、桌椅板凳等等，全部用来顶在了门上，而这些人狂踹一番，终于无法将门弄开，听着他们骂骂咧咧地离去，而我坐在这些破烂桌椅上直到天明。

第二天一早，我挪开重物，前去探望陈景林，因为晚上的紧张我又担心那帮暴徒听到我两人通话的声音，故在当晚我没有问他的情况，不谋而合的是，他的做法也跟我一样，因为顶上太多的物品，那帮暴徒未能得手。晚上的担惊受怕，使两位异乡人变得更加有了凝聚力，但我还是能够感觉出，陈景林对书楼寻访并无太大兴致，他更为关心者，是他的专业本行——中医文化。

故而此后，我接下来的一程程寻访，变成了单独一人，陈景林兄自那场经历之后，也喜欢上这样的探寻，我们两人在这方面如同两条平行线，我继续着自己的书楼之行，而后渐渐扩大范围，开始寻访书楼之外的文化遗迹。而景林先生却坚定地爱好着他所钟情的中医文化。他有自己的窍门，慢慢找到一种寻访的最佳模式，他一趟趟的出行，最终凝练出这样一份成果，为此我由衷替他高兴，期待他能在这方面继续做出新贡献。

《叶公超的两个世界》，此书为台北袁芳荣先生所赠。我是通过吴兴文之介而与袁先生所识，而后渐渐跟袁先生有了交往，他当年的大作就是请我写序，因为我对袁先生的藏书理念并不了解，只能通过书稿来做出简单的判断，这使我所写的那篇序言多有不契合袁先生的藏书理念之处，而后他给我写了一封长长的信，系统阐述自己的藏书观，这让我感到自己那篇序言在述说上的唐突。为此我向袁先生表达自己的歉意。但袁先生性格宽厚，他完全不以为意，而后来京时，我带他到我的书房看书，在那里他看到叶公超当年的旧藏，于是就赠送给我几部叶公超传记，几个月后，我又收到这样一部书，袁先生告诉我，这部书所写的角度跟之前送我的两部不同，所以将此书买下，邮寄给我，以便让我对叶公超有着更加客观的认识。

把书友诉求了解得如此仔细，同时又这样认真的替书友寻找资料，如此有情有谊，更让我感觉到自己当年写序的草率。

《桂林古民居》、《桂林通史》，这两部书均为徐俊霞老师所赠。前一度，我在查找桂林官书局的地址，然所查资料均语焉不详，于是短信徐老师问其是否了解详情，她说帮我做一番细致调查后再告诉我结果，此后就收到她这两部赠书。徐老师称，桂林官书局已经没有影踪，她已找朋友做实地探访，但在历史记载中却有这个官书局的文献，所以她特意购得这两部书以此来赠送给我，来做文献上的参考。

《书卷多情似故人》、《我与中华古籍——摄影大赛优秀作品选》，这两部书均为国家古籍保护中心所赠。近两年来因为诸事忙乱，保护中心的事情我参与得较少，但从各种消息上能够得知，他们有多项业务都在拓展之中，而今这两部书

是工作业绩的两个侧面，翻阅此书，从中看到一些朋友的倩影，让自己有着特别亲切感。

《人澹如菊》，此书为自牧先生所赠，这部书是他六十大寿时众多书友所赠贺词的结集。我对写诗颇为外行，书内所收均是书友们各式各样的诗作，其中有不少熟人，虽然相识有年，但我却不知道这么多人有这方面的才能。士别三日，当刮目相看，看来我也只能刮目一番而已。

我与自牧兄也算相识多年，我在济南寻访时，受到他的热情接待。他对人热情，但不喜张扬，他那一口浓重的方言，听不清楚他所表达的完整意思，然而他的热情却能透过声音，让我有着切实的感受。他的执着，也是我所佩服者。我自认识他起，他就致力于普及日记文化，为此他自费出了一系列的日记报、日记杂志等刊物，并且身体力行每期必写。透过他的日记，能够读到他生活上的点点滴滴，他为人的真率也由此而表露无遗。由此可知，自牧先生心中没有城府，而他对书友却是有着火一般的热情。

《明斋读书记》，马向阳著。我跟马先生素昧平生，这部书是由鲁迅博物馆寄来者，拜读这部大作，书中提到马先生读到《古书之美》，可能这就是赐书的原因。细看该书的设计者及责编，均为十年前的熟人，看到朋友们仍然混迹于书圈，不知道是否应该高兴。换一个角度来说，爱书有如吸毒，踏入此行，能够自拔者鲜矣。马先生这部书确实是读书记，里面谈到许多我所读过和未曾读过的著作，由此可见马先生读书之广。

《写字画画》，戴新伟著，也是戴新伟先生所赠。严格地说，这不是一本书，只是一个笔记本，但制作得确实精彩，里面收有不少画作，还有戴新伟先生的书法作品。虽与戴先生交往有年，直到两个月前我到广州中山图书馆办讲座时，才第一次跟戴先生见面，他的年轻以及才气都让我羡慕嫉妒恨。

《中国上海图书馆所藏韩国文物》，黄显功先生所赠。对于韩国的古刻本，也就是俗称高丽本，我一直有着强烈的好奇，因为高丽本跟中国的古籍有着近亲的血缘关系，然而对于它的版本系统我却始终是一知半解。一者，自己读到这方

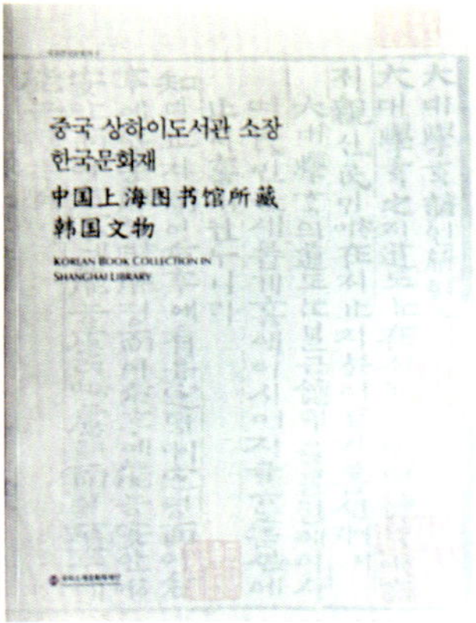

面文献太少，二者，相关实物也没见过多少，其实国内公共图书馆藏有此类书并不在少数，可惜各家公馆少有将此梳理出来，列入目录，也可能是这个原因，相关的研究著述也很少能够看得到。

而今上海率先做了这本图录，里面收了不少高丽刻本的书影，这让我有尝鼎一脔之感。于是打电话给黄兄，感谢他的美意。黄兄却告诉我更高兴的事情，他说发现徐家汇藏书楼旁边还有一个孪生的藏书楼存在，从结构到外观，基本与徐家汇藏书楼相同，但从未见有人提起过，看来，在书史上没有搞清的事情还有太多太多，只能有机会慢慢挖掘下去吧。我感谢像上图这样能够揭示未曾被世人注意的角落。

《无锡博物院院藏历代书画精品图录》，此书为蔡卫东院长所赠。这本图录内我感兴趣的部分，是里面收录该院所藏碑帖。其实碑帖收藏无论是图书馆和博物馆，都有一定数量

的精品在，然很少有相关的图书馆和博物馆出版相应的图录，无锡博物院不断将馆藏揭示出来，这种做法使得相关研究者能够掌握更全面的流传情况。蔡院长在来信中还提到其院将在今年下半年举办国际印学研讨会，这也是一种开拓行为，期待着能够了解该馆更多的珍藏，以及更多的新思路。

《桂林靖江王府》、《历史图影中的桂林城市景观与建筑》，这两部书的作者均为林哲先生。我跟林先生不相识，

但为了解靖江王府历史，在此之前拜读过他所著《桂林靖江王府》一书，这部书从建筑学角度解读靖江王府的历史，这样的解读方式不同于历史学家的阐述，而今收到他所赐这两本书，却不知道怎么感谢他，因为快递单上的地址和电话都隐没不清，因此我只能在这里表示我对他的感谢。

2016年5月

《王贵忱书法集》，这是本月收到开本最大的一册书，八大开精装本。此是王贵忱老先生书法展的副产品，寄来时附有展览邀请函，可惜我到处云游，回到北京后，看到此函时，已经过了开幕日期。不过能够得到这么一册高清晰的图册，多少也能慰我饕餮之情。王贵老的书法有着独特味道，他师从那么多名家，而有出蓝之色，早早就具有自己独特面目，这一点真令人羡煞。

《上饶历代书画集》，巧合的是，该书题签也出自王贵老之手，看来，这位老先生的影响力无处不在，该书编著者是吴长庚和潘旭辉两位先生，吴先生未曾相识，而潘先生却打过多次交道，该书是他所赐赠者。潘先生本就是上饶籍，而他却在京城主持一家拍卖公司的古籍拍卖，其为人之诚恳给我留下很深的印象。只是未曾想到，他经商之余，还不忘乡

贤，竟然搞出这么大一本画册，翻看该书内文，里面不乏历代书画大家的名品，能把这些散落在各地的资料汇编为一书，也是不容易的一件事。

葛兆光著《且借纸遁》、陈丹青《陌生的经验——陈丹青艺术讲稿》、蒋晖《园林卷子》，这三部书均出版于广西师大出版社的理想国，而此三书也均为曹凌志先生所赐。曹先生是我所熟识的编辑中颇为敬业者，每次与他见面，都会听他聊到许多新书，以及他对这些书的感受，每当我表示认同或反对他的观点之后，大多都能得到该书赠本，这个小规律让我有些窃喜。看来，不管是赞扬还是批评的声音，都是一种呼应，没人喜欢不声不响，能够认真谈出自己的意见，而后

得到赠书的奖励，倒是一种良性循环，况且这三部书都是我尊重的作家，他们的研究成果很是能够丰富我的视野。

陈刚著《中国手工竹纸制作技艺》。陈刚先生是复旦大学教授，他曾经讲学日本，专门到那里去研究手工造纸，他的专业精神让我特别佩服。对于古纸，我已经感兴趣有年，虽然有过一些举措，都因种种原因功败垂成，然陈刚老师却在中国各地跑了那么多手工造纸厂，仅仅是一种竹纸，他就能写出这么一部大作，而我自己太多的想法，

还停留在想象之中，真希望自己能够学到他这种专业精神和行动力。某天跟陈刚先生在一起聊天时，得到这部赠书，让我更有收获者，是他跟我所谈的一番话，他对很多社会问题的认定堪称一针见血，这种敏锐的洞察力，也只能羡慕，难以学得。

《我在西安的日子》，宗小溪译。得到这册赠书让我颇感意外，因为跟宗鸣安先生的相识，得以见到其公子宗小溪。而小溪兄不喜言谈，故我对他的经历完全不知，此次来西安，是他跟李欣宇兄陪我寻访和接送。某日的饭局上，我得到这部赠书。我惊奇于小溪兄对日语这等精通，欣宇兄告诉我，小溪在日本留学三年，原来他还有这样的经历，难怪他在少言寡语中会偶而说出几句颇为精到的话。

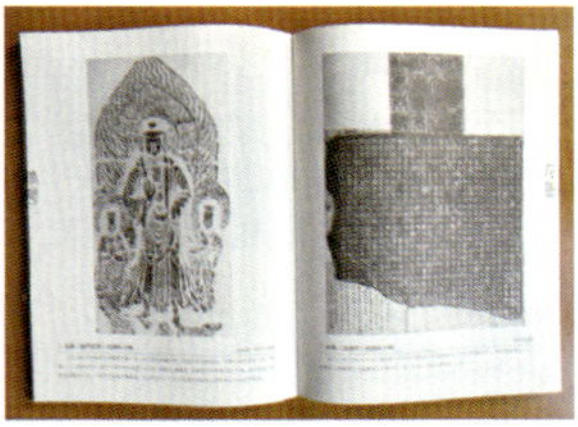

《石墨镌华——2016古代碑帖大展》，该书为李欣宇兄所赠。在此之前，他就跟我讲，当地一帮爱好碑帖收藏的朋友共同在西安举办了一场碑帖大展，这场展览是1949年后的首届，颇具有开端和时代影响力。欣宇兄一直向我强调，陕西一地，尤其是西安地区是传统碑帖收藏地，直到今天还有不少收藏专家和爱好者，这次展览中有多位大家的收藏，比如有宗鸣安先生、陈根远先生，还有黄永年先生的旧藏，同时也有李欣宇兄自己的藏品。他们的展览得到主办方的赞誉，而后他们将这场展览所得到的酬劳印出了这么一部精美的画册。有这样一个团体，对当地文化如此热忱，让我闻来很是叹羡。

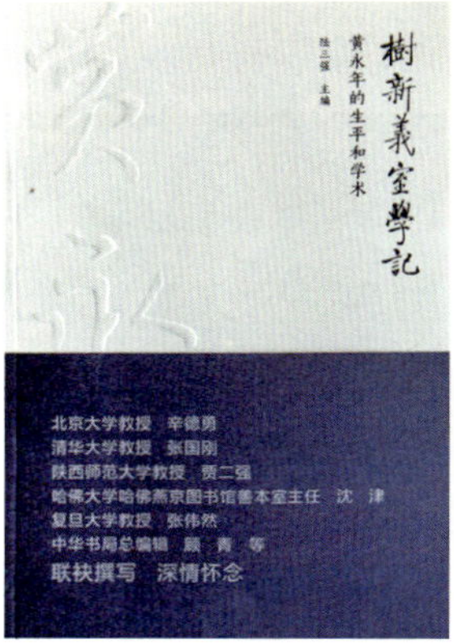

《树新义室学记——黄永年的生平和学术》，陆三强编。早就听说陆三强先生是黄永年得意弟子，可惜无缘相识，本次在西安蒙陈根远先生之介，第一次见到陆先生，陆先生果真有着恂恂学者风范，他那天聊天却不乏机趣，跟这样的人在一起聊天，确实能够身心通泰，我尤其喜欢听他跟黄寿成先生在那里调侃和斗嘴。陆先生现任一家出版社的总编辑，他聊到编书之事，让我能够感受到他那种专业精神，以及对作者的尊重。

《京都古书店风景》，苏枕书著。此书为近期书话类作品中的热销产品，不意间得到李世文先生所赐。关于谈书店的

书，在此之前，我主要通过钟芳龄小姐所著《书店风景》系列来了解国外旧书店的情形。钟小姐的大作跨越多国，是全景式的业界描述，而苏枕书这部书，则是专谈一国，而日本的旧书业恰又跟中国古书有着密切的关联。日本的旧书店我仅去过东京的一些，而京都的旧书店却不曾了解，通过这本书，让我对那里的旧书业态有着立体的认识。

《桐荫话书》、《桐溪书声》、《梧桐影——沈苇窗纪念专集》，这三部书均为夏春锦先生所赠，我跟夏先生素未谋

面，然他的事迹却从各地寄来的民刊中了解到不少，知道他年轻有为，致力于书香社会普及，并且在当地组织读书会，每期的相关活动，他都能记录在案，同时还能够编著这些相关著述，从这些点点滴滴，就能勾勒出夏先生是一位真正的爱书者，虽然他的关注点在现当代文学，与我所关注的古籍

在视角上略有偏差，但这不妨碍我通过他的著述，对业界的动态有一些立体认识。

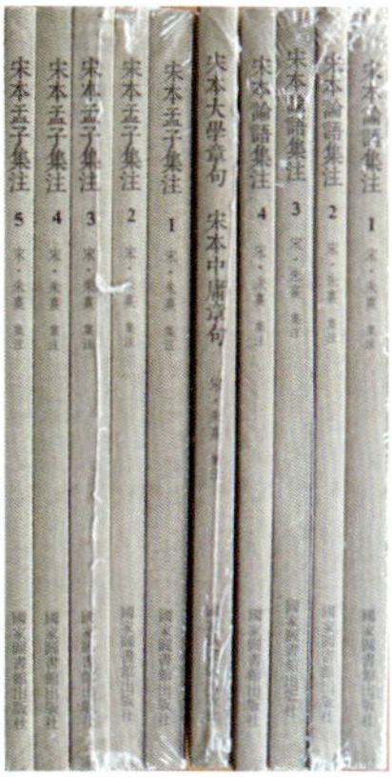

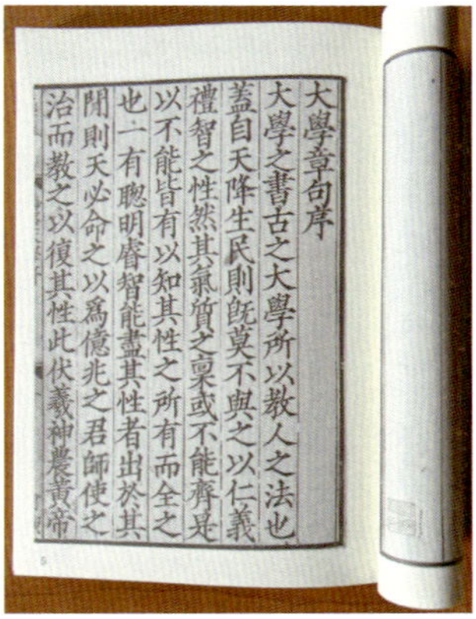
大學章句序

大學之書古之大學所以教人之法也蓋自天降生民則既莫不與之以仁義禮智之性然其氣質之稟或不能齊是以不能皆有以知其性之所有而全之也一有聰明睿智能盡其性者出於其閒則天必命之以爲億兆之君師使之治而教之以復其性此伏羲神農黃帝

《宋本大学章句》等，这一套书为王燕来先生所赐，王兄告诉我，他们为了能够让珍贵的善本得以普及，他们社将《中华再造善本》的一些书缩印之后，做成了平装本，这种做法真可谓功德无量。《中华再造善本》是建国以来最重要的出版工程之一，然而这部大书是以线装形式出版，一部书的价格高达几百万元，非一般学者所能承受，而今有了这种缩小版的平装本，使得那珍贵之本就如同王谢堂前燕，而今飞入寻常百姓家，出版社能有这样的体贴，也确属难得，真盼望着这个系列的书能够一直出版下去。

《十竹斋——藏书纪事笺》，这是袁鸿蕙女史的大作。我曾在布衣书局网上看到了这套笺谱的售卖，似乎有多种颜色，而我仅得到这一种，不知道内中的插图和文字是否有区别。虽然这套笺谱的制作方式有着超现代的感觉，而其工艺的精益求精却体现了袁鸿蕙做事的惟精惟一风格，这精专精神，特别值得我效仿，更何况这套笺谱的制作有许多方面具有创新意义，突破原有的思维定势，这正是当今出版业最为缺乏的精神之一。

“芷兰斋藏书票”，倪建明先生制作，木版水印。倪先生在藏书票界很有名气，我却与之相识较晚，本次复旦大学捐赠会，我已提前得到会议议程，在参加此会时，主持人突然宣布：“下一个议程是倪建明先生向韦力先生赠送特制藏书票。”在这样庄重的会上，突然听到这句话，让我一时醒不过味

来，在主持人催促下，我走向前台，慎重地接受倪先生所赠。这份意外惊喜令我本来就愉快的心情更上一层楼，会议结束之后，再三向倪先生表示谢意，同时问杨光辉院长：为什么提前不告诉我还有这个节目？杨院长笑着说，这是他们提前商量好的，就是特意要在现场让我得到一份意外惊喜。

“复旦大学捐赠证书”。这个证书我得之心安理得，因为我觉得自己为复旦大学古籍研究院做出了小小的贡献，我为这份

贡献感到骄傲。本院成立的时间虽不足两年，却在业界有广泛影响，这跟杨玉良院长有很大关系。杨玉良先生为国家工程院院士，再加上他本是复旦大学前校长，不但创建了本研究院，同时还真抓实干，使该院在国内古籍界声名鹊起，我能忝列其中，成为该院特聘研究员，可谓与有荣焉。因此我能够给本院做一些添砖加瓦的事情也是理所当然之举。然本院却很看重各界对该院做出的贡献，特意举办这场捐赠仪式，并由陈思和馆长给我颁发此证书。

“复旦捐赠图录”，本次复旦捐赠总计有三位，一是薛冰先生捐赠的一批历代书法名作早期印刷品，二是冯良材先生捐赠的一套精制套墨，第三则是我捐赠的一批新刷木版书。复旦大学古籍研究院特地为这批捐赠各印了一份精美的图录，其认真的做事精神，令我三人感动。同时研究院还为我等三人一同举办了隆重的捐赠仪式。在捐赠仪式之前，先由刘冰先生做专题讲座，而后由杨玉良院士讲话，校长助理荀燕楠先

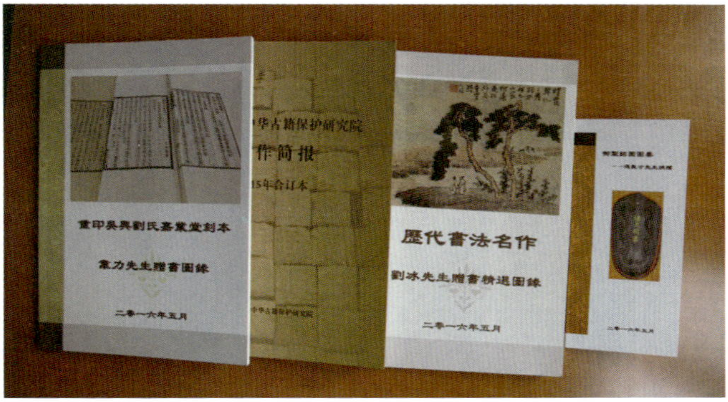

生做精彩发言，同时我等三位也一一陈述自己的捐赠心得。用官方语言来说，这场捐赠仪式搞得隆重而热烈，取得圆满成功。

2016 年 6 月

“心经祈愿宝塔”。故宫的江英老师邀请我参加一个读书会，在这个会上结识了书籍设计家张晓栋先生。因我在会上讲了几句话，于是得到这个赠品。拿回来细看，原来是如此巧妙的设计。这幅宝塔状《心经》是康熙四十二年玄烨为皇太后祝寿所绘，其设计颇具匠心：在每个佛像身上写下《心经》中的一个字，后组成一幅完整的繁复图案。能够得到这么一件精美的仿制品，也是很开心的一件事。在读书会现场，我还看到张晓栋设计的鱼鳞装及旋风装，其构思之巧妙，绝然超过宫中原物水准。

《渭南词》旧版新刷本。收到这一套两本的毛订之书颇感意外，一者不知是何人所赠，我看到时，家人已经将邮寄包装

扔去。为不没友人之情，只好到垃圾桶内将包装找出，隐隐约约看到有“泰和”二字，于是去电刘禹先生问之，果真是其所寄。他告诉我说，这两册书不是他公司所制，而是焦阳先生委托他转寄给我者。闻此言，立即短信焦阳兄，向其表示谢意，同时夸赞这两本书制作颇具匠心。近五六年来，旧版新刷渐成风气，有不少地方都有这样的出品，然这两册《渭南词》在制作上最让我欣赏者，就是他把很多花样都集于一书，这给藏书增添很多乐趣。

《傅山的世界——十七世纪中国书法的嬗变》、《与古为徒和娟娟发屋——关于书法经典问题的思考》、《傅山的交往和应酬》。这三部大作均为著名学者白谦慎先生的作品，尤

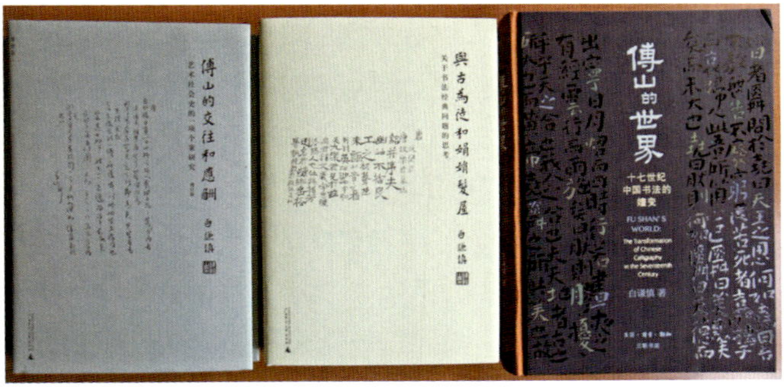

其这三部书中的第一部，已然成为学术名著。据胡同先生告诉我，这部大作几次印刷后，总发行量已经超过五万册。对于这等专业学术书，能够印到如此大数量，已是十分难得。我早闻白先生之名，只是无缘相识，而今收到这三册赠书，确实让我有着意外的惊喜，而寄出方则是布衣书局。去电胡同先生问之，他告诉我白先生赠书缘由。

我对傅山本来就有偏好，民国年间居住在天津的文史专家金梁也有藏书之好，他的镇库就是傅山、傅眉父子通批的《汉书评林》，近百年后，这部书辗转到我的书斋，这也正是我跟傅山的缘分。我曾在山西境内寻找到多处傅山的遗迹，而对于傅山生平的了解，正是参阅白谦慎先生这部大作，而今却意外得到他的赠书，赠书中恰有他研究傅山的这部力作，我的喜出望外可想而知。

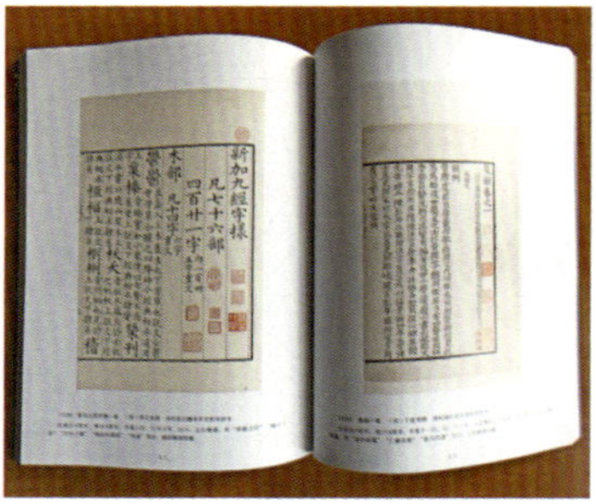

《吉光片羽——第五批国家珍贵古籍选粹》。这是到典籍博物馆参会得到的赠品。国家珍贵古籍名录评选到此时已经第五批，翻看此册图录，依然有那么多难得一见的珍品，看来，古籍中的珍本与善本留存在人间者依然有不少数量，通过这种评选可以得见那么多只闻其名未见其物的善本，这样的感觉快何如哉！盼望着这样的评选还能一批一批进行下去。

《世界梦幻图书馆》、《理想的书店》、《书店时光》、《梦幻书店》。这四部书都是新经典的林妮娜女史所赠。她知道我对这类书有偏好，一次性赠我这么多。无论是书店或图书馆，只要其名称中带有“书”字，它就会自动地拨动我心房的某个角落，我对这两个地方的偏好，难以用语言来形容。

相比较而言，我更喜欢有着古典意味的图书馆，虽说外文珍本书在我的眼中，怎么都看不出中文古籍的那种时代感，已经不止一位朋友告诉我：每当我看到一部珍稀善本时，眼睛里放出的不是贼光——有收藏癖者每见妙物都会有

此眼神，而我那时的面部表情却与之相反，因为瞬间脸部线条变得柔和，有着慈母般的疼爱状。我不知道朋友的这句话是夸我还是骂我，我也不知道当时的表情是否如其所言，但我承认自己看到西洋书时就不会有这样的心态，自然也不会有慈母般的柔光，这可能就是所谓的文化隔阂吧。

其实还有一个重要的障碍，那就是文字的隔阂——谁让洋装书中写不出“书”或“書”呢！而林妮娜赠我的这四册书却一律是西式书店和西式图书馆，虽然如此，我原有的偏见却不存在，因为我太喜欢这两者用典雅构建出的天堂美景。唯一的奢望，是期盼自己有一天也能建造出如此美丽的书房。

《与天下共醒——当代中国二十位知识人谈话录》、《各在天一涯——二十位港台海外知识人谈话录》。这两部书均为

中华书局李世文先生所赠。近些年，口述历史风气渐热，而编者却能找到这么多名人并把他们汇为两书。前一本是中国内地知识分子，后一本则是港台及海外知识分子，将二者对应来出版，对于读者来说，是个好的便利——至少可以兼听则明地了解到处在不同地域者看待类似的问题。虽然这些被访谈者，每人的术业专攻并不相同，但他们也有着共同点，就是关怀时下的社会问题以及对于未来的思想。读这样的访谈，能让我了解到对方对一些问题的态度。

《掌故》第一集。该书也是李世文先生所赠。将刊物制作得这么精美，可见中华书局做任何事情都把持着一丝不苟的严谨作风。这部书的主编由中华书局总经理徐俊先生担任，即此可知，书局对该刊很是重视。而该刊的执行主编则是严晓星先生。我与严先生虽有电话及电邮交往，但却未曾谋面，近些年他所出版的关于古琴的著述颇为引人注目，而今

他又来主持这样一个刊物，可见其精力过人之处。该刊的顾问也阵容整齐，有钟叔河、董桥、陈子善、赵珩和白谦慎先生。有这么多大佬把关，该刊办不好也难，期待着这份刊物能够长久地出版下去。

《古书之爱》第一次印刷及限量毛边本。《古书之爱》第一版印了一万册，20 天后售空；第二次印刷为六千册，该书责编李世文先生告诉我：第一印时因为忘记嘱咐印刷厂，故而该厂将制作的毛边本全部裁掉了，因此只能在第二次印刷时制作毛边本。此次见到李世文兄，他给我一册第一印的毛边，这让我很意外。李兄解释说，当时制作的毛边被工厂裁掉之后，他在厂内寻找一番，终于找到了五册未裁者，故而

赠一册予我，这也算是一个小纪念吧。

而姜寻先生为第二印的毛边制作了一百枚藏书票，我得到其中的一册赠书。从制作手法来说，该工厂制作的精装毛边确实专业，不同于有些毛边本仅是书籍的半成品。李兄告诉我，制作这样的毛边远比普通精装要复杂，因而工厂在收

费方面也高于正常的精装书。因此，我觉得只有这样的毛边本才具有真正的收藏价值，这不仅仅是因为它制作正规，在制作方式上也体现出了与普通成品的不同。

《守夜——诗歌自选集 1972－2008》。我在年轻时已听到诗人北岛的大名，没想到过了 30 年才第一次见到他，他的形象跟我的想象差距较大，他没有当代诗人的那种张扬之气，而是有着文人的内敛，这样的感觉让我喜欢。我尤其喜欢他身上的那种淡淡忧郁，而他这本诗集中正有《忧郁》一诗，我将此抄录如下与大家共享：

我乘电梯从地下停车场

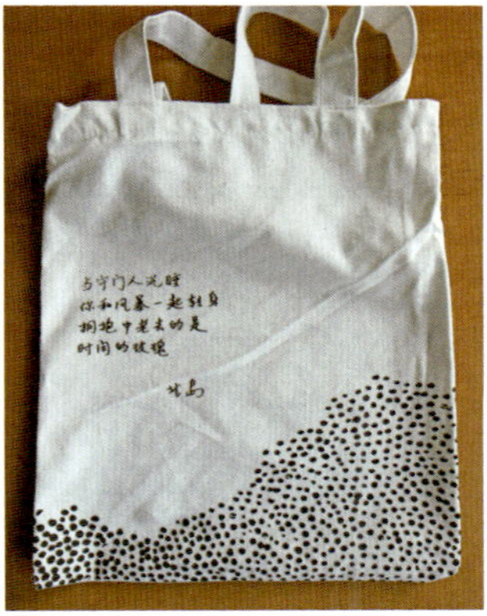

升到海平线的位置
冥想继续上升，越过蓝色

像医生一样不可阻挡
他们，在决定我的一生：
通向成功的道路

男孩子的叫喊与季节无关
他在成长，他知道
怎样在梦里伤害别人

经朋友推荐，我去参加北岛在北京798艺术区某个馆内举办的北岛新作朗诵会，我在展览现场看到北岛在艺术上的拓展，除他的诗歌，还有他的绘画与摄影作品，听到主办方介绍他近期的情形，让我体味到，一位有生命力的艺术家，不会在功劳簿上停下自己的脚步。

《问津》四种。王振良先生主持的这种方形本杂志，从外观上就显现出与众不同，而在内容方面，他却偏重于跟天津有关的地方文献，这样的发掘对于使用者来说，增加了太多的便利。比如《卢星野先生诗存》，当时收到后我特别高兴，因为我对卢冀野颇为留意，本能地以为这是卢冀野的诗集。翻阅之后，虽然两者不同，但我依然佩服王先生的认真：这要花多大力气才能将这些历史人物钩沉出来。

《上林》2016 年第 1 期、《参差》第 2 期、《开卷》2016 年前四期。这几册民刊中，《参差》和《开卷》均为王振良先生所赐。我觉得问津书院对中国民刊史起到重大的支撑作用：有多份民刊都得到该书院的支持，而这些刊物的实际主持人也都得到了王振良先生的大力资助。尤其本次得到的《参差》，乃专谈毛边本的刊物，我对毛边本没有特别偏好，有人赠之也会得之一乐，而出版社有时也给拙作制作毛

边本，我得到一些也会拿去送朋友。我所结识的友人中，似乎陈子善先生对此最有偏好。

《上林》的主持者乃童银舫先生，本期中刊出我对他的采访，而童先生也跟王振良有相似之处，他也办着多份刊物，这都是我所佩服的精力过人的朋友，因为我也曾主持过刊物，但仅办了一刊就体味到了中间的繁琐。

《灵棋经——芷兰斋藏稿抄校本丛刊之八》，这个系列出到第八种也应该告一个段落了，本系列能够坚持到现在，功劳归功于袁鸿蕙和崔冬梅两位女史，有太多的琐事都是她二人来操作者，我不过是坐享其成。这个系列最大特色，是袁鸿蕙坚持要按照原大、原色、原开本进行制作。虽然每一本书的开本大小都有差异，如果做成统一化一的尺寸，望上去显然要壮观许多，但小袁认为这种制作方式无法让读者看到和体会到原本的本来面目。我觉得她这个想法很有道理，虽在制作上增加了成本，但却最大程度服务于使用者，这正是近些年所强调的工匠精神。

这个书系的制作，每本书后都附有我所写的书跋之文，从这个角度而言，稿抄校本系列是《芷兰斋书跋》的兄弟书系，将两者合璧，才最为圆满。而书跋内容则均为贾建钢先生所代录。将那么多的烂文字一笔不苟地抄录成小楷，这份

平心静气让我对贾兄钦服不已，在此我也郑重向他表达我对他辛劳付出的感谢！

《古书之美》。这部书也是布衣书局所寄者。去电胡同先生，问其何以要给我寄来两本这样的书？他告诉我说，这是一位读者请他转寄给我，那位书友一再强调不留姓名、不要书款，所以胡同遵守诺言，将此书转寄给我。至此时我才看到书内夹着一张纸条，上面写着：

局：

知韦先生无此书，拿出两本请局烦空顺带之：

1. 不必告诉“我”是谁

2. 不要书款

3. 若不要，局自行处理即可，不需来问

致谢！

自己的作品由他人来赠送，对我来说这还是头一遭，该书是我发行量最大的一本，虽然我知道买这部书的人更多者是因为安妮宝贝而绝非我，但即使如此，我也觉得很是欣慰：至少有那么多原本对古书没有兴趣者，终于对此有了初步的了解。新经典公司的营销能力太让人佩服，在很短的时间内，该书就已售空，而后这几年不断有朋友问我从哪里还能买到该书，同时问我为什么售空后不再版？此事我也多次问过出版社，他们说制作该书的纸张已经用完，而日本纸厂已停产这种纸，所以无法加印，如果再次印刷，只能改版换纸，但此事还未来得及操作。

我也用这个理由回答了许多位咨询者，看来我的回答引起这位不知名书友的注意，所以才有了此两本书的赠送。但得书不谢非君子所为，虽然这位“我”不喜欢暴露出自己的尊姓大名，我尊重他的意愿，也不会让胡局为难，请其告诉我这个“我”究竟是谁，但鸣谢一定要进行，我想在此告诉“我”，作为韦力本人，很感念他的美意，而这美意不仅仅是古书之美，我更为看重者，是心灵之美。

《吴中好风景》，王稼句先生新作。按照我的习惯做法，每月的《赠书录》基本按照得书的先后顺序一一写之，但我个人出版的书例外，礼貌毕竟还懂一点，因此我把自己所出之书都会放在《赠书录》的后端，以此来表达我对书友们的尊重，但稼句先生的这部大作我却放在了本录最后，故而要做一个声明：因为前面的《赠书录》写完当晚，我方收到稼句兄所赠该书。

一般而言，当《赠书录》写完之时，我会将再得之书放在下月写之，但稼句这部书我特别喜欢，书中所提到的吴中遗迹，有许多我也曾探访过，而今翻看他所描写的文字，果真有不少是我未曾留意的盲区。仅凭这一点，我就觉得应该尽快在《赠书录》中予以广而告之，以便让更多爱书人尽早地分享我的快乐。

2016年7月

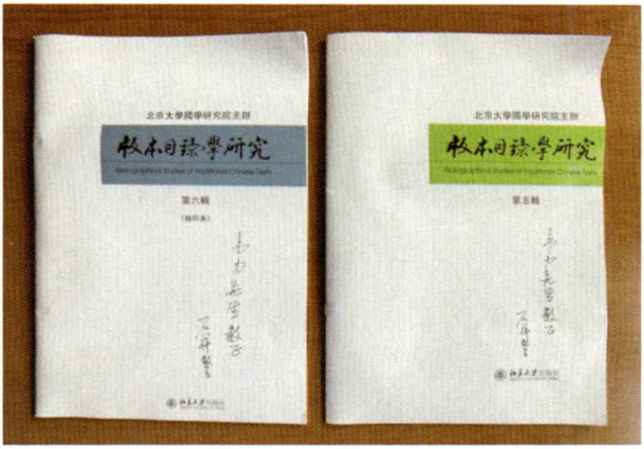

《版本目录学研究》单行本。这个刊物在目录版本学界很有影响力，主编是目录版本学名家沈乃文先生。沈先生特别体贴各位作者，将收入该刊物中每一辑的文章都分别制作成单行本送给作者，以利于作者赠送他人。虽然这种做法原本是学术期刊界的惯例，然而现在能够遵从这种惯例的并不多，可见沈先生为人做事颇具古风。

两个月前，我到天津师范大学图书馆讲座，在那里有位老师赠送我两册目录版本学研究的单行本。看到这个书的封面，让我颇为欣喜，再看封面上的题款，竟然是石祥先生。我对这个名字很是熟悉，源于两三年前拜读过他的大著——《杭州丁氏八千卷楼书事新考》。这部书写得特别扎实，我从中读到未曾了解的史实，只是在此之前没有想到过，这部大作的著者竟然如此年轻。而与石祥先生的聊天，因是彼此熟悉的领域，故感觉谈得很是畅快。可惜来去匆匆，在天津师大的短暂时间内，未能进一步向他请益，这也算天津之行的一个小遗憾。

《花花朵朵 坛坛罐罐》，这样的半通俗学术书，能够在今日畅销，可谓奇迹。沈从文先生的经历几世人皆知，用不着我在此置喙，然而他还写过这样一部有趣的书，此前我未曾得闻。能将这样一部书做得这么畅销，很佩服该书背后的推手。某天我跟袁鸿蕙君聊天时说及此事，她马上告诉我，该书乃楚尘先生所做。

楚尘这个名字我听着耳熟，我一向自负于自己的记忆力，然而对于记住人名，却是我长期的短项，努力回忆一番，还是没能将形象和名字叠合在一起。某天袁鸿蕙约我到楚尘的公司一坐，我在那间雅致的办公室内，第一次见到本尊。楚尘先生很是爽快，他告

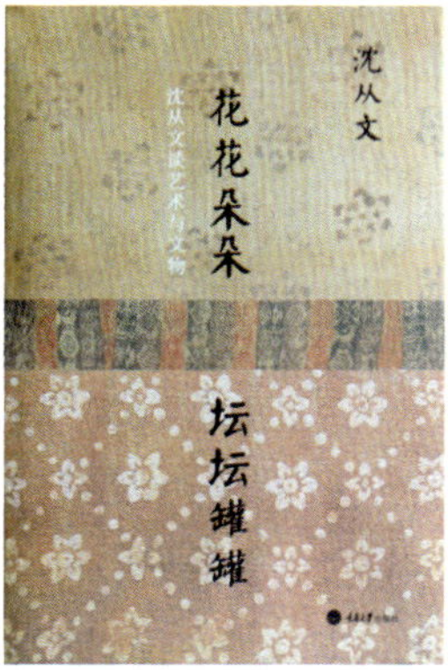

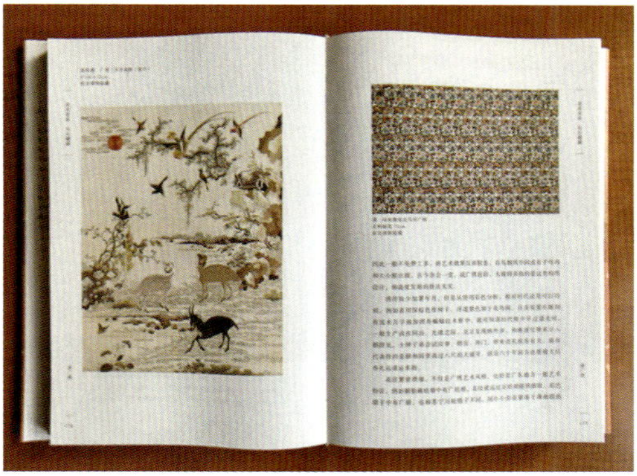

诉我说，两年多前我在医院疗伤时，他曾陪伴朱旗先生去看我。他说自己对传统典籍出版也很留意，所以早就听闻过我的贱名，只是我跟他虽然都从事着跟传统文献有关的事情，但两人却像平行线一样，未曾交接。

跟楚尘聊天颇为愉快，也可能是因为关注同一个行业的原因，用外交辞令来说，可以称之为“宾主进行了亲切友好的交谈”，我也借机从他那里听到许多出版业的传闻，当然最为感兴趣者，还是这部《花花朵朵》的成书过程。任何成功背后，都不那么简单。楚尘为完成此书，竟花费了五年多的时间，在顶着压力的情况下，才突破常规，把这部书做出来，并且，将一部常销书做成畅销书。

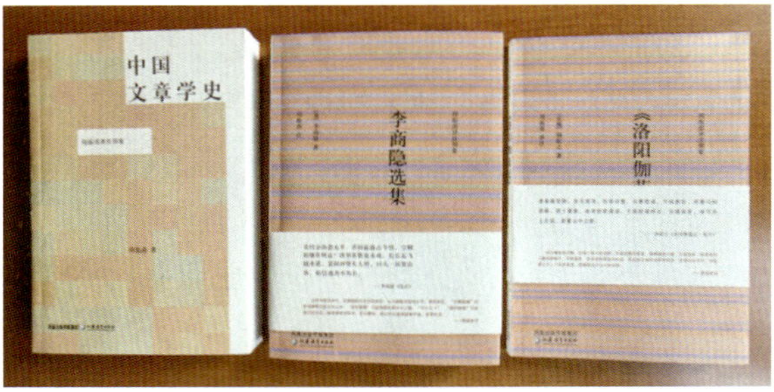

《中国文章学史》、《李商隐选集》、《洛阳伽蓝记》，这三本书也是楚尘先生所赐，因为这也是他主持的产品。可能是为了让我更多了解他的出书风格吧。虽然那两部传统书对我更为实用，而我对《中国文章学史》则更感兴趣，很想知道这是怎样一个学科。

《沈从文说文物——民俗篇》和《古典时尚考》，我把这两部书放在一起论述，当然有我的刻意。虽然这是沈从文的另一部著作，但在制作方法上却跟《花花朵朵》差异较大，由此可见，楚尘作书确实是不拘一格，哪怕同一个作者，他也会量

身打造不同的装帧，以此来符合书中所谈的内容。《古典时尚考》是楚尘文化公司另一类重要的着眼点。在他公司内，这类书还有不少，我在这里还看到《列侬的绘画作品》等等，由此可见，楚尘文化公司之事业并不拘囿于某个专门的行业。

《评功过》、《辨是非》、《述见闻》，这三部书的作者都是前两年故去的著名学者来新夏先生。我跟来先生是忘年交，我在他晚年方与之相识，虽然交往并不密切，却有着难

以名状的默契。来先生可谓衰年变法，他在八十岁之后出书速度之快，远远超过那个年龄所能承受的强度，这应当就是平时所言的厚积薄发吧。然而他离世之后，出书速度丝毫未曾减弱，同样是每年有多部著作问世，背后的主持者，则是他夫人焦静宜老师。焦老师为弘扬来先生的思想，不知道下了多大气力，这些成果摆在眼前，不由得人不对焦老师多出一份敬意。焦老师在赠书题款上一律写为“邃谷赠书”，邃谷是来新夏先生的堂号。我想，焦老师这样的题款，也依然是对来先生的思念与弘扬吧。

《国史慈溪人物传》，这是童银舫先生又一部新作。童先生用功之勤令我特别佩服，我曾在其府上看到他编的那么多书，他至今还同时负责编辑四份杂志。对于编杂志的麻烦，我深有体会，因为写书是主动的事，而编书则是求人的事，每个作者的脾气禀性差异较大，而刊物需要定期出版，到排版印刷之时，却始终收不到约好的稿件，那样的焦急非从事过这项工作者难以体会。而童先生的性格

却始终是那样的不急不徐，淡定且从容，还能时时有自己的作品问世，如果不用勤劳来形容他，我还真的想不出其他更恰当的词句。

“寒香千古”笺纸。该笺为陈龙先生所赐，陈先生做事之认真，我在以前就曾领教过，起因是他赠送给我的雕版线装书，那部书的策划制作以及纸张选择等等，全为他一手经办者。而今，这一套笺纸同样是他的作品。由此能够看得出，陈龙先生在努力恢复古代色纸的印刷，尤其那两张虎皮宣，基本跟民国时期的同类产品相仿佛。而笺纸的版式设计也同样素雅清淡，隐含着别样的清雅。

《见惯而怪之——教科书之外的历史》，收到李阳泉先生这部大作颇感意外，我与他相识这些年，李先生一直致力于佛教典籍的整理与出版，未曾想到他还有这样一部作品。然细

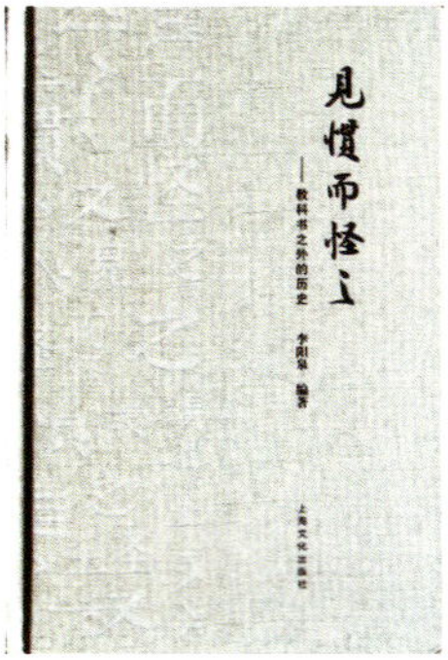

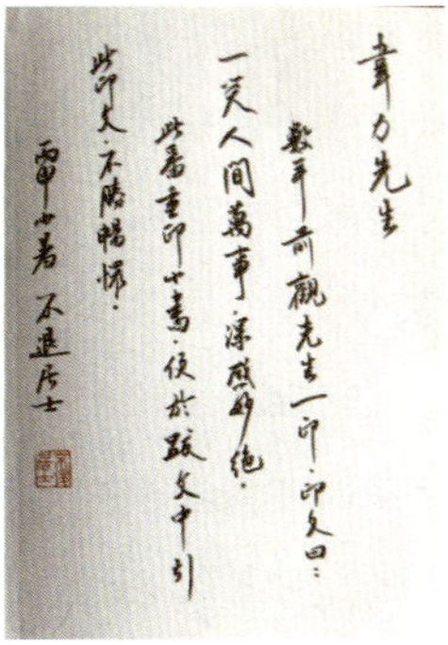

读他给我写的题记，称该书乃重印，看来他早在这方面有所研究，只是我寡闻而已。近些年，李阳泉兄办起自己出版公司，他的出版重点，仍然是佛教典籍文化的传播。我佩服他搜集底本资料的能力，在他公司我看到多种名家法书的底本，而他能将这些不同底本，进行巧妙的排列组合，能够将寻常所见之物，化腐朽为神奇，变幻出另一种吸引人眼球的题目，这份灵动令人佩服。

《慈溪进士录》，王孙荣著。这本书从设计封面来看，显系与童银舫先生那部大著为同一系列。在慈溪一地，外界最了解的藏书人计有三位：励双杰、童银舫，而第三位就是王孙荣了。我印象中自己跟王先生仅见过一面。大概是 2008 年，当时浙江萧山召开国际地方志学术研究会，在那个会上，我见到了慈溪三杰，因为不熟悉，似乎跟王孙荣未曾接谈，但他沉稳寡言的形象却留在我记忆里。不过，我对自己在记人方面一向没有信心，但愿我的记忆未曾失误。如今得到这部书，让我对王先生近来的工作有了进一步了解。

戴新伟诗笺。这两页诗笺，出自戴新伟先生之手，他的书风很是令我喜爱。细读新伟兄所书这两页作品，竟是描绘藏书家袁思亮的外表及习性，我猛然想起自己曾写过一篇关于袁思亮藏书处的文章，似乎也用到了这段掌故。但新伟兄何以

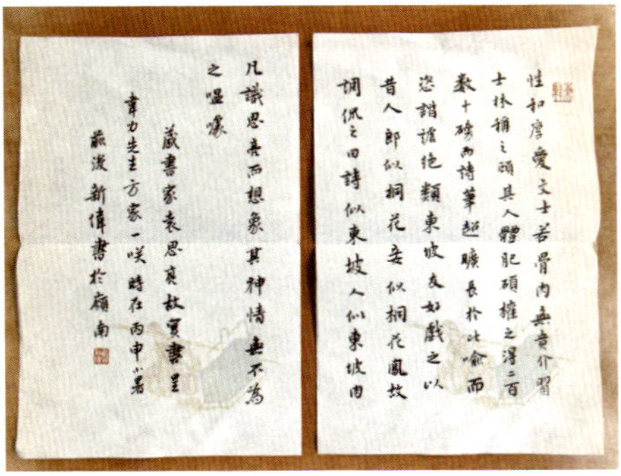

将这段掌故书之掷下，我却未得其深意，因为这位袁思亮身体魁硕，且为人诙谐，似乎都与我有着较大差距。当然我在这里不是暗夸自己是何等的苗条，但看到他这段赠词之后，还是忍不住想去质问他：我有那么胖？然转念又想到袁思亮的诙谐，而这位诙谐之人却藏有那部极其重要的宋版书——《施顾注苏诗》，该书中的一卷而今又递传到了我的手中，按这个思路想下来，新伟兄应当是在曲折地在夸赞我有此书福。一念及此，大感欣慰，不打算去质问他了。但想一想，他不就是想夸夸我吗，竟然如此的曲折与隐晦，下次还是直接一些吧。

《常熟翁氏文化世家》、《瞿氏铁琴铜剑楼研究》、《常熟藏书史》，这三部书均是曹培根先生的大作。这次我的常熟之行虽是为讲座，但借机见到了多位旧雨新知。我对曹先生

一直有着感念之情，十几年前，我第一次到常熟寻访藏书楼时，经朋友之介跟他取得联系，不巧他正在外面开会，于是派学院的司机带着我在常熟城内到处寻找，而尤为难得者，是我找到封闭已久的天放楼。当时，我爬过那高高的大铁门，在那荒芜的废园内四处探访。三年前我再次来到天放楼时，这里已经修建成了一座精致的公园，虽然如此，当年的荒废感给我留下的震撼却让我不能接纳眼前的精致，而每念及此，我都会忆起曹先生给我提供的帮助。

这次见到曹先生，让我很是高兴，他告诉我说，自己现住苏州女儿家，得知我讲座，特意赶回常熟，因他不会开车，让女儿将其送回。闻听此言，更让我感念不已，这么多年来淡淡的交往，他却如此看重朋友间的情谊，而他赠给我的几部书，我仅看过其中一本，可见他这些年来笔耕不辍，对于常熟一地藏书文化进行着深度挖掘。

《文学书香录》、《常熟文学史》，这两部书也是曹培根先生的作品，几年未见，没想到他已经在研究范围上作了较大突破。十几年来，我拜读过的他作品，基本上是藏书文化研究，这让我对他有了色调上的定格，而今得到他这两部赠书，确实让我有些意外，转念细想，其实他的研究依然属于惟精惟一，虽在题材上有所突破，但研究范围仍是常熟一

地，而我此次在常熟参观，更让我体味到本地文化的独特性。在这里，不但有虞山藏书派，而更受人瞩目者，还有虞山诗派，虞山画派以及虞山琴派，这样一个小地方，为什么能够创造出如此多文化成就，我想，这也正是曹培根先生能够执于一端的主要原因吧。

《读书台》杂志，常熟市图书馆馆长李烨先生所赠，因此杂志为该馆所办，内容全是跟读书有关的文章，这也是我所喜闻乐见者，关于杂志名称的来由，我觉得必定是典出本地著名的昭明太子读书台，此台我在几年前曾经登临，并在那里还发生了一段失而复得的趣事。而本次则进一步看到读书台的侧旁原本就是常熟图书馆旧址，在参观这组民国建筑时，我还意外看到上次未曾找到的读书台文保牌。如此说来，该杂志以读书台为名，也有着多层含意：一者，以这位历史名

人为标榜；二者，本馆也曾建造在读书台的侧旁；三者，也可以将此三字解读为读书人的舞台，让每位爱书人能够登上此台，各逞其能来表达对书籍之爱吧。我想这应当是该本杂志以此为名的着眼点。

《常熟图书馆古籍善本图录》，这本图录我在前些年就已得到，特别喜爱其中所收录的那些稿抄校本，这次在常熟接受记者采访时，我也谈到了虞山藏书派的概念。我这个提法让记者大感兴趣，他追问我之所言的

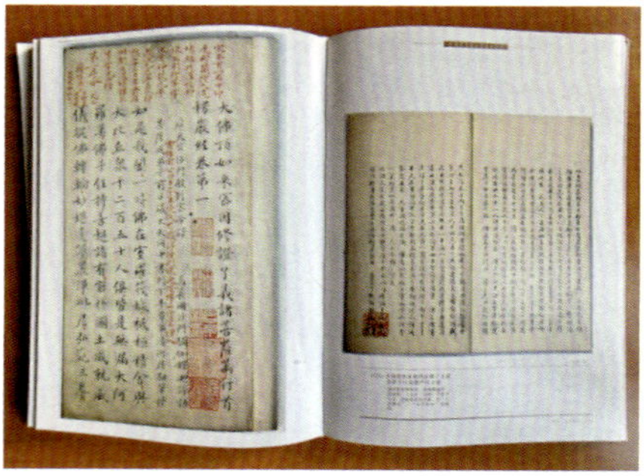

依据，而本图录中所收之善本，基本上佐证了我的断语。此书为该馆所赠，其实我早已有之，但仍然贪得该书，这其中的心态只有我自己清楚是怎么回事。

《常熟县志》、《重修常熟县志》，这两部线装书同样是李烨馆长所赠，该书制作颇为精美，书中内容也对我颇有用处，因此行目的还有探访常熟一地书院的计划，而这两部书中能让我找到难以寻得的书院史料。

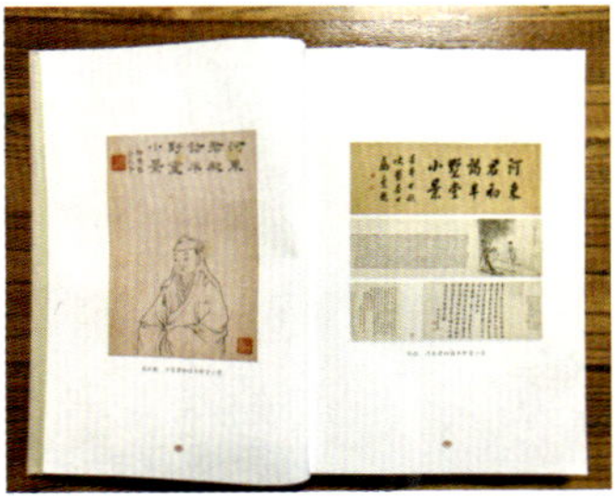

《钱柳说汇》，这是李烨馆长与另一位作者合著之书，就当地而言，在文化史上最为曲折丰富的故事，非钱柳莫属，而此次在常熟，我又听李馆几次聊到钱柳的轶闻，都是我未曾听闻过的。对事实了解越多，就会让自己分明的好恶心变得渐渐模糊，李馆这部大作将那么多跟钱柳有关的史料汇在一起，对于使用者来说，提供了很大的方便，而书前附有几十幅跟钱柳有关的绘画，更让人产生视觉美感。

2016年8月

《一个人的出版史》第一编、第二编，俞晓群著。看到俞社长这两部大作时还是吃了一惊，每本的厚度都像《现代汉语词典》，而其制作手法也与词典类工具书相仿佛，如果去掉腰封，封面的设计也有着政府出版物的严肃劲儿。早在十几年前，俞社长就是我的崇拜对象，他所编《新世纪万有文库》，用通俗话来讲，就是普惠士林，这是天下人都知道的事儿。但有一点则少有人知，那就是这套名著在编纂过程中背后的故事。

当年辽教《新世纪万有文库》显系效仿民国时王云五所主持的《万有文库》，俞社长也承认，王云五是他的偶像。可能是这个原因吧，他也想搞这样一套大丛书，只是在原《万有文库》之前加“新世纪”三个字。继承容易，出新难，而俞社长果真有所突破，他在本书的体例中设有几个部门，每个部门单独编纂一个体例。当然，我所感兴趣者是传统典籍，也就是文史部分，而这部分的主持人之一，恰好是我所熟识的杨成凯老师。我从杨老师那里了解到该书在编纂过程中的艰难，看来弄成任何一件事都没那么容易。

然而现实的结果是俞社长把《新世纪万有文库》做得风生水起，而我在这个过程中，基本上将自己感兴趣的部分买全了。他这两部大书所谈内容正是跟出版有关者，这勾出了我的窥私癖。这部书既然是日记体，其中一定谈到了太多不为人知的出版业故事，我在翻阅过程中，看到二编的最后一年是1996，如果说起来，还有多编待出版者，期待着他一个人的出版史能够完整地呈现。

《这一代的书香》，该书副题是“三十年书业的人和事”，这也是俞晓群先生的新作。该书封面插图颇有寓意，一个人被书压得翻不起身来，以我有限的了解，这不会是俞社长的创意，以他那越挫越勇的性格，他将书山踩在脚下才是一种写实性的描绘。我们在聊天时，他说我的这个构思早有人使用，因为某人给他设计的藏书票就是他在书山上攀登。那个藏书票我没有看到，不知是不是把俞社长描绘成了一览众山小的豪迈姿态。但无论怎样，这三十年书业的人和事还是让

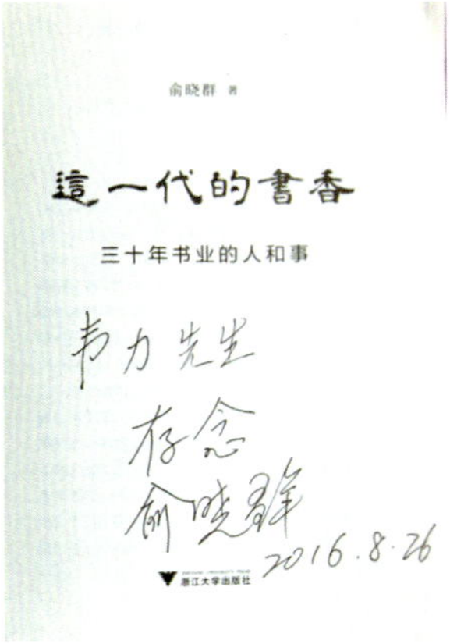

我大感兴趣。

我认识俞社的时间较晚，只是一年多前在上海时，承蒙陆灏先生美意，把我带入某个饭局，那是个大party，参加的人有几十位之多，而我相识者仅有陈子善老师等几位，余外大多是初次相见。当时我的邻座是毛尖老师，她只礼貌地跟我打了个招呼，而后与别人聊得火热，好在陆兄及时地向我介绍了俞社长，我与之一见面就想起几年前在北京的某场聚会上，我见过俞社，只是无人介绍，而未曾相接。

俞社告诉我，他正让社里试制真皮封面，而今已经取得了较大突破。当年辽教《新世纪万有文库》以价格低廉著称，而今从小开本平装的普及书突然改为特豪华的真皮封面，这个跨度让我一时醒不过神来，但因初次相谈，我没好意思向他请教：从地上到天上，如此大的跨度有着怎样的心路历程。可惜我回去翻看该书，里面却未曾涉及到这一段事。

《牡丹亭》。此书为俞社长所赠，其制作之精雅，应该体现了俞社长的出版理念。《牡丹亭》的作者自不待言，而该书封面所印的作者像也同样标明，这是明代汤显祖所著，后面则写着“许渊冲 许明 译”，我本以为是这两位先生把原本的《牡丹亭》译成了白话，然而打开书页，竟然是英文版，其中还有一些该书木版的插图，这种算是一种中西合璧吧。但木版插图配上英文，不知算不算中国传统所强调的左图右文。

我一时还不能适应这两者之间的搭配，但有一点我能确认，就是该书插图的底本用的是后印本。可惜我英文很烂，

无法读懂里面翻译过来的英文，其实我特别好奇，《牡丹亭》中原有的典雅，不知译成英文之后是否还能让人品出内在的韵律。

该书由海豚出版社制作，俞先生从辽宁出版集团调到北京的海豚出版社当社长，当时有不少业内朋友质疑，这是典型的大材小用。在人们印象中，海豚社主要出儿童读物，这如何容得下俞社的豪迈胸怀，可是几年下来，该社出了一系列好书，尤其小精装系列最受爱书人所关注。但我眼前的这本书却是标准的16开，不知这是否预示着俞社在出版装帧方面又一次华丽转身。

《书蠹牛津销夏记》。我的上一个疑问，俞社长就用这本书予以了回答。首先说该书的名字，我就特别喜欢，而其极富立体感的封面，则更是近年所首见。俞社说，为制作这个封面，社里下了很大工夫，看似简单的一个图案，在制作过程中却有五个层次，而这种制作工艺到目前为止，国内还没有。

于是乎，他就组织人不断地试验，同时寻找能够制作的厂家，之后偶然探听到一家完全跟出版不搭界的工厂能制作这种工艺，俞社就派人与这个工厂多次沟通，用了大半年的时间，一次次地试验，终于得到满意效果。然在制作过程中才发现版基硬度不够，故每制作一定的数量，就要重新换一块版，这使得制作成本大大增加，但俞社强调，为了能够制作出满意的书，他在成本方面可以不惜代价。

该书作者王强先生，我却不曾相识，俞社介绍说这是他多年的一位朋友，这位朋友专好收藏西洋善本，并且将自己的收藏范围定在十八世纪之后，其对书的品相有着偏执的挑剔，这正是西洋人藏书的要点之一。俞社称，王强先生对该书的制作成果也特别满意。我心想，那是当然，如果是我，我也很满意。

我还是忍不住问俞社，他为什么能从普罗大众的平装小册一跃变为要制作出最精美的装帧？俞社痛快地向我讲解了他的心路历程，通过他的言谈，我由此了解到，其实他一直在思索着纸本书未来的发展走向。

《伦敦的书店》，杨小洲著。杨兄把这本书递到我手上时，我还是有了一个小小的吃惊，因为这本书的开本太小了，不知是否应该称其为小 64 开。这本书放在我的大手心里，确实可以形容为盈盈一握。虽然比这尺寸更小的书，我也见过，比如中国书店的门市部中就摆放着一些跟火柴盒那么大的小书，但那里的书只是古代的诗词，应该是为了供猎奇者所选撷，而把自己的作品制作成这么小的书，我还是第一次见到。

而今杨兄也供职于海豚出版社，俞社问我是否跟杨小洲相识，我开了个玩笑，故意没有吭声，其实我是想听俞社如何介

绍。果真，他郑重地跟我说：杨小洲现在社中主要搞装帧设计，是我社的两大设计高手之一。俞社的这句夸赞让杨兄忙不迭地谦逊了几句，他说为了能了解到西洋书独特的设计工艺，在一年多的时间内，他竟然去了六趟欧洲，终于从那边学到了一些诀窍，而更为重要者，他跟一些国外的书装设计师建立了友好关系，有关这本书的内容，则是他某趟欧洲之行在伦敦逛旧书店的记录。他告诉我说，这本书写了一个多月，回来后，又用了一个多月把书印了出来。

杨小洲的这番话真的让我有了强烈的羡慕嫉妒恨，我的这种情绪倒不是因为他出了这么漂亮的一本书，而我羡慕者，是他竟然用了一个多月的时间就把书印了出来。我自己写书也有了20年的历程，而出书的最快经历也超过了他这个时段的三倍以上，平均的速度至少超出了五倍。是什么原因让出书速度如此之慢，我跟不少的业界朋友探讨过，却始终未得到满意的答案。而今把玩着杨兄的这本精美小书，又听着他举重若轻、轻描淡写地叙述，这次第，怎一个恨字了得。

“王强作品抽印本”，64开，1函3册。这也是杨小洲先生所赠，他可能觉得自己的那本精美小书还不足以把我压在心底的恨发展到极致，于是又赠此小书。杨兄说这是王强著作的抽印本，俞社在旁边解释到抽印本是出版业的老传统，到现在，台湾的出版业仍然有此延续，但在大陆已经少有出版社制作这种费时费力的产品。

其实我知道在大陆也有人依然坚持着这种方式，比如沈乃文先生所主持的《版本目录学研究》，因为这个学刊是厚厚一大本，且是多人的作品，若作者想以此送给师友，显然有些不方便，于是沈先生将每期作者的每篇文章都制作成抽印本。这样的待遇我从他那里是第一次享受到，而今将一个人的作品制作成抽印本，且制作得如此精美，我也是第一次见到。

这1函3册的抽印本，打开细看，其边栏有着浓重的西洋味道，而王强先生专收西书，这样的装帧设计可谓是文质相符的标准作品。俞社也劝我制作一些抽印本，以此来送给朋友。我说自己的藏书是传统的线装形式，恐怕制作成这个样子颇不相符。俞社却告诉我，传统古籍以外，现代印刷物的装帧方式全部是西方传来的，所以向西方学习，能够原汁原味地制作出精美之书，这才是装帧一书的正途。他的这几句话让我脑洞大开。

《出书记》，谢其章著。谢老师这部新作，封面设计颇为淡雅，这跟他以往所出之书的风格颇不相类，而该书的腰封上则印着我夸赞他的话，可惜他赠我书时我没有注意到这一点，否则的话，以侵权相要挟，从他手中多讹出几本书来赠送给书友。这样的恶作剧，想一想都是何等地快何如哉！

其实我不确定我对某人的夸赞是否本人还拥有所有权，但近几年有不少的名人书信得以上拍，而原写信人或者是写信人的家属、后人等，都强烈要求将原物归还，这也是我的困惑之一：我写信给别人，别人将其处理掉，比如上拍等形式，那我是否有权力索回自己当年的这封信呢？至少到今天，我还没有听到标准答案。

但谢老师的奇思妙想我倒一向佩服，比如他出版自己的日记将名称起为《搜书记》，而我的思维却难有这么大的跨度，虽然我也写了很多年，却只将其称为《藏书日志》。与谢老师的书名比起来，显然他的更有吸引力。果真，在见面的当场就印证了这个结果。

在席间，有俞社长的三位朋友，此三人分任三个出版社的社长，其中一位还曾是辽教社的总编。俞社给我一一介绍时，就让我想起幼年时所看的那个黑白电影——《野火春风斗古城》中的一个片段。而其中一位社长马上说他听过韦力之名，因为他看过一本谢其章写的《搜书记》，里面多次提到了韦力之名。俞社马上告诉他，旁边的这位就是谢老师。

我看到谢老师一脸的得意，于是更加佩服他起书名的本领，而今他只把“搜”字换成了“出”，料想该书还是大受读者所欢迎，可惜的是，这《出书记》跟我一毛钱关系都没有，里面不可能再出现贱名。于我而言，这应该是个小遗憾，但我猛然又想到了腰封：虽然书中没有，那在封皮上有，岂不是更醒目?！一念及此，大感惬意。

《龙头凤尾》，马家辉著。久闻马先生大名，更准确地说，

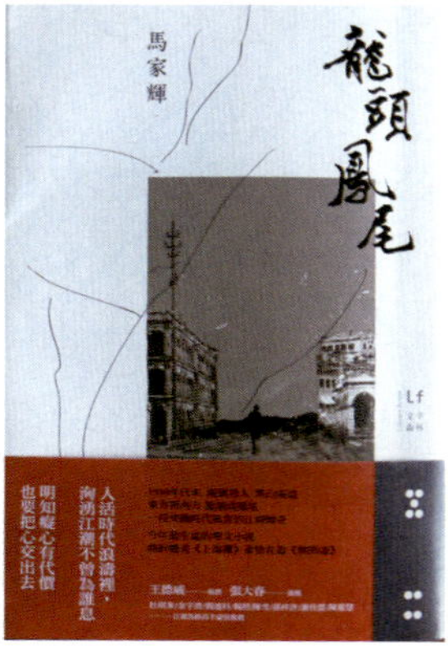

应当是久睹马先生的风采，因为凤凰网的“锵锵三人行”中时不时有他的身影，而关于他的介绍，我认为有必要抄录一段该书封面上的作者介绍：“马家辉，1963 年生，香港湾仔人也。台湾大学心理学系毕业，美国芝加哥大学社会科学硕士，美国威斯康辛大学社会学博士。曾任职广告公司、出版社、杂志社、报社、大学。曾以为自己爱拍电影，曾以为自己爱做研究，曾以为自己喜爱旅行，但现在才知道，最爱的是什么都不做，只爱偶尔坐在书房内，面对电脑，按键写作。”

显然，该段后面的几句话是他的谦词，而我更为佩服者，他在七十年代读到李敖所著《传统下的独白》，毅然放弃在香港上学的机会，专门跑到台湾去念书，那么年轻就如此敢做敢为，令人很佩服。但我以往读到马先生的文章，其内容都是散文随笔类，而今这是一部小说，对他而言，这也算是写作上的一个转变吧。但马先生告诉我，他还是觉得写随笔最过瘾。

今年上半年，我写了一本《觅宗记》，这是我传统文化寻踪系列的第一部书，完稿之时，恰好马先生问我是否有文章可在香港《明报》上发表？我明白，这是他举荐朋友的美意，但我不确定哪类文章在《明报》上发表合适，于是我就提到了这部《觅宗记》。他说可以拿来试试。而后这部书稿的片段就刊登在该报上。

我看到样报，才发觉里面的文字做了大量删改修润，到此时我才意识到自己所写之书稿，照搬到报纸上，完全不合适。而马先生并不以我这种无理做法为忤，他替我把稿件做了完全的改写，看到这种情况，让我大感内疚。我知道他有太多的事情要忙，同时还有自己的写作，而有的报刊杂志向我约稿时，我也很烦为了适应而做修改，然而我的这个无意举措却给马兄带来那么多的麻烦。而今收到他的赠书，看到他做出的新突破，我为自己的无理更加感到不舒服。

《神拳考》、《罔两编》，此两书都是止庵先生的大作。我对这两书有着两样的感受：《罔两编》是因设计上的独特，而《神拳考》则是我最初关注止庵先生的作品，此书的原名是《神奇的现实》，所谈内容是义和团运动。我在十几年前收到一份跟义和团有关的文献，这件文献是邓之诚旧藏，里

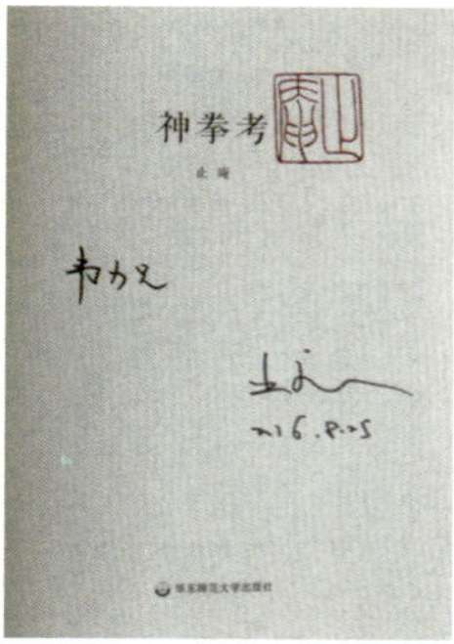

面录有慈禧太后暗示各地对付传教士的重要史料，于是我搜集各类研究文献，以便搞清楚那段奇异历史的真相，其中就收得了止庵先生所著《神奇的现实》。

这本书的写法很独特，里面用到的史料均为他书所罕者，由此让我佩服止庵先生对历史史料在使用上的独特视角，同时也佩服他的爬罗剔抉之功。

跟止庵先生见面时，我问到他近期所忙，他说正在补充《周作人传》，又增加了三分之一以上的体量。就历史规律而言，随着时代的发展，新的史料会渐渐发掘出来，用心地将这些新发现收集在一起以修订自己的作品，这样的好习惯我却难以养成，止庵先生的做法确实值得自己效仿。

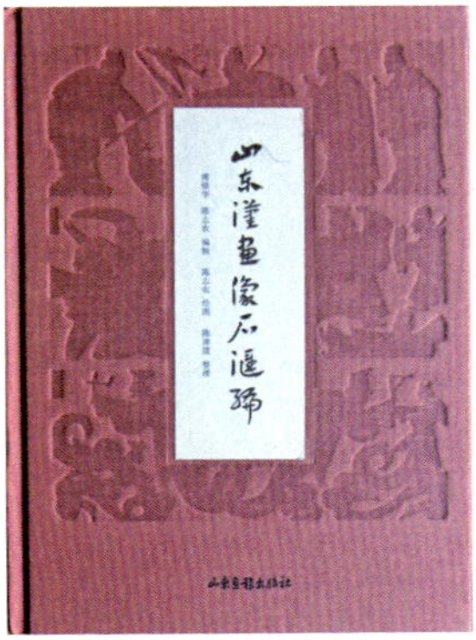

《山东汉画像石汇编》，该书为山东画报社徐峙立社长所赠。我早闻徐社长之名，然却缘悭一面。无论是藏书界，还是出版界，只要聚会时，我就能时不时地听到众人提起她的大名。初次与徐社见面，就能感到她为人的谦逊。她说为了给我选择所赠之书还真动了一些脑筋，而后觉得这部书我能用得到，于是不辞沉重地将它拎到北京。

虽然我也藏碑帖，但我对汉画像砖确实没有研究，然鲁迅先生却对此特别偏好，他的藏品中有不少这类拓本。近两年，我为了写《鲁迅藏书志》，在鲁博黄乔生馆长和刘思源主任安排下，得以翻看鲁迅先生的这类藏品，然我所写仅是鲁迅所藏的古籍部分。据闻，鲁迅所藏碑帖还未曾进行系统地整理，尤其画像砖和造像部分因为没有名称，故如何给那些拓片定名变成一个棘手问题。而徐社所赠该书，却能让我从中学到不少知识。想到这一层，我更加感觉到徐社做人之认真：她赠一本书都会如此考量，而这正恰好又是我所需要者，这样体贴真令我感动。

《砺堂自珍集》，这部大书乃是戴新伟先生所赐。戴先生离开《南方都市报》后，在工作调整期间做了许多事，该书的出版为其业绩之一。我是偶然在网上看到戴兄晒此书，从图片上感觉到该书精美，于是留言夸赞，戴兄马上说很快会寄下。看来他感觉到我的点赞是变相索书，于是立即留言解释，我只是为了说好，确实没有弦外之音。戴兄回信说，原本就把我列在受赠之列。我觉得这本书的独特之处是该书的藏书票，这张藏书票的制作方式完全是印谱的格局：上方钤印，下方拓边款儿。

我不了解这种制作方式是否符合藏书票的规范，以我的想象，西方肯定没有这样的印章，自然也就没有这样的藏书票制作题材。但转念思之，这倒也是一种突破，敢为天下先，仅这一点就值得佩服。

《月童度河》，安妮宝贝的新作。抱歉！我还是不习惯称她为庆山。这本新作是该书的责编林妮娜女史所赠。妮娜因为歇产假，待其返回之时，该书已经设计完毕，她感觉书装的设计与书中的文字在贴合度上有问题，为了救急，妮娜亲自操刀，她说本书封面的照片就是她给安妮宝贝拍的。妮娜谦称自己不会摄影，却能拍得如此美轮美奂，这让我是何等难为情。十几年的寻访，我已经拍了数万张照片，但依然对摄影不得要领，让我怀疑勤能补拙这句话只是安慰人的说法。

安妮宝贝的文风，如果系统地读她的作品，依然能感受到她有着保持以一而贯之的刻意，跟她聊天却能体味出她文体风格与聊天味道的反差，而读到这本书，我却感受到这两条平行线竟有融合之态。

《名人家谱摭谈》，励双杰著。励先生的收藏称得上符合理学观念——惟精惟一，他只对家谱感兴趣，当然，我指的是藏书。近几年，他将自己的家谱做了系统的梳理，而后在广

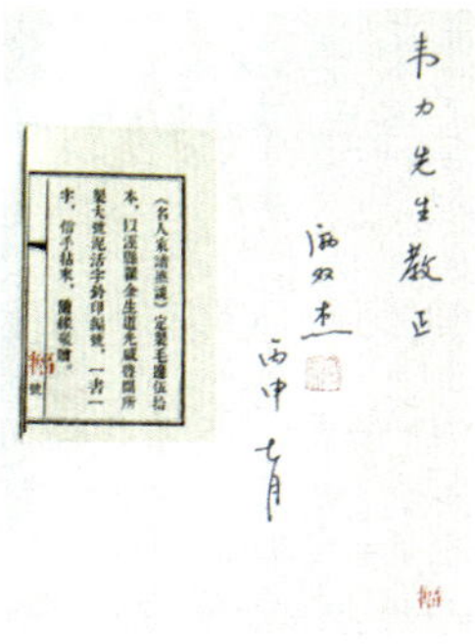

西师大出版社系列地影印出版，而今已经印出了长长的一大排，看上去很是壮观。他对家谱的研究之文，我也常在《藏书报》上看到，此书应当是这些文章的结集。

我所得到的赠书贴有一个像藏书票一样的说明条，上面写着“《名人家谱摭谈》定制毛边五十本，以泾县翟金生道光咸丰间所制大号泥活字钤印编号，一书一字，信手拈来，随缘敬赠”。我所得到的这一号，是个“辐”字。励兄已经做了说明，我也就用不着猜测该字钤盖于此为何意，但这种做法却给我以启迪，此前我为寄赠贺卡，每年都为将某号寄给谁而头疼，后来干脆不编号，但有不少朋友为此表示不满，励兄这个做法倒是很简单：虽有编号，实则无之。这才真正做到“排名不分先后”。其实这一点我不确定，他这些泥活字难道真的没有顺序吗?

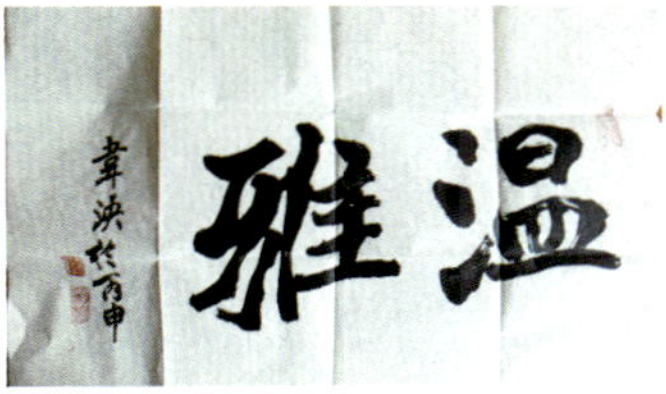

《淘书路上》，韦泱著。该书副题是“韦泱淘书札记精选”，看来书中所收者乃是韦先生近期所发表的书话类作品。我从不少报刊上都看到韦兄所发表的各类书话文章，他淘书之勤、写作之勤以及出版之勤都令我佩服，同此书一并寄来者，还有他写的一幅书法作品，他在来信中称：“淘书20多年，该结束了，一本淘书记，等于画个句号。”看来这本书应该是他在这方面创作的收官之作。再下来，他会向哪个方面努力呢？信中没有说，联想到这幅书法作品，说不定他在这方面准备下大工夫。虽然成才之路有千万条，但书友挥一挥衣袖，转身而去，还是让自己的心态略有失落。

《京华旧影》，该书为首都图书馆倪晓建馆长所赐。他说此书是由马文大先生所编，专门作为馆里的礼品赠送给嘉宾，

我能得到一册颇为高兴。该书不但设计巧妙，最让我关注者是书内的老照片。而今天天忙于写文，给这些烂文章找到好的配图，是颇为费力的一件事，若有好的图片，尤其是跟内容相符贴者，最让读者喜闻乐见，而该书中的图片正是我所用得到者。

寄盦折扇。这是寄盦先生所赐，其制作之精令我爱不释手。近些年，寄盦先生在篆刻方面很有突破，他给我刻制之印章呈现出风格的多变，这对一位篆刻家来说颇为不易，而本折扇上的钤印方式，他又用到了古人所不常用的一种。他在微

信中告诉我："这次打印在扇面上，我是按陈巨来的办法手蘸印泥，往印上扑，然后盖出印痕。"试验结果令他本人也很满意。我能得到馈赠，当然十分开心。

後記

本书在整理过程中，感觉到有些意思我未曾表达明白，故而对原有的内容做了部分修订，而这些修订大部分是以补记的方式写在每篇之后，尤为让我感慨的是，在这短短一年多时间里，我在师友赠书录中所写到的各位老师，其中的两位业已离开了这个世间，我借此表达我对这两位老师的怀念之情，但同时原文中所写的笔锋有些缺乏肃穆，故而这两篇文章也做了一定的修改。

与公微号上的栏目相比，《琼琚集》在内容上有做略微的调整，因每月所写之文都是根据当月的得书情况信笔写来，其中有一些书友所赠乃平常所言的以书代刊，这样的书每月所得者，从外观看基本相类，因此这类赠书若汇为整本书，配在一起就有雷同之感，故而我对这样的赠书做了必要的调整，基本上只保留最初所赠的一期，而后在师友赠书录中所谈到者，只能忍痛割爱，当然如果该期有另外的话题在，则予以保留。

在这一年多时间内，有一个月恰逢春节，在此之前，有不少书友都赠送给我春联、桃符等墨宝，为了应景，我将这些墨宝集中为两次分两个月刊出，故在编此书时，仍按此顺序直接写出。

该书在整理过程中，就收到了海豚社杨小洲先生设计的封面图样，从该事口头议起，到我看到封面设计，相隔仅四天，速度之快罕有其匹，小洲先生是我在此前未曾遇到过的做事如此利落者。近两年小洲对欧洲的书装情有独钟，而他给我设计的该书封面也同样洋味十足，这样味道的书装是我的作品中所未曾有过者，我想象着该书出版之后，我把它并列在自己的线装书架上，中西在审美上的反差，那会是何等的出挑，于是我对小洲先生的这个设计表示了无任欢迎，感谢他能够为我的书如此的费心费力。

韦力　2016 年 9 月